Sarko s'est tuer

DES MÊMES AUTEURS

De Gérard Davet et Fabrice Lhomme

Sarko m'a tuer, *Stock, 2011*
L'homme qui voulut être roi, *Stock, 2013*
French corruption, *Stock, 2013*

De Fabrice Lhomme

Le Procès du Tour, *Denoël, 2000*
Renaud Van Ruymbeke : le juge, *éditions Privé, 2007*
Le Contrat : Karachi, l'affaire que Sarkozy voudrait oublier *(avec Fabrice Arfi), Stock, 2010*

www.lhomme-davet.fr

Gérard Davet
Fabrice Lhomme

Sarko s'est tuer

Stock

Couverture Atelier Didier Thimonier

ISBN 978-2-234-07898-7

© Éditions Stock, 2014

À mon père, Daniel Davet, pour son courage et son optimisme face aux épreuves.
Encore une fois, à mes enfants, Lisa, Nicolas, et à mon épouse, Sylvie, qui en ont tant supporté.
Plus que jamais, merci.

G.D.

À la mémoire de mon cousin Irving, pour toujours dans mon cœur, tout comme mes grands-parents, Léon et Suzanne ; Daniel et Francine.
À ma compagne et à mes enfants, pour leur patience et leur amour.

F.L.

À nos sources. Sans elles, rien ne serait possible.

À Manuel, Marie-Charlotte, Charlotte, Sylvie, Vanessa, Solveig, Émilie, Valentine, Anne-Marie et toute l'équipe de Stock : leur bienveillance, leur talent et leur courage nous offrent un réconfort permanent. Et à la mémoire de Jean-Marc, qui aurait, on le pressent, tant aimé éditer cet ouvrage.

G.D. et F.L.

*On ne saurait être l'homme de sa spécialité
que si l'on est aussi sa victime.*
Friedrich Nietzsche

Préface

L'anecdote date du début de l'été 2014. Du mardi 24 juin, très précisément. Cela s'est passé en toute discrétion. L'ancien Premier ministre François Fillon, déjà en campagne pour l'élection présidentielle de 2017, convie ce jour-là à déjeuner Jean-Pierre Jouyet, le nouveau secrétaire général de l'Élysée. François Hollande, averti de cette invitation, donne son feu vert à une condition : que le repas n'ait pas lieu à l'Élysée. Jusque-là, rien de bien choquant. Après tout, Fillon et Jouyet s'apprécient. Surtout, le premier a été le chef du gouvernement auquel le second appartint, en qualité de secrétaire d'État aux Affaires européennes, de mai 2007 à décembre 2008.

Le déjeuner se déroule dans un petit restaurant de la rue Boissy-d'Anglas, à quelques encablures de l'Élysée. L'ambiance est décontractée. Ils sont trois à table, il y a là aussi un ami des deux hommes, qui a joué les intermédiaires. Au menu, évidemment, la situation de l'UMP, en plein scandale Bygmalion, et, surtout, l'avenir de Nicolas Sarkozy. Devant un Jean-Pierre Jouyet ébahi, François

Fillon n'a pas de mots assez durs pour l'ex-chef de l'État. Il se montre particulièrement sévère s'agissant des pénalités remboursées par l'UMP en lieu et place de Nicolas Sarkozy, sanctionné pour avoir dépassé le plafond de ses dépenses de campagne en 2012. « Jean-Pierre, c'est de l'abus de bien social, c'est une faute personnelle, l'UMP n'avait pas à payer », lâche l'ancien Premier ministre (la justice qualifie les faits d'« abus de confiance »).

Mais de cette entrevue, le bras droit du président de la République, nommé au secrétariat général quelques semaines plus tôt, le 16 avril 2014, a surtout retenu une demande, à la fois insistante et déconcertante.

Ce jour-là, l'ancien « collaborateur » de Nicolas Sarkozy, comme ce dernier l'a un jour méchamment qualifié, a en effet une drôle d'interrogation à formuler : il veut tout bonnement savoir si l'Élysée va user de ses prérogatives pour accélérer le cours judiciaire des affaires visant Nicolas Sarkozy ! « Mais tapez vite, tapez vite ! Jean-Pierre, tu as bien conscience que si vous ne tapez pas vite, vous allez le laisser revenir. Alors agissez ! » exhorte l'ex-Premier ministre, à l'adresse du secrétaire général de l'Élysée.

Oui, ce 24 juin 2014, François Fillon a explicitement fait part au principal collaborateur de François Hollande de son souhait que soit « boostées » les procédures susceptibles de nuire à Nicolas Sarkozy, dont le retour dans l'arène politique était alors annoncé comme imminent. Après tout, pourquoi l'Élysée ne ferait-il pas pression sur la justice, comme au bon vieux temps de l'État… sarkozyste, afin d'écarter de la course présidentielle celui qui l'a certes fait Premier ministre, mais aussi tant maltraité ?

De retour à l'Élysée, encore sonné par ce qu'il venait d'entendre, Jean-Pierre Jouyet s'empressa de rendre compte de cette discussion à François Hollande. L'histoire a rapidement fait le tour du « Château », où l'on se délecte de ces haines recuites qui rythment l'histoire de la droite française... D'autant que Nicolas Sarkozy n'a pas laissé un souvenir impérissable, parmi le personnel de l'Élysée.

Stupéfiante, la démarche de François Fillon (qui n'a pas donné suite à nos sollicitations) nous a été confirmée en septembre 2014 par la présidence de la République, qui a assuré n'y avoir « évidemment » donné aucune suite. Instruit des expériences malheureuses de ses prédécesseurs, François Hollande n'a pour l'heure jamais été pris en flagrant délit d'immixtion dans les procédures judiciaires sensibles.

Mais l'essentiel est ailleurs, bien sûr. Car ce que révèle surtout cet épisode, c'est cette inégalable propension, chez Nicolas Sarkozy, à rendre fous ceux qu'il côtoie, à se créer des ennemis mortels, jusque dans sa propre famille politique, donc. Mais aussi plus généralement, cette faculté proprement fascinante à creuser sa propre tombe

Il ne faut pas chercher ailleurs que dans son propre comportement l'origine de ces multiples « affaires » qui le rattrapent aujourd'hui, et risquent de ruiner ses ambitions.

Car il est bien là, son principal souci. Les adversaires, les médiocres, les bassesses, les critiques, les trahisons... Il saura tout endurer, tout surmonter. Affaiblir, écraser si besoin.

Comme il l'a toujours fait.

Mais tout cela, il le sait, ne suffira pas à l'extirper de la nasse judiciaire.

Ces « affaires », il les traîne comme autant de boulets l'emportant vers le fond. Alors Nicolas Sarkozy se débat. Comme de coutume, pour se prémunir, déminer, à l'approche des prochaines échéances électorales, il s'est entouré d'une garde très rapprochée, composée d'intimes, entièrement dévoués à la cause sarkozyste. Souvent d'anciens policiers. À ses côtés, il dispose ainsi de trois ex-directeurs généraux de la police nationale : Claude Guéant, Michel Gaudin, et désormais Frédéric Péchenard, désigné pour diriger sa campagne en vue de reconquérir l'UMP, fin novembre 2014, puis, surtout, lui permettre d'assouvir sa soif de revanche en récupérant son trône à l'Élysée, en 2017.

Tout sauf un hasard.

Comme le démontre ce livre, Nicolas Sarkozy va en effet avoir besoin d'un cordon sanitaire efficace, susceptible de le protéger des attaques et, peut-être davantage encore, de ses propres démons.

En ce sens, *Sarko s'est tuer* est beaucoup plus que la simple suite – et fin ? – de *Sarko m'a tuer*, publié le 31 août 2011 (Stock) ; il en est le prolongement naturel, inéluctable serait-on tenté d'écrire. Le revers de la médaille sarkozyste, en quelque sorte. Comme si le sarkozysme, qui n'est pas une idéologie mais un système, fondé sur la transgression permanente et un hyperinterventionnisme tous azimuts, portait les germes de sa propre disparition, voué à s'autodétruire après s'être attaché à l'anéantissement de ses ennemis, adversaires ou rivaux...

Quand *Sarko m'a tuer* dressait le catalogue – non exhaustif – des cibles favorites du sarkozysme, *Sarko s'est tuer* chronique le sabordage puis la chute, au moins morale et judiciaire, de sa victime ultime : Nicolas Sarkozy lui-même.

Vous allez découvrir dans cet ouvrage, sur la base de documents et de témoignages inédits, comment, et surtout pourquoi, l'homme qui a construit sa carrière sur une image de « Monsieur Propre », épargné par les scandales, se trouve aujourd'hui menacé par une quantité astronomique d'« affaires ».

Onze au total !

Jamais sous la Ve République un responsable politique de si haut rang – et a fortiori un candidat à la présidence – n'aura été cité dans un si grand nombre d'enquêtes politico-financières. Bien entendu, aucune n'a encore fait l'objet d'un jugement, et l'intéressé se défend de toute irrégularité. Mais tout de même... Corruption, trafic d'influence, abus de biens sociaux, prise illégale d'intérêts, blanchiment... À croire que toutes les infractions réprimées par le Code pénal y passent, comme chacun des chapitres de cet ouvrage l'illustre. Quel cruel paradoxe pour celui qui se gaussait des déboires judiciaires de son premier mentor, Jacques Chirac...

Si Nicolas Sarkozy est cité dans de si nombreuses procédures, toutes cependant ne présentent pas le même degré de dangerosité. Les plus anciennes portent sur des faits antérieurs à son accession à l'Élysée, en mai 2007, beaucoup sont liées à son quinquennat, les plus récentes étant postérieures à sa défaite, au mois de mai 2012. Nous débuterons ce livre par celles-ci, car ce sont aussi, pour l'essentiel, les plus menaçantes pour l'ex-chef de l'État.

À commencer par cette affaire de trafic d'influence à la Cour de cassation – enquête suspendue à l'heure où ce livre était imprimé – qui lui vaut une triple mise en examen depuis juillet 2014, faisant planer le spectre d'un procès correctionnel et, surtout, d'une éventuelle condamnation à une peine d'inéligibilité. Plusieurs dossiers liés au financement de sa campagne présidentielle de 2012 font également peser une lourde hypothèque sur l'avenir politique de Sarkozy. Il y a bien sûr l'affaire Bygmalion : pas moins de trois juges d'instruction enquêtent sur les fausses factures acceptées par l'UMP lors de la campagne présidentielle malheureuse de Nicolas Sarkozy afin de couvrir l'explosion des dépenses du président-candidat. Dans le même registre, l'information judiciaire ouverte en octobre 2014 pour « abus de confiance » et surtout « recel » de ce délit, concernant la prise en charge par l'UMP du remboursement des pénalités infligées au candidat par la Commission des comptes de campagne, est extrêmement préoccupante pour l'ancien chef de l'État. Ses rivaux (notamment, on l'a vu, François Fillon) ne sont d'ailleurs pas loin de considérer cette affaire comme la plus embarrassante pour Nicolas Sarkozy.

Ce dernier semble moins redouter les développements des procédures portant sur des faits commis alors qu'il était président de la République. En effet, il est protégé par l'immunité attachée au statut du chef de l'État même si, en théorie, il peut être mis en cause judiciairement (il faut pour cela que les actes litigieux soient considérés comme « détachables » de la fonction présidentielle). Il en est ainsi des affaires Lagarde-Tapie, Pérol-BPCE, ou encore de celle des sondages de l'Élysée. Sans compter cette trouble histoire de rétrocommissions versées dans le cadre de juteux marchés passés avec le Kazakhstan, potentiellement ravageuse pour l'ancien chef de l'État.

S'agissant des enquêtes portant sur des faits anciens, comme l'affaire de Karachi, ou en tout cas antérieurs à son élection, à l'instar du dossier libyen, une mise en cause judiciaire de Nicolas Sarkozy paraît, pour l'heure, incertaine, tant les indices semblent ténus. Quant à l'affaire Bettencourt, s'il s'en est extirpé, non sans mal (il a obtenu un non-lieu le 7 octobre 2013, six mois après avoir été mis en examen), il n'est pas à l'abri de révélations susceptibles d'éclater lors des deux procès qui seront audiencés au tribunal de Bordeaux début 2015.

Mais l'issue de ces multiples procédures importe peu, finalement. C'est d'abord sur un plan moral et éthique qu'il faut se situer. Dans la droite ligne du sociologue allemand Max Weber qui a, le premier, fait état d'une « éthique de responsabilité ». Suivi par Raymond Aron, et son fameux précepte : « Nul n'a le droit de se désintéresser des conséquences de ses actes. »

C'est à cette aune qu'il est permis d'émettre un avis quasi définitif.

Dans de nombreuses démocraties matures, un homme politique empêtré dans tant de scandales, dont les plus fidèles collaborateurs ou soutiens politiques sont aux prises avec la justice dans des proportions là encore sans doute jamais atteintes, ne pourrait pas prétendre exercer à nouveau la fonction suprême. À défaut de l'être pénalement, Nicolas Sarkozy s'est en quelque sorte rendu moralement inéligible.

Un responsable politique a un évident devoir d'exemplarité, lequel s'étend aussi à son entourage, dont il est nécessairement comptable.

Cette inédite plongée au cœur des nombreuses affaires dans lesquelles figure le nom de Nicolas Sarkozy est édifiante. On y décèle un *modus operandi* similaire, des pratiques récurrentes...

Une brutalité évidente, aussi.

Autre constante : à chaque fois ou presque, on voit à l'œuvre des serviteurs zélés, prêts à tout, y compris à franchir la ligne jaune, pour satisfaire les désirs ou caprices de leur maître, allant parfois jusqu'à les précéder, au risque de mettre en danger celui qu'ils pensent protéger...

Ils côtoient les « fusibles » et parfois se confondent avec eux, ces collaborateurs sans états d'âme, prêts à braver le danger et la loi pour sauver leur patron, quitte à être rattrapés par la justice.
Sacrifiés sur l'autel du sarkozysme.
Un mécanisme extrêmement efficace. Parfois cependant, le fusible ne joue pas le rôle attendu, et c'est le court-circuit. Tout disjoncte – y compris le principal intéressé ! Cela donne l'affaire de trafic d'influence à la Cour de cassation, la seule dans laquelle Nicolas Sarkozy soit pour l'heure encore poursuivi.

Les faits se sont donc déroulés alors qu'il n'était plus président de la République, et c'est tout sauf une coïncidence : après son départ de l'Élysée, il a commis l'erreur de croire qu'il pourrait toujours fonctionner de la même manière, bousculer les conformismes, mais aussi continuer à tout contrôler. Il l'a tellement fait... Déplacer les hauts fonctionnaires hostiles, promouvoir les policiers sûrs, récompenser les magistrats amis, surveiller les procédures menaçantes, alimenter les journalistes « fiables » en informations croustillantes... Comme au bon vieux temps, lorsqu'il était au faîte de son pouvoir, *Deus ex machina* tirant les ficelles, « hyperprésident » assumé, accélérant ou brisant les carrières depuis son palais de l'Élysée.

Mais Nicolas Sarkozy en a trop fait, décidément.
Il s'est attiré tant d'inimitiés...
C'est sans doute sa principale erreur, celle dont il n'a pas fini de payer le prix. Hauts fonctionnaires, juges d'instruction, journalistes, dirigeants politiques... Ils sont si nombreux à avoir, à un moment ou à un autre, à tort ou à raison, subi ses foudres, à s'être sentis blessés. Alors, même si ce n'est pas forcément à leur honneur, dès qu'ils ont vu l'animal

politique affaibli, ils se sont rués sur lui, bien décidés à lui présenter la facture. Trop d'affronts, de vexations...

Parmi ces «martyrs du sarkozysme», une profession bien particulière: la magistrature. Un milieu très corporatiste, où l'on a la rancune tenace. Nicolas Sarkozy n'a jamais porté les magistrats dans son cœur, et il l'a fait savoir à maintes reprises. On se souvient que, chef de l'État, il les compara à des «petits pois». Au sein de cette corporation qu'il méprise se trouve une caste qu'il abhorre plus particulièrement: celle des juges d'instruction. Et ils le lui rendent bien.

Ils se souviennent que, depuis l'Élysée, Nicolas Sarkozy tenta d'imposer une réforme de la justice dont l'objet principal était la suppression pure et simple... du juge d'instruction – projet auquel il n'a pas renoncé. La levée de boucliers fut telle, y compris au sein de sa majorité, qu'il fut contraint de faire machine arrière.

Mais les juges n'ont rien oublié...

Oui, il faut l'écrire ici, l'ex-chef de l'État ne se trompe sans doute pas totalement lorsqu'il laisse entendre qu'il est victime d'une forme d'acharnement de la part de certains juges: nombre de magistrats de ce pays rêvent de «faire tomber Sarko», quitte parfois, peut-être, à prendre des libertés avec le Code de procédure pénale.

Pour autant, crier au complot n'a guère de sens. Des juges d'instruction affectés dans différents tribunaux du territoire ne se retrouvent pas à intervalles réguliers dans un lieu secret pour ourdir on ne sait quelle conspiration contre l'ancien chef de l'État... Ils ne s'autosaisissent pas non plus des enquêtes: elles sont ouvertes par les procureurs, et les magistrats instructeurs sont désignés par les présidents de tribunaux.

L'ex-président s'appuie sur une observation certes étayée : si son nom est cité dans de nombreux dossiers, il est rarement mis en cause pénalement. Mais, de la même manière qu'un mis en examen ou un prévenu ne sont pas forcément coupables, ne pas être poursuivi dans une affaire ne signifie pas pour autant automatiquement que l'on n'a rien à se reprocher. Il ne s'agit pas ici de déterminer l'éventuelle culpabilité de Nicolas Sarkozy dans toutes ces affaires, mais sa responsabilité.

La nuance est d'importance. En effet, et c'est tout l'enjeu de cet ouvrage, les journalistes ne sauraient être des juges d'instruction – encore moins des procureurs... Ils n'ont ni les compétences ni la légitimité pour décréter coupable ou innocent qui que ce soit. Ils ont leurs critères propres, leurs obligations, aussi. La doxa journalistique leur commande de publier des informations d'intérêt public. Celles concernant les enquêtes judiciaires visant Nicolas Sarkozy le sont.

Indiscutablement.

Le livre que vous avez entre les mains n'est donc pas un réquisitoire, mais le produit d'une enquête journalistique, basé sur des faits et non des rumeurs, des déclarations assumées plutôt que des citations anonymes.

Hubert Beuve-Méry, fondateur du *Monde*, eut cette formule, un jour : « Le journalisme, c'est le contact et la distance. » Ce même Beuve-Méry qui plaçait la morale au pinacle de ses valeurs et estimait que l'argent menait la politique à sa perte... Alors, pour préparer cet ouvrage, nous avons sollicité nos contacts, afin bien sûr d'obtenir des informations exclusives, mais surtout essayé de prendre de la distance, et d'analyser les faits sans a priori.

Des années d'investigations extrêmement poussées sur les multiples dossiers mettant en cause l'ancien président de la République nous ont simplement conduits au constat suivant : cet homme n'est pas impliqué par hasard dans toutes ces affaires. À défaut de le faire devant la justice, sachant qu'il doit bénéficier de la présomption d'innocence comme n'importe quel justiciable, il n'est pas illogique de devoir en répondre devant ses concitoyens, a fortiori lorsque l'on brigue leurs suffrages...

Au moment où Nicolas Sarkozy revient sur le devant de la scène politique et clame sa volonté d'accéder, une seconde fois, aux plus hautes fonctions de l'État – où il sera à nouveau hors d'atteinte de la justice –, les Français ont le droit, et même le devoir, de savoir.

Ceux qui auront lu ce livre, en tout cas, ne pourront pas dire qu'ils ne savaient pas.

I
ABUS DE BIENS SOCIAUX
L'affaire Air Cocaïne

Non, Nicolas Sarkozy n'est pas soupçonné d'avoir trempé dans un trafic de stupéfiants ! En revanche, c'est bien l'affaire dite « Air Cocaïne », cet avion bourré de drogue intercepté en République dominicaine en mars 2013, qui a permis, par ricochet, à la justice française de mettre au jour d'éventuels abus de biens sociaux susceptibles d'être reprochés à l'ancien chef de l'État. Révélations à l'appui, récit d'une histoire rocambolesque.

Aéroport international de Punta Cana, dans le sud de la République dominicaine, nuit du 19 au 20 mars 2013. Alors que les moteurs d'un petit Falcon 50, paré au décollage, commencent à peine à vrombir, une nuée de gyrophares déchire la nuit. Des dizaines de policiers dominicains, membres de la brigade des stupéfiants locale, la DNCD (Direction nationale du contrôle des drogues), épaulés par leurs homologues américains de la DEA (Drug Enforcement Administration), surgissent sur le tarmac et interpellent les quatre personnes à bord de l'appareil. Tous

sont français : les deux passagers, Alain Castany et Nicolas Pisapia, ainsi que les deux pilotes, Pascal Fauret et Bruno Odos. Les policiers dominicains saisissent un peu d'argent en espèces (8 385 euros et 1 491 dollars exactement), mais surtout de la drogue.
Beaucoup de drogue.

À l'intérieur des vingt-cinq valises rangées dans les soutes de l'avion, les enquêteurs mettent la main sur un total de 682 kilos de cocaïne, soigneusement répartis dans des centaines de paquets transparents. Valeur marchande : au moins 20 millions d'euros. Les quatre ressortissants français sont immédiatement placés en détention provisoire.

Dans le téléphone portable d'Alain Castany, qui s'est présenté à eux comme le troisième pilote du Falcon, les policiers dominicains découvrent les numéros de téléphone de nombreuses personnalités. Un peu plus tard, la justice française, qui mène ses propres investigations, fera une découverte intéressante en examinant le contenu de son ordinateur fixe, dans son bureau parisien. S'y trouvent notamment les coordonnées personnelles d'un certain Nicolas Sarkozy. Elles figuraient en fait dans la sauvegarde d'un iPad, copié dans l'ordinateur d'Alain Castany. Cet iPad appartenait à... Alexandre Balkany, l'un des fils d'Isabelle et Patrick Balkany, intimes de Sarkozy.

Réputé pour entretenir des relations avec les « people », Alain Castany était présenté par *Le Journal du dimanche* du 5 mai 2013, sous la plume de Stéphane Joahny, comme « un ancien assureur, [...] passionné d'aéronautique ».

Pour bien comprendre les dessous de cette affaire qui pourrait mettre en cause l'ex-président de la République, pour des faits sans rapport avec un quelconque trafic de drogue, il faut en revenir à l'origine. En l'occurrence au 7 janvier 2013, jour où les gendarmes de... Saint-Tropez recueillent un renseignement de choix : un informateur leur assure que l'aéroport de La Môle-Saint-Tropez abrite un trafic de stupéfiants. Plusieurs vols en provenance d'Amérique du Sud et des Caraïbes auraient, en 2012, atterri à Saint-Trop les soutes pleines de came, et ce avec la complicité d'un fonctionnaire des douanes. Les premières vérifications discrètement opérées par les gendarmes confirment que le « tuyau » semble bon.

Le 2 mars 2013, le parquet de Draguignan ouvre une information judiciaire pour « infraction à la législation sur les stupéfiants » et « association de malfaiteurs ». Rapidement, les enquêteurs s'interrogent sur trois hommes : deux pilotes, Pascal Fauret et Bruno Odos, et Franck Colin, loueur de l'une des voitures suspectées d'être utilisées pour dispatcher la drogue dans l'Hexagone. Des écoutes téléphoniques permettent même d'apprendre qu'aux alentours du 20 mars une nouvelle cargaison doit arriver à l'aéroport de La Môle. Les enquêteurs pensent tenir un « flag » parfait. Las, les autorités dominicaines leur coupent l'herbe sous le pied, en stoppant l'avion en cause juste avant son départ de Punta Cana...

Principale station balnéaire de la République dominicaine, située à l'extrême est du pays, Punta Cana n'est pas seulement réputée pour ses magnifiques plages de sable blanc. L'aéroport est considéré comme une plaque tournante du trafic de cocaïne en provenance d'Amérique du Sud.

Si l'affaire provoque un séisme à Saint-Domingue, car elle révèle un système de corruption généralisée au sein des forces de sécurité (plus de trente personnes, militaires, policiers et douaniers, ont été arrêtées), elle va également avoir un certain retentissement dans l'Hexagone. Pas seulement du fait de la nationalité des quatre occupants du Falcon 50.

Il apparaît en effet que l'avion, immatriculé F-GXMC, appartient au célèbre opticien-lunetier Alain Afflelou. Les médias français se délectent de cette information.

L'homme d'affaires, ulcéré de voir son nom publiquement mêlé à un scandale avec lequel il n'a rien à voir, est rapidement mis hors de cause. Il apparaît qu'il a confié l'exploitation de l'avion, en *leasing*, à la Société nouvelle trans-hélicoptère services (SNTHS), basée à Lyon, pour le compte de laquelle travaillaient les pilotes Bruno Odos et Pascal Fauret.

« Association de malfaiteurs. »

Tandis qu'en République dominicaine les quatre Français arrêtés protestent de leur innocence, la justice française mène ses propres investigations, désormais confiées, vu l'ampleur de l'affaire, à une juge de la JIRS (juridiction interrégionale spécialisée), Christine Saunier-Ruellan. La magistrate met en examen les deux dirigeants de la société SNTHS pour « importation de stupéfiants en bande organisée », « association de malfaiteurs » et « blanchiment ».

Informée des déclarations devant la police dominicaine de MM. Castany et Pisapia qui ont assuré que le vol avait été affrété par Franck Colin, la juge Saunier-Ruellan fait rapidement interpeller ce dernier. Il est arrêté début avril 2013 au moment où il tente de récupérer les 95 000 euros qui dormaient dans un coffre ouvert à son nom dans une banque parisienne. Originaire de Toulon, ce quadragénaire au parcours atypique est une figure de la jet-set parisienne. Marié à une créatrice de mode en vogue à Bucarest, il fait régulièrement la une de la presse people roumaine.

En expertisant son téléphone portable, les policiers de l'Office central pour la répression du trafic illicite de stupéfiants (OCRTIS) – dessaisis en juillet 2014 de l'enquête au profit des gendarmes de la section de recherches de Paris – tombent à nouveau sur la famille Sarkozy.

Ils constatent en effet que Franck Colin est en contact régulier avec Pierre Sarkozy, l'un des fils de l'ancien président de la République. Le jeune homme est enregistré dans le répertoire sous le nom de «Dj Jed Sarkosi». Pas si surprenant : Franck Colin et Pierre Sarkozy, disc jockey de son état, évoluent dans le monde de la nuit.

Mais les policiers ne sont pas au bout de leurs surprises. En cherchant à découvrir l'identité des personnes ayant financé les nombreux voyages effectués ces dernières années par le Falcon 50, les enquêteurs s'aperçoivent que trois vols, également affrétés par la société SNTHS – et effectués dans la même période que les trajets liés au trafic de cocaïne –, semblent avoir été financés par l'homme d'affaires Stéphane Courbit, via sa holding Lov Group (LG) – qui a acquis une forte notoriété grâce à ses productions télévisuelles –, et ce au profit d'un client nommé… Nicolas Sarkozy ! Le tout pour un montant total supérieur à 330 000 euros. Le nom de Sarkozy apparaît sur plusieurs factures saisies en perquisition au siège de la SNTHS.

Le premier voyage de Nicolas Sarkozy qui intrigue la justice remonte au mois de décembre 2012. Il avait pour destination Doha, capitale du Qatar, où l'ancien président prononça, le 11 décembre, son premier discours public depuis sa défaite à l'élection présidentielle. Une intervention réalisée dans le cadre du Forum mondial du sport, organisé à la demande des dirigeants du petit mais puissant émirat, dont Nicolas Sarkozy est très proche, par Richard Attias, nouveau compagnon de

Cécilia «ex»-Sarkozy. Or, ce déplacement a été facturé par la SNTHS au groupe LG.

Deuxième voyage : un aller-retour pour Teterboro, dans le New Jersey, aux États-Unis, effectué en février 2013 par Sarkozy, accompagné pour l'occasion de son épouse Carla Bruni et du premier fils de cette dernière, Aurélien Enthoven. Là encore, le vol a été facturé par la SNTHS à LG.

La troisième visite en cause a eu pour cadre Abu Dhabi, aux Émirats arabes unis, également en février 2013, et toujours aux frais de la société de Stéphane Courbit. Nicolas Sarkozy était invité au Global Financial Markets Forum, organisé par la banque nationale d'Abu Dhabi. Sarkozy y donna une conférence, le 27 février. D'autres éminentes personnalités, comme David Miliband ou James Baker, anciens ministres des Affaires étrangères de Grande-Bretagne et des États-Unis, avaient également été conviées à ce prestigieux colloque.

Il est vrai que la participation à ce type d'événements est grassement rémunérée. Il n'est guère loquace en public sur le sujet, mais Nicolas Sarkozy toucherait au minimum 100 000 euros par conférence. *Le Canard enchaîné* a par exemple assuré que la banque américaine Morgan Stanley avait proposé, en 2012, 250 000 euros à l'ancien président pour une conférence de 45 minutes, ou encore qu'il avait perçu 200 000 euros pour une intervention d'une heure, à Lagos (Nigeria), en décembre 2013. Logique pour un homme qui, évoquant «l'après», assurait en juillet 2008, selon des propos rapportés par *Le Point* : «Quand j'vois les milliards que gagne Clinton, moi, j'm'en mets plein les poches ! Je fais ça pendant cinq ans et, ensuite, je pars faire du fric, comme Clinton. 150 000 euros la conférence !»

Reste que gagner des fortunes pour donner des conférences ne constitue pas un délit. Faire prendre en charge ses déplacements par une entreprise, en revanche, peut l'être, si l'objet des vols n'est pas en rapport avec les activités de ladite société. Les policiers ont même découvert qu'un quatrième vol avait été affrété, au mois de mars 2013, par la société SNTHS, toujours au profit de Nicolas Sarkozy. Il s'agissait de permettre à l'ancien président de se rendre, de manière confortable et rapide, à Bordeaux, où il devait honorer, le 21 mars, une convocation... aux fins de mise en examen délivrée par le juge Jean-Michel Gentil, chargé de l'affaire Bettencourt ! Mais l'interception du Falcon 50 sur le tarmac de Punta Cana a contraint Nicolas Sarkozy à monter dans un autre avion, également mis à sa disposition par la SNTHS. Cette fois, les factures indiquent que le vol a été pris en charge par l'Association de soutien à l'action de Nicolas Sarkozy (ASANS).

Fait notable : lorsque les enquêteurs examinent la comptabilité de la société d'hélicoptères, ils découvrent que plusieurs de ses comptes clients ont disparu. Dont celui de LG – pourtant le client principal –, ainsi que celui de l'Association de soutien à l'action de Nicolas Sarkozy...

Y aurait-il des choses à cacher ?

« La possible commission de faits incidents impliquant l'ancien président de la République. »

Bien sûr, l'ex-chef de l'État a parfaitement le droit de prendre l'avion. Mais il goûte peu les lignes régulières. Ses riches amis lui prêtent donc souvent leurs aéronefs privés. Comme Jean-Claude Darmon, l'ancien roi du marketing du football, ou Stéphane Courbit, patron de LG. Des hommes d'affaires intéressés par l'entregent de Sarkozy, son pouvoir d'influence. Sarkozy saura renvoyer l'ascenseur, pensent-ils certainement. Au point de le transporter gratuitement, au préjudice éventuel, donc, de leurs sociétés ? Car les lois prohibent formellement ce type de procédés. Ou alors, il faut tout déclarer au fisc…

Autant d'éléments en tout cas extrêmement embarrassants pour l'ancien chef de l'État. Ils ont d'ailleurs poussé la Direction des affaires criminelles et des grâces (DACG), le service de la chancellerie où remontent via les parquets généraux les procédures les plus sensibles, à rédiger une synthèse détaillée sur cette histoire, le 21 juillet 2014. Ses conclusions, auxquelles nous avons pu avoir accès, sont explosives. « Bien qu'aucun élément ne puisse conduire à mettre en cause Nicolas Sarkozy et son fils Pierre dans le trafic de stupéfiants objet de l'information judiciaire [...], les enquêteurs ont été amenés à relever à plusieurs reprises les noms de ces deux personnalités et à constater la possible commission de faits incidents impliquant l'ancien président de la République », écrit la directrice des affaires criminelles et des grâces, la très discrète Marie-Suzanne Le Quéau.

Appelée à prendre, le 17 novembre 2014, ses nouvelles fonctions de procureure générale près la cour d'appel de Douai, la magistrate précisait au terme de son rapport : « Sous réserve d'investigations plus approfondies, la prise en charge par la société Lov Group de vols affrétés au profit de Nicolas Sarkozy, sans lien avec son objet social, pourrait constituer le délit d'abus de biens sociaux, et le délit de recel pour Nicolas Sarkozy. Ce délit suppose néanmoins la démonstration, outre de la contrariété de l'acte en cause à l'intérêt social de la société, celle d'un intérêt personnel de son dirigeant. Le rapport transmis par le parquet général d'Aix-en-Provence n'apporte aucun élément à cet égard. [...] S'agissant de la comptabilité de la même conseillé par l'incontournable Alain Minc, toujours très écouté par Nicolas Sarkozy.

Ainsi, le 10 décembre 2012, au retour de sa conférence à Doha, Nicolas Sarkozy obtint de ses richissimes amis qataris, via le fonds souverain Qatar Investment Authority (QIA), une lettre d'intention pour un engagement à hauteur de 200 millions d'euros ! Les deux autres vols contestés pris en charge par LG semblent également correspondre à des rendez-vous liés au projet Columbia. Projet qui est finalement tombé à l'eau, sans doute du fait de la mise en examen, le 19 février 2013, de Stéphane Courbit dans l'affaire Bettencourt.

Reste encore, pour Stéphane Courbit comme pour Nicolas Sarkozy, à convaincre la justice qu'il n'y a là rien d'illégal. Car l'affaire n'en est qu'à ses débuts. La juge marseillaise saisie du trafic de stupéfiants n'avait, à l'automne 2014, pas encore transmis son enquête préalable au parquet, qui seul pourra déterminer les suites à donner à cette affaire. Stéphane Courbit devra donc sans doute convaincre la justice que transporter Nicolas Sarkozy constituait bien un « investissement industriel » pour sa société. Cet investissement-là, pour le coup, se révèle, sur le plan judiciaire en tout cas, incontestablement « risqué »…

II

TRAFIC D'INFLUENCE
L'affaire Azibert

L'affaire Azibert, du nom de ce magistrat soupçonné d'avoir joué les informateurs au sein de la Cour de cassation pour le camp Sarkozy, semble la plus menaçante pour l'ancien chef de l'État. Mis en examen pour « trafic d'influence actif », « corruption active » et « recel de violation du secret professionnel », l'ancien président paye sa fâcheuse tendance à tenter d'intervenir sur le cours de la justice. Récit inédit, sur fond d'écoutes téléphoniques, d'un scandale sans précédent sous la Ve République.

Il est un peu moins de minuit, ce 1er juillet 2014, et l'air est irrespirable dans ce petit bureau du pôle financier, rue des Italiens, à Paris. Dans le décor spartiate d'un banal cabinet d'instruction, les juges Patricia Simon et Claire Thépaut, assistées d'une greffière, font face à un homme littéralement hors de lui : Nicolas Sarkozy.

L'ancien président de la République, assisté de son nouvel avocat, le très expérimenté Pierre Haïk, ne

cherche même pas à dissimuler sa fureur. Il est épuisé. Dégoûté.
Scandalisé.
Il va déverser sa rancœur, d'une traite. La greffière note scrupuleusement, consciente d'assister, en privilégiée, à un moment d'histoire judiciaire.

Le procès-verbal pourrait faire date. En quelques dizaines de lignes, l'ancien ministre de l'Intérieur, qui vient de subir l'affront d'une garde à vue de quinze heures dans les locaux de la police judiciaire, explique pourquoi il ne répondra pas aux questions des deux juges d'instruction. Ces dernières, humiliation suprême, lui ont signifié quelques minutes plus tôt sa mise en examen pour « recel de violation du secret professionnel », « corruption active » et « trafic d'influence actif ».

Des qualifications particulièrement infamantes, a fortiori pour un président de la République sortant. Ces chefs de poursuite sont également lourds de conséquences éventuelles : en effet, selon l'article 433-1 du code pénal, réprimant « la corruption active et le trafic d'influence commis par les particuliers », ce délit est sanctionné d'une peine pouvant aller jusqu'à dix ans d'emprisonnement et une amende de 1 000 000 euros.

Présumé innocent, Nicolas Sarkozy est soupçonné d'avoir, à l'aide de son avocat Thierry Herzog, promis un poste à Monaco au haut magistrat Gilbert Azibert afin d'obtenir une décision favorable de la Cour de cassation, saisie de l'affaire Bettencourt. En outre, il est suspecté d'avoir bénéficié d'informations confidentielles lui révélant sa mise sur écoute.

Si d'aventure Nicolas Sarkozy devait être traduit devant un tribunal puis condamné, les textes prévoient même des peines complémentaires, telles que la déchéance des droits civiques et civils, entraînant de fait une inéligibilité...

En bon avocat, l'ex-chef de l'État sait tout cela, au moment où il s'entend signifier sa triple mise en examen. «Je vais faire des déclarations», annonce-t-il d'emblée. «J'ai le plus grand respect pour l'institution judiciaire», commence-t-il, dans l'une de ces antiphrases dont il a le secret. Mais l'ancien président de la République rumine sa colère et sa vengeance depuis le petit matin et son placement en garde à vue dans les locaux de l'Office central de lutte contre la corruption et les infractions financières et fiscales (OCLCIFF), à Nanterre. Des policiers se sont même sentis menacés, au point de s'en ouvrir à leur hiérarchie.

Cette fois-ci, il s'en prend aux «deux dames», comme il les qualifiera dédaigneusement dès le lendemain soir, en direct sur TF1 et Europe 1. Gilbert Azibert, lui, les appellera «les petites jugettes», dans une conversation captée par les policiers.

Il y a peu de place pour les femmes, dans le camp sarkozyste.

«En revanche, ajoute donc Sarkozy, je veux faire une déclaration qui présente un degré de gravité extrême. Je ne suis pas un justiciable au-dessus des autres, mais je ne suis pas un justiciable en dessous des autres, j'ai droit à une justice impartiale. Or, je me retrouve devant deux magistrates dont une au moins appartient à une organisation syndicale qui m'a combattu avec une violence inouïe non pas simplement lorsque j'ai été président mais également dans mes fonctions de ministre.»

La sortie de Nicolas Sarkozy doit peu au hasard. Comme ils le font systématiquement lorsque le «boss» est menacé par des juges, ses proches ont activé dans l'urgence leurs réseaux dans la magistrature pour essayer de trouver un angle d'attaque. La meilleure façon de « miner » une procédure reste de déstabiliser ceux qui la conduisent, si possible en mettant en cause leur impartialité. Après Renaud Van Ruymbeke (affaires Clearstream et Karachi) ou Jean-Michel Gentil (dossier Bettencourt), ils pensent avoir trouvé en Claire Thépaut le maillon faible. Âgée de 42 ans, elle est effectivement membre du Syndicat de la magistrature (SM), classé à gauche – et qui représente environ un tiers des magistrats. Affectée au pôle financier parisien depuis 2012, elle y instruit sans bruit quelques procédures sensibles, de l'affaire HSBC au dossier Tapie en passant par le volet financier du scandale du Mediator.

« Je considère que mes droits sont violés, que mes droits essentiels ne sont pas garantis. »

« J'ai versé au dossier une lettre que m'a adressée le Syndicat de la magistrature qui est un tissu d'injures, où je suis pris à partie avec des propos qui sont indignes d'un magistrat », enchaîne Nicolas Sarkozy. Dans le cabinet de Patricia Simon, 47 ans, plus expérimentée que sa collègue (elle a passé dix ans à l'instruction à Nanterre) mais toute aussi discrète, la tension est à son comble.

Nicolas Sarkozy porte l'estocade finale : « Comment voulez-vous dans ces conditions que je puisse penser une minute que mon droit formel à une justice impartiale m'est aujourd'hui garanti ? Dans ces conditions, je ne peux pas répondre à vos questions. Je considère que mes droits sont violés, que mes droits essentiels ne sont pas garantis. Vous vous livrez à un simulacre de justice, il m'appartiendra d'en tirer les conséquences procédurales. Je vous rappelle que la jurisprudence de la Cour européenne des droits de l'homme indique, pour qu'il y ait récusation, qu'il suffit qu'une des parties au procès ait un doute sur l'impartialité de son juge. Pour moi, ce n'est hélas pas un doute, c'est une certitude. »

Il est un peu plus de une heure du matin lorsque Nicolas Sarkozy, le visage blême, prend congé des « deux dames » et quitte sous bonne escorte le pôle financier, siège historique du *Monde* – journal honni en Sarkozie –, dont il vient de comprendre qu'il pouvait être le tombeau de ses ambitions, l'obstacle majeur à son retour. Seul espoir pour l'ancien président, obtenir l'annulation de la procédure pour vice de forme. En ce sens, il a sans doute vu un signe encourageant dans la décision de la cour d'appel de Paris, le 23 septembre 2014, de suspendre l'enquête le temps d'examiner ses requêtes en nullité.

Car il ne faut pas s'y tromper, de par la gravité et la forte charge symbolique des faits mis au jour, et quelle que soit son issue sur le plan judiciaire, cette affaire est sans doute la plus embarrassante pour Nicolas Sarkozy. La seule aussi dans laquelle, pour l'heure, il soit poursuivi. Sans doute parce que, cette fois, les pare-feu habituels n'ont pas suffi. Écoutes téléphoniques obligent, il se trouve personnellement en première ligne.

Ce n'est pas un hasard si, pour la première fois depuis que nous enquêtons sur des affaires mettant en cause Nicolas Sarkozy, des hommes politiques de droite, notamment situés dans l'entourage de l'un de ses rivaux, François Fillon, se sont manifestés après la révélation de cette affaire pour nous proposer des « tuyaux » susceptibles de couler cet homme qu'au fond ils exècrent. Des coups de fils, des messages indirects…

Toute une frange de l'UMP est en guerre.

L'ancien Premier ministre lui-même, comme narré dans la préface, ne s'est-il pas résolu à approcher l'Élysée, histoire de pousser le pouvoir socialiste à accélérer les procédures judiciaires ?

Avant d'aborder le détail de cette renversante histoire, une précision d'importance : l'indignation, l'ire et l'inquiétude de Nicolas Sarkozy sont parfaitement compréhensibles. Pour un ancien président de la République, longtemps ministre de l'Intérieur qui plus est, le passage par la « case » garde à vue constitue forcément un terrible affront. Par ailleurs, découvrir que, pendant des mois, ses conversations téléphoniques ont été écoutées, a fortiori dans le cadre de l'affaire libyenne dans laquelle, se considérant comme une victime et non un suspect, il a déposé plainte, cela peut légitimement susciter la colère. Surtout, quand bien même il s'agit d'une pure coïncidence, ces interceptions sont dévoilées au moment où les enregistrements – pirates ceux-là – de ses discussions avec son ancien conseiller Patrick Buisson, effectués par ce dernier à l'insu de Nicolas Sarkozy, sont livrés en pâture à l'opinion publique. Ses ennuis dans le scandale Bettencourt trouvaient déjà leur origine dans d'autres enregistrements clandestins, réalisés par un majordome...

On peut donner quitus à Nicolas Sarkozy sur ce point : nul ne peut souhaiter vivre dans une société où chacun devrait redouter, en permanence, de voir ses conversations espionnées.

Cela posé, il convient de rappeler que les écoutes ayant visé Nicolas Sarkozy et ses proches dans cette affaire ont été effectuées dans un cadre légal. Il faut redire, aussi, que les interceptions judiciaires restent exceptionnelles et que, bien souvent, elles sont ordonnées car c'est le seul moyen de découvrir la vérité. Du reste, avant cette affaire, on n'avait jamais entendu Nicolas Sarkozy, qu'il soit installé place Beauvau ou à l'Élysée, critiquer le recours aux écoutes téléphoniques, dont était par exemple très friand son ami Philippe Courroye, juge d'instruction à Lyon puis à Paris, avant d'être promu procureur de Nanterre en 2007...

Reste à savoir, bien entendu, si ces écoutes, dans le cas présent, étaient nécessaires, «proportionnées» pour reprendre la terminologie judiciaire. Il reviendra à la cour d'appel de Paris, saisie en septembre 2014 par Nicolas Sarkozy et Thierry Herzog de requêtes en nullité, voire à la Cour de cassation, de le dire. Toutefois, on peut déjà assurer qu'elles ne sont pas le fruit d'un coup de folie qui aurait germé dans l'esprit d'un magistrat incontrôlable. Elles ont été déclenchées, puis renouvelées, avec l'aval du parquet, par plusieurs juges d'instruction.

Tout est parti de l'affaire libyenne, instruite depuis avril 2013 par deux juges du pôle financier, Serge Tournaire et René Grouman (voir chapitre IX «Corruption»). En plaçant sur écoute le directeur du cabinet de Nicolas Sarkozy, Michel Gaudin, les magistrats sont tombés sur des conversations intrigantes qui les ont incités, à partir du 3 septembre 2013, à mettre sous surveillance le téléphone portable de l'ancien président de la République.

Une initiative qui a scandalisé, lorsqu'il en a eu connaissance, Nicolas Sarkozy: «On décide en septembre 2013 de mettre l'ancien chef de l'État sur écoute, pour des faits présumés de corruption commis en 2007. On pensait que Kadhafi allait me téléphoner?» persiflera-t-il lors de sa garde à vue, le 1er juillet 2014. «Ces interceptions ont été prolongées sans qu'il n'y ait aucun élément sur le dossier Kadhafi qui le justifie», ajoutera-t-il.

Outre Michel Gaudin, un autre intime de l'ex-président est placé sur écoute: l'ancien ministre de l'Intérieur Brice

Hortefeux. Puis son avocat et ami, Thierry Herzog. Comme une poupée gigogne judiciaire, l'enquête libyenne va ramener à la surface le dossier Bettencourt et, par ricochet, déclencher une nouvelle affaire, celle de trafic d'influence ! La preuve, selon les sarkozystes, que les juges créent artificiellement de nouvelles affaires dans l'espoir de faire tomber leur idole. La démonstration, surtout, des risques de l'hyperinterventionnisme à la mode Sarkozy, qui a décidément le chic pour s'attirer de nouveaux soupçons en tentant d'en dissiper d'autres.

Car certains échanges captés par les policiers, s'ils n'éclairent guère l'obscure affaire libyenne, mettent au jour l'existence d'un réseau d'informateurs au service de l'ancien président. Et font naître, au début de l'année 2014, des soupçons sur l'activisme de ce réseau au sein de la vénérable Cour de cassation. Saisie par Nicolas Sarkozy dans le cadre de la procédure Bettencourt, la juridiction suprême s'apprête à rendre une décision d'importance, le 11 mars : elle doit dire si la mise sous scellés judiciaires des agendas privés et officiels de Nicolas Sarkozy par les juges bordelais Jean-Michel Gentil, Cécile Ramonatxo et Valérie Noël était ou non licite. Certes, depuis le 7 octobre 2013, Sarkozy n'est plus poursuivi dans le dossier Bettencourt, mais ces agendas pourraient être décisifs, dans l'affaire Tapie, pour l'ex-chef de l'État. Ils révèlent en effet sa proximité avec l'homme d'affaires et accréditent l'hypothèse de son implication personnelle dans le litige opposant ce dernier au Crédit lyonnais.

Nicolas Sarkozy espère donc vivement obtenir l'invalidation de la saisie initiale de ses agendas, via une décision de la Cour de cassation, et repousser d'autant cette autre menace potentielle que constitue le dossier Tapie. Accessoirement, il s'agit aussi de dissuader d'autres magistrats d'utiliser ces fameux agendas contre leur propriétaire... D'où le pourvoi déposé en septembre 2013 auprès de la Cour de cassation par Me Herzog. Entendu par les policiers le 1er juillet 2014, Nicolas Sarkozy, en garde à vue, tiendra pourtant à relativiser l'importance, pour lui, d'obtenir l'annulation de la saisie des agendas : « L'enjeu du pourvoi est pour moi une question de principe, mais extrêmement limité en ce qui concerne ma situation de justiciable », dira-t-il.

Les conversations téléphoniques entre Sarkozy et son avocat indiquent, on va le voir, que les deux hommes sont très bien renseignés sur la procédure en cours. Et pour cause : ils disposent, au sein de la haute juridiction, d'un relais efficace. Il s'agit de l'avocat général Gilbert Azibert. Affecté à une chambre civile de la Cour de cassation (le dossier Bettencourt relève, lui, de la chambre criminelle), M. Azibert, 67 ans, est une figure de la droite judiciaire. Passé par la Grande Loge nationale française (GLNF), la plus conservatrice des obédiences maçonniques, il a cumulé les titres prestigieux, de la présidence du tribunal de grande instance de Nîmes à la direction de l'administration pénitentiaire en passant par la présidence de la chambre de l'instruction de la cour d'appel de Paris.

À ce dernier poste, il hérita, entre 1999 et 2002, du surnom d'« Annulator », pour sa tendance assez marquée à casser les actes des juges d'instruction, qu'il ne porte pas vraiment dans son cœur. Gilbert Azibert fit ainsi annuler, en 2001, une partie des poursuites visant, dans l'affaire des faux électeurs du Ve arrondissement de Paris, Xavière Tiberi. Cette dernière était défendue par Me Herzog. À la demande de Laurent Le Mesle, alors très influent conseiller à la justice du président Chirac, M. Azibert fut promu en 2002 à la tête de l'École nationale de la magistrature (ENM), basée – ce n'est pas un détail – à Bordeaux.

Il cumulera même, fait inédit, cette fonction avec celle de procureur général de la cour d'appel de Bordeaux, à partir de 2005. En Gironde, il se fit notamment remarquer en contraignant, sous peine de sanction, les apprentis magistrats à venir assister, en décembre 2003, au discours de son invité d'honneur, un ministre de l'Intérieur au destin prometteur, un certain Nicolas Sarkozy...

Intime de Thierry Herzog depuis vingt-cinq ans, M. Azibert n'entretient pas, en revanche, de relations personnelles directes avec l'ancien président de la République, même si Sarkozy en fit en 2008, aux côtés de Rachida Dati, le premier secrétaire général de la Chancellerie. Un poste clé, à tel point que son titulaire était qualifié à l'époque de « ministre bis de la Justice ». Nicolas Sarkozy, en garde à vue, se souviendra de l'avoir rencontré trois fois, depuis 2013, pour parler selon lui de ses projets de réforme de la justice. Dont une fois pour envisager, de nouveau, la suppression des juges d'instruction...

« Nicolas Sarkozy accepte de l'aider à obtenir un poste à Monaco. Ces faits sont constitutifs du trafic d'influence. »

Ce magistrat très engagé est donc l'homme par qui le scandale est arrivé. Scandale que nous avons pu reconstituer dans son intégralité. Il est parfaitement explicité dans un rapport de synthèse du 2 juillet 2014, rédigé par Christine Dufau, la patronne du tout nouvel office anti-corruption.

Les conclusions du commissaire Dufau sont sans équivoque : « Les conversations enregistrées entre Thierry Herzog, Nicolas Sarkozy et Gilbert Azibert sont claires sur leurs intentions, et leurs propos ne suscitent pas d'interrogation quant à leur volonté et leurs attentes :

Gilbert Azibert est sollicité pour obtenir des informations et démarcher des conseillers à la Cour de cassation. En contrepartie, Nicolas Sarkozy accepte de l'aider à obtenir un poste à Monaco. Ces faits sont constitutifs du trafic d'influence, qui rappelons-le prévoient "l'influence réelle ou supposée". » Naturellement, les intéressés contestent la version policière.

Mais la chronologie des événements est édifiante. Tout débute au mois de janvier 2014. Le 19, Patrick Sassoust, magistrat à la Cour de cassation affecté à la chambre criminelle (chargée d'examiner le pourvoi de Sarkozy dans l'affaire Bettencourt), donne un tuyau à son collègue de la chambre civile, Gilbert Azibert : à 18 h 41, il lui indique, dans un mail intitulé « Vœux et information », que s'agissant du « dossier B... » – B comme Bettencourt –, « l'audience a été fixée au 11 février prochain. Pour l'instant, ni Didier Guérin (conseiller rapporteur) ni Claude Mathon (avocat général) n'ont déposé leurs conclusions. Je te tiendrai informé de l'évolution de la procédure ». À quel titre M. Azibert se tient-il informé d'une procédure dont il n'est pas chargé, et par ailleurs totalement confidentielle ?

Le lendemain, 20 janvier, à 16 h 31, M. Azibert répond à M. Sassoust (placé en garde à vue fin juin, aucune charge ne sera finalement retenue contre ce magistrat, même si l'enquête a établi qu'il avait supprimé des mails émanant de Gilbert Azibert) qu'il souhaiterait le voir. Vingt-quatre heures plus tard, grâce à son accès au site intranet de la Cour de cassation, Gilbert Azibert consulte le dossier Bettencourt sur son ordinateur, en usant du code que lui a donné son ami Sassoust. Le même jour, le conseiller rapporteur, plutôt favorable à l'annulation de la saisie des agendas, livre son rapport. Il expose essentiellement les arguments présentés par Me Patrice Spinosi – avocat à la Cour de cassation – au nom de l'ancien chef de l'État. « M. Sarkozy, écrit Didier Guérin ce 21 janvier, soutient donc qu'en vertu de l'article 67 de la Constitution, le président de la République n'est pas responsable des actes accomplis en cette qualité : qu'il découle du principe de l'irresponsabilité du chef de l'État, s'agissant des actes liés à l'exercice de ses fonctions, l'insaisissabilité des écrits qui en ont été le support. »

« *On a reçu hier le mémoire du rapporteur.* »

Une semaine se passe.

Le 28 janvier, les policiers interceptent une conversation sur le sujet entre Nicolas Sarkozy et Thierry Herzog. Les deux hommes, persuadés (à juste titre !) depuis le début de l'année d'être sur écoute sur leurs téléphones portables « officiels », utilisent deux autres lignes qu'ils pensent – à tort cette fois – totalement sûres. Me Herzog s'est rendu le 11 janvier à Nice, où il séjourne régulièrement, et a acquis dans une boutique SFR deux cartes téléphoniques sous une identité d'emprunt : un certain « Paul Bismuth », comme le révélera *Le Canard enchaîné*.

Mais les enquêteurs ont rapidement découvert le stratagème. Ils ont d'abord été alertés par le fait que Sarkozy et Herzog, à plusieurs reprises, sur leurs lignes officielles, se promettent de se rappeler immédiatement, sans qu'aucune conversation ne soit détectée ensuite sur leurs mobiles. Mais, selon nos informations, c'est l'imprudence de Nicolas Sarkozy qui va trahir les deux hommes. En effet, si Me Herzog, comme convenu entre eux, se servait du « Bismuth » uniquement pour appeler son client, Nicolas Sarkozy, pour sa part, l'utilisait aussi pour certaines conversations privées. Par exemple pour téléphoner à son ex-femme, Cécilia Attias. Or, les policiers ont capté un échange entre Nicolas Sarkozy – sur son portable officiel – et son ancienne compagne au terme de laquelle il promit de la rappeler très rapidement. Aucun appel n'ayant ensuite été émis depuis le portable officiel de l'ex-chef de l'État, les enquêteurs eurent l'idée de consulter les fadets de Cécilia Attias. Le reste fut un jeu d'enfant : ils repérèrent, en examinant les appels passés et reçus juste après l'échange avec Nicolas Sarkozy, un numéro de portable inconnu. Et découvrirent ainsi la fameuse ligne Bismuth…

Retour donc à cet appel du 28 janvier, sur la ligne Bismuth. Nicolas Sarkozy fait allusion à une conversation qu'il semble avoir eue avec Gilbert Azibert directement. Dès le lendemain, 29 janvier, Thierry Herzog téléphone de bon matin à son ami Gilbert Azibert.

Dans la soirée, il rend compte à Nicolas Sarkozy en ces termes :

– J'ai rappelé Gibert, qui m'a dit : « Ne fais pas trop attention au rapport parce que c'est volontairement qu'il a été neutre. » Et il m'a confirmé deux trucs. Un, que le rapporteur était pour l'annulation de la saisie des agendas ; deux, que les réquisitions seront données le plus tard possible, parce qu'ils sont obligés de les communiquer, qu'elles seront numérotées, enfin, il m'a refait le truc. il me dit ensuite… à toi de te servir de l'arrêt et d'en faire ce que tu veux. Il dit : « Je me doute bien que c'est pas pour les faire retirer du dossier de Bordeaux qui seront retirés de toute façon. » Ah je dis, évidemment.

Un échange fort instructif, à double titre. Non seulement il suggère que Gilbert Azibert participe à la stratégie de défense de Nicolas Sarkozy, mais aussi que le véritable enjeu n'est pas la procédure Bettencourt, puisqu'entre-temps l'ancien chef de l'État a été blanchi, mais sans doute l'affaire Tapie, dans laquelle les agendas de Sarkozy constituent autant d'éléments à charge (voir chapitre V « Escroquerie en bande organisée »).

– Bon, bon, approuve Sarkozy. Mais Gilbert, c'est vraiment important ça. Mais il était content du truc du rapporteur ?

– Oui, opine Me Herzog, mais il était surtout content... Puis je lui dis, bien sûr que je te joindrai pour te dire... Parce qu'il m'a dit... J'ai déjeuné avec l'avocat général... J'ai... Voilà... Il... Il a bossé hein !!!

Et l'avocat de préciser, dans un lapsus ô combien révélateur, qu'a priori la haute juridiction devrait suivre les réquisitions de l'avocat général, et donc donner raison au camp Sarkozy, « sauf si le droit finit par l'emporter » !

– Bon. OK. Parfait. Ben tiens-moi... C'est pour quand ça ? C'est pour le 11 février ?

– Euh... Pour le 11, mais on l'aura très peu de jours avant. Et surtout, ce qu'il a fait, c'est le truc à l'intérieur quoi..., lâche Me Herzog, allusion sans doute au travail de « lobbying » censé avoir été mené par Gilbert Azibert au sein même de la Cour de cassation.

Dès le lendemain matin, 30 janvier, Thierry Herzog rappelle Gilbert Azibert. C'est aussi ce jour-là que l'avocat général, Claude Mathon, rend son avis, très attendu. Dans son rapport, le magistrat affirme que « la saisie des agendas du président de la République ne peut que poser problème », avant de conclure : « En effet, le fait de comporter des rendez-vous privés ne saurait faire perdre à l'agenda présidentiel ses caractéristiques relatives à la protection dont doit bénéficier le président de la République, d'autant plus que la vie privée de celui-ci ne peut que se confondre avec sa vie publique en raison des charges que celle-ci implique. »

« Gilbert a eu accès à l'avis qui ne sera jamais publié du rapporteur, destiné à ses collègues. »

Dans la soirée du 30 janvier, Me Herzog téléphone à son client – l'un des échanges dont le contenu fut révélé par Mediapart, le 18 mars 2014 – pour lui donner la bonne nouvelle :
– Bon, écoute, je te dérange pas longtemps. Écoute, ça va bien, c'était pour te dire qu'on a eu les réquisitions aujourd'hui.
– Ah, alors, qu'est-ce que ça donne ? demande Nicolas Sarkozy, avant d'indiquer : Donc ça c'est très bien, donc il reste à savoir si la chambre va suivre.
– Bon, alors, j'ai eu Gilbert ce matin, reprend l'avocat. Il me dit que d'après lui, oui. Parce qu'il a eu accès à l'avis qui ne sera jamais publié du rapporteur, destiné à ses collègues... et que cet avis conclut que pour toi à la cassation, et à la... au retrait de toutes les mentions relatives à tes agendas. Tu sais que là, c'est du boulot.

Me Herzog précise sa pensée, en faisant allusion aux juges de Bordeaux : « Ce sera du boulot pour ces bâtards de Bordeaux. » L'avocat peut en effet se féliciter du « boulot » effectué par son ami magistrat, qui a notamment eu accès à l'avis confidentiel du rapporteur... Le lendemain, samedi 1er février, les deux hommes échangent à nouveau, à 11 h 22 précisément, toujours sur les lignes « Bismuth », supposées sécurisées. Ils évoquent l'affaire libyenne (voir chapitre IX « Corruption »), mais aussi les travaux de la Cour de cassation. Moins de vingt minutes plus tard, à 11 h 46 exactement,

Nicolas Sarkozy rappelle son conseil. Le but est clair cette fois : pour ne pas attirer l'attention des enquêteurs, du moins l'espèrent-ils, il s'agit de préparer une vraie-fausse discussion sur leurs portables officiels. L'échange, qui ne dure que quelques dizaines de secondes, relève du théâtre de boulevard.
– Oui allô.
– Thierry ?
– Oui.
– Pardon de te déranger. Réponds sur ton téléphone, parce que... qu'on ait l'impression d'avoir une conversation.
– D'accord, je réponds maintenant ? Euh... On parle de quoi ?
– Oh, bah de... de Spinosi. Non ?
– Euh... Spinosi, donc on fait pas de triomphalisme. Euh... On dit qu'on a eu les réquisitions, euh... mais qu'il nous a dit qu'il n'avait pas le droit de... Enfin que... il les donnait... qu'on devait évidemment... que les... que les lire et qu'on n'avait pas le droit de les divulguer mais que de toute façon, c'est pas notre genre. Euh... Qu'est-ce qu'on peut dire d'autre ?
– Oui mais enfin, est-ce que tu crois que les juges ont les réquisitions ? Pas la peine de... Les juges qui écoutent ?
– Non.
– Alors c'est pas la peine de les informer.
– Non sûrement pas. Qu'est-ce qu'on pourrait... De quoi on pourrait... C'est moi qui vais te rappeler sur le portable.
– Rappelle-moi en disant : « Tu m'as appelé », fait Sarkozy.
– Oui.
– C'est pas embêtant qu'on dise que tu viennes me voir ?
– Bah quand même !!! Sûrement pas !!! L'audience du 11, et alors... Attends, il faudrait quand même [passage

inaudible]... à ce que tu me demandes s'il y a des nouvelles dans le dossier où on est partie civile!!! Parce que c'est censé t'intéresser.
– Oui. On n'a aucune nouvelle d'ailleurs, là ?
– Non.
– OK. Ben tu vois, on peut faire ça.
– Ouais, je le fais maintenant.

« *Appelle-le aujourd'hui en disant que je m'en occuperai parce que moi je vais à Monaco et je verrai le prince.* »

On l'a compris, à cette date, les deux hommes ignorent toujours que leur subterfuge téléphonique a été éventé par les policiers. Le 5 février au matin, toujours sur les lignes « Bismuth », ils évoquent donc en toute confiance leur informateur préféré, Gilbert Azibert.

– Ce matin, révèle Me Herzog, il m'a dit qu'il avait rendez-vous en fin de matinée... avec un des conseillers pour bien lui expliquer ce qu'il faudrait... mais il me dit qu'il est optimiste.

Ainsi Gilbert Azibert ne semble plus seulement sollicité pour s'informer, mais aussi pour tenter d'influer sur la décision de la Cour de cassation.

La discussion porte ensuite sur la « récompense » que semble attendre Gilbert Azibert en échange de ses services.

– Il m'a parlé d'un truc sur Monaco, parce qu'il voudrait être nommé au tour extérieur, glisse Me Herzog.

– Je l'aiderai, tranche immédiatement Sarkozy, qui lâche aussi cette phrase à propos du magistrat : Moi, je le fais monter.

– Je lui ai dit, ajoute Me Herzog : « T'inquiète pas, laissons passer tout ça et comme c'est pas avant mars que la

personne prend sa retraite, tu, t'auras toujours le temps de voir le Président, il te recevra tu le sais très bien. »
— Parce qu'il veut travailler à Monaco, glisse Nicolas Sarkozy.
— Ben oui, approuve Mᵉ Herzog, parce qu'il va y avoir un poste qui se libère au Conseil d'État monégasque et… euh… il était bien placé. Mais, simplement, il me dit… euh… J'ose pas demander. Peut-être qu'il faudra que j'aie un coup de pouce. Ben je lui ai dit : « Tu rigoles avec ce que tu fais… »
— Non, ben t'inquiète pas, dis-lui, l'interrompt Sarkozy. Appelle-le aujourd'hui en disant que je m'en occuperai parce que moi je vais à Monaco et je verrai le prince.

En effet, Nicolas Sarkozy doit se rendre en principauté trois semaines plus tard, le 25 février précisément. Et M. Azibert brigue justement un poste à Monte-Carlo, sinécure très convoitée dans la magistrature…

La conversation suivante interceptée par la police date du 6 février. Nicolas Sarkozy sonde son conseil :
— Gilbert, y a pas de nouvelles ? Non, y a rien de spécial ?
— Euh… Non, non, il n'y a rien eu.

L'ancien président manifeste son impatience quatre jours plus tard. Ce 10 février, il interroge une nouvelle fois Mᵉ Herzog :
— Tu as eu Gilbert ? Depuis, non ?
— Non non non non. Non, il me rappellera aujourd'hui. Il m'a dit qu'il avait vu un conseiller, là, qui siégeait dans la formation, euh… que ça va. Enfin voilà, il m'a rien dit.
— Il lui avait dit quoi le conseiller ?
— Bah que ça allait […]. Que c'était un problème de légalité… de Constitution […]. Non non, ça, ça va.

Le lendemain, 11 février, la fébrilité semble à son paroxysme. C'est le jour de l'audience à la chambre criminelle. À 17 h 42, Nicolas Sarkozy, sur la ligne Bismuth, demande à son avocat de le rappeler dix minutes plus tard sur son portable officiel dans l'espoir de continuer à déjouer la vigilance des « messieurs qui nous écoutent », selon les mots de l'ex-chef de l'État.

Le soir, les deux hommes font le point sur leurs lignes supposément sécurisées. Thierry Herzog répète à son célèbre client que leur avocat devant la Cour de cassation, Me Patrice Spinosi, est « confiant » quant à la décision qui doit être rendue.

– Oui, bien sûr il est confiant, note Sarkozy. Mais on pourrait peut-être appeler [...] Gilbert. Parce que, il m'a dit quelque chose d'intéressant. C'est que, en fait, ils décident maintenant.

– Ils se réunissent demain. Demain et après-demain. C'est ce qu'il m'a dit, corrige Me Herzog, qui rassure Sarkozy : J'ai appelé déjà Gilbert pour lui dire de me rappeler dès qu'il rentrait.

En fin de soirée, Me Herzog compose une nouvelle fois le numéro « secret » de Sarkozy pour lui indiquer qu'il a reparlé à M. Azibert, qui « ira à la chasse demain ». Surtout, à en croire le récit de l'avocat, le magistrat s'est vanté d'avoir parlé à un autre conseiller à la Cour de cassation, et doit même en voir « un troisième » avant le délibéré.

« Mais ne dis pas au téléphone normal que je suis à Monaco. »

Puis plus rien ne se passe jusqu'au 22 février, lorsque Nicolas Sarkozy – qui est en vacances dans le Var, dans la propriété de sa femme Carla Bruni, le domaine du Cap Nègre – demande à son avocat s'il a « des nouvelles de la Cour de cassation ».

— Non, rien du tout, lui répond-il, mais Gilbert est pas là. Parce qu'il était parti en vacances... judiciaires. Mais euh... Bon, il avait vu encore un type avant de partir... il disait que tout lui semblait bon.
— Il avait vu qui ? l'interroge Nicolas Sarkozy.
— Ah, il avait vu un autre conseiller qu'il avait pas vu avant.

Au cours de la même conversation, l'ex-président précise : « Mais ne dis pas au téléphone normal que je suis à Monaco. Je tiens pas à ce que ça... – Bien sûr », le coupe Me Herzog. « Mais t'es au Cap Nègre. Mais bien sûr. » Visiblement, Nicolas Sarkozy souhaite se rendre en toute discrétion en principauté.

Dès le lendemain, 23 février, Me Herzog joint – toujours sur le téléphone « protégé » – son client.

— C'est toi qui me rappelles sur l'autre après [...]. Vu que tu es sur place, si jamais t'as l'occasion, t'oublies pas, si tu as la possibilité, de dire un mot pour Gilbert. Pour le Conseil d'État. Le poste qui se libère...
— Et oui, oui, oui, bien sûr, approuve Nicolas Sarkozy.

Thierry Herzog va pouvoir ainsi rassurer Gilbert Azibert. D'autant que le lendemain, 24 février, Nicolas Sarkozy annonce à son conseil :

— Gilbert, je vais essayer de voir le ministre d'État de Monaco pour lui dire.
— Ah c'est génial ! Il est déjà plus ou moins, tu vois, sur une *short list*, mais enfin, si tu donnes un coup de main, évidemment, ce sera toujours mieux.
— Tu peux lui dire, reprend Nicolas Sarkozy, que je vais faire la démarche auprès du ministre d'État demain ou après-demain.

Le 25 février, Sarkozy est sur le Rocher. À 10 h 20, il annonce à Me Herzog :

– Je voulais te dire, pour que tu puisses le dire à Gilbert Azibert, que j'ai rendez-vous à midi avec Michel Roger, le ministre d'État de Monaco.

– Ministre d'État, ouais, bon bah super, bah je vais l'appeler maintenant, se félicite Me Herzog.

– Il veut un poste de conseiller d'État ici ? redemande Sarkozy.

– Euh... oui, qui va se libérer en mars, et donc il avait postulé disant que ça lui plairait comme fonction puisqu'il peut l'exercer, répond Me Herzog.

– OK, tu peux lui dire que je..., à midi, je ferai la démarche, puis je t'appellerai pour te dire ce qu'il en est, promet Sarkozy.

Deux heures après cet appel ce 25 février, les enquêteurs détectent soudainement quelque chose de suspect dans le comportement de l'avocat de l'ex-président. À 12 h 41 en effet, Me Herzog appelle Air France pour réserver un vol afin de se rendre toute affaire cessante sur la Côte d'Azur. Le jour même, à 17 h 37, il envoie même un SMS à un ami : « Ai dû partir en urgence faire un aller-retour à Nice voir le Sphinx !!! » Le « Sphinx », c'est ainsi que l'avocat surnomme Nicolas Sarkozy.

Il se passe quelque chose, à l'évidence, mais quoi ? Les policiers vont bientôt le comprendre.

Le lendemain matin, 26 février, à 11 h 19, Nicolas Sarkozy rappelle son avocat pour parler de Gilbert Azibert. Mais, surprise, cette fois les deux hommes conversent sur leurs portables « officiels ». Deux téléphones qu'ils savent donc écoutés.

– Je voulais te dire un mot à propos de ce que tu m'as demandé pour ton ami Gilbert, commence Sarkozy.

– T'as pu faire quelque chose ou pas ?

– Non mais, je... Tu vas m'en vouloir, mais, j'ai réfléchi depuis. J'ai eu le ministre d'État qui est un type très bien, qui voulait me parler de la situation à Monaco Et, je préfère te le dire, je lui ai pas parlé de Gilbert, bon.
– Ah bon ! lâche Mᵉ Herzog.
– Pourquoi, parce que, parce que d'abord c'est pas venu dans la conversation, ça m'embête et pour te dire, ça m'embête de demander quelque chose alors que je connais pas très bien, explique Nicolas Sarkozy.
Pour les policiers, cette conversation est éminemment suspecte. Elle sonne même totalement faux. C'est en effet la première fois que les deux hommes font référence à M. Azibert sur leurs lignes officielles. Et ce pour adopter un discours inverse de celui tenu jusqu'alors... Les doutes des enquêteurs ne font que croître lorsque, quelques minutes plus tard, Sarkozy rappelle son avocat, cette fois sur la ligne Bismuth, pour lui dire... la même chose.
– Bon bah, j'espère que tu ne m'en veux pas, hein ? lui demande-t-il.
– Non je ne t'en veux pas du tout, lui répond Mᵉ Herzog. De toute façon, je comprends que tu ne puisses pas et puis que t'aies pas envie, en même temps, je serais à ta place, quelqu'un que je ne connais pas ou à peine, je ne ferais pas de demande, hein.
– Ça ne me pose pas de problème en soi, mais, si tu veux, je ne l'ai pas senti d'en parler, j'ai pas envie.
– Bah oui, mais quand on sent pas quelque chose..., note Thierry Herzog.
Les enquêteurs pensent être parvenus à décrypter le sens de ces deux communications très étonnantes, voire totalement incohérentes au regard de la tonalité des conversations précédentes. Selon eux, MM. Sarkozy et Herzog ont bénéficié, au cours de la journée du 25 février, d'une

« fuite » leur ayant permis d'apprendre que leurs portables « secrets », ouverts au nom de Paul Bismuth, étaient en fait aussi sur écoute. D'où le départ en catastrophe de Thierry Herzog dans le Sud, sans doute pour parler de vive voix à Nicolas Sarkozy, à l'abri des oreilles indiscrètes. « J'affirme qu'il n'est pas venu à Monaco pour me parler de cela, s'emportera l'ex-président en garde à vue, mais bien pour me parler de ma stratégie de défense s'agissant des fuites "Buisson" », ces fameux enregistrements pirates réalisés par son conseiller Patrick Buisson, et dont le tout-Paris se fait alors l'écho.

Ce n'est manifestement pas l'explication privilégiée par les enquêteurs, convaincus qu'une « taupe » a renseigné les deux hommes. Pourquoi Nicolas Sarkozy et Thierry Herzog auraient-ils été informés ce jour-là ? Peut-être parce qu'il correspond exactement au moment où le parquet financier, alerté de l'existence de faits nouveaux par les juges Tournaire et Grouman, a décidé d'ouvrir une information judiciaire sur le possible trafic d'influence à la Cour de cassation révélé par les écoutes ordonnées dans le dossier libyen. Une décision dont ont eu connaissance de nombreuses sources, policières, judiciaires, administratives, voire politiques, multipliant les risques de fuites…

Comprenant donc que leurs précédentes conversations avaient été enregistrées, les deux hommes auraient décidé en catastrophe de changer leur discours. Et peut-être aussi leurs actes : dans cette hypothèse, Nicolas Sarkozy aurait renoncé in extremis à intercéder en faveur de Gilbert Azibert. Rien ne permet de savoir si Sarkozy a effectué la démarche envisagée initialement auprès des autorités monégasques en faveur de M. Azibert. « Ce coup de pouce n'a pas eu lieu », selon les déclarations de Nicolas Sarkozy aux policiers. Il dira même ceci, avec cette ironie grinçante dont il est coutumier : « A ma connaissance, je ne suis pas dans le grand banditisme. Et je n'ai pas l'intention d'entamer une nouvelle carrière. »

Les investigations menées en principauté n'ont pas démenti la version de l'ancien chef de l'État, qui soutient ne pas être intervenu. Interrogé le 22 avril, le ministre d'État Michel Roger a certes admis avoir discuté, le 25 février, avec Nicolas Sarkozy, qu'il apprécie : « Il m'a téléphoné [...] d'une part pour me demander de transmettre au prince ses sentiments les meilleurs et d'autre part pour me féliciter pour ma reconduction dans mes fonctions de ministre d'État. » Mais à la question de savoir si l'ancien président de la République avait plaidé « pour qu'une suite favorable soit réservée aux éventuelles demandes formées par Gilbert Azibert », M. Roger a été formel : « En ce qui me concerne la réponse est non. »

« On a été obligés de... de dire certaines choses au téléphone. Parce qu'on a appris certaines choses. Voilà. »

Toutefois, le fait qu'aucune trace d'intervention de Nicolas Sarkozy n'ait été mise au jour ne suffit pas à le mettre hors de cause. En effet, le délit de corruption active est constitué par le simple fait de promettre une faveur à une personne dépositaire de l'autorité publique. Or, plusieurs conversations interceptées par les enquêteurs vont dans ce sens.

Le 3 mars, Thierry Herzog, qui ignore manifestement que le téléphone du magistrat est également surveillé, annonce ainsi imprudemment à Gilbert Azibert que « la démarche à Monaco a été faite ».

– Oui, bah, c'est sympa, se réjouit M. Azibert.
– Non, c'est la moindre des choses. Je te raconterai simplement, quand on se verra, de vive voix..., répond Me Herzog. Y a rien d'urgent, ajoute-t-il, mais je veux te raconter quelque chose, que tu sois pas un jour surpris. [...] Rien de grave. Mais c'est par rapport à nous, on a été obligés de... de dire certaines choses au téléphone [...]. Parce qu'on a appris certaines choses. Voilà.

Pour les enquêteurs, l'avocat explique tout bonnement au magistrat pourquoi Nicolas Sarkozy a affirmé le 26 février sur son second téléphone, sachant depuis la veille cette ligne également sur écoute, qu'il avait finalement décidé de ne plus intervenir auprès des autorités monégasques.

Dès le lendemain de cette conversation entre Me Herzog et M. Azibert, le 4 mars, les policiers passent à l'offensive et perquisitionnent aux domiciles et locaux professionnels des deux hommes. À 10 h 14, alors que les enquêteurs ont quitté sa résidence située en région parisienne et se dirigent vers son bureau à la Cour de cassation, Gilbert Azibert laisse un message sur le répondeur de Thierry Herzog. L'affolement du magistrat est évident : « Thierry, salut, c'est Gilbert. Écoute, tu es mon avocat. On a... Je te confirme le rendez-vous ce soir. J'ai une perquiz chez moi. À Bordeaux... dans mon studio, et maintenant, ils vont dans mon bureau... Je te rappelle. Je leur ai dit que justement c'était toi qui m'avais communiqué l'arrêt de la chambre de l'instruction pour les problèmes de procédure pénale, mais euh... je t'en reparlerai. Donc j'ai... C'est très agréable. Je te raconterai tout ça, à ce soir, bye. »

Pendant ce temps-là, les policiers mettent la main sur de nombreux documents liés à l'affaire Bettencourt chez Gilbert Azibert. Dans son studio bordelais, ils saisissent par exemple les conclusions de Christian Mellotée, avocat général près la Cour de cassation, rendues en 2011 dans le cadre de la procédure menée par Françoise Bettencourt Meyers, la fille de la milliardaire, devant le tribunal d'instance de Courbevoie. À son domicile, en banlieue parisienne, ils découvrent l'arrêt du 24 septembre 2013 de la cour d'appel de Bordeaux, toujours dans l'affaire Bettencourt. Dans leur rapport de synthèse du 2 juillet, les policiers précisent que « les seuls documents liés aux affaires de la chambre criminelle saisis lors de ces opérations concernent l'affaire Bettencourt ». Ils ajoutent que « sur l'agenda de M. Azibert, seules les audiences de la chambre criminelle sur l'affaire Bettencourt sont mentionnées ». Ainsi, à la date du 11 février 2014 figure la mention : « Ch crim aff sarkozy. » En regard de celle du 11 mars, on trouve l'annotation suivante : « Délibéré NS. » Dans le même rapport, les enquêteurs soulignent aussi que « Gilbert Azibert bénéficie d'un réseau d'influence certain ». Il se vante ainsi, lors de conversations téléphoniques interceptées, d'avoir fait nommer à la Cour de cassation Jacques Buisson, l'un des conseillers appelés à statuer sur la saisie des agendas. Il apparaît également qu'il fréquente le gratin de la haute juridiction.

Au point de se montrer imprudent. Ainsi, le 7 mars, soit trois jours après son interpellation, il converse avec Patrick Sassoust, son homologue de la chambre criminelle, et lui dit ceci, au téléphone : « Donc s'ils t'interrogent, tout ce que je t'ai jamais demandé, c'est les dates d'audience. » Une vision très minimaliste des nombreuses requêtes effectuées auprès de Patrick Sassoust. Pour les policiers, à l'écoute, le haut magistrat tente de couvrir ses arrières. Interrogé le 12 septembre 2014 par les deux « jugettes », Azibert invoquera un pépin de santé pour justifier « quelques problèmes de mémoire et d'expression... »

Si les accusations de « trafic d'influence » et « corruption » sont, on l'a vu, très largement documentées, celles de « violation du secret professionnel » et « recel » de ce délit restent à étayer. Pour résumer, les enquêteurs estiment que Nicolas Sarkozy a été informé en deux temps de ses mises sur écoute. À défaut d'en déterminer l'origine, ils pensent pouvoir dater très précisément, dans les deux cas, le jour où l'information, supposée rester confidentielle, fut portée à la connaissance de l'ancien président de la République.

Premier épisode : le 10 janvier 2014. Ce jour-là, les juges Serge Tournaire et René Grouman, saisis du dossier libyen, renouvellent la mise sur écoute de la ligne officielle de Nicolas Sarkozy décidée le 3 septembre 2013 (la loi prévoit que les demandes d'interceptions téléphoniques doivent être reconduites au bout de quatre mois). Sarkozy ayant repris la robe depuis son départ de l'Élysée, l'ordre des avocats de Paris est prévenu, comme c'est la règle dans ces cas-là. Or, dès le lendemain, 11 janvier, Thierry Herzog se rend, à Nice, dans une boutique de téléphonie pour ouvrir deux lignes sous une fausse identité, celle du fameux Paul Bismuth. Les soupçons des enquêteurs se portent donc assez logiquement sur le barreau de Paris, même s'ils ne disposent d'aucune preuve.

Concrètement, les choses se sont déroulées ainsi : le 10 janvier à 12 h 44, Sylvie Blondet, cadre administratif au barreau de Paris, reçoit un courriel émanant du cabinet du juge Tournaire qui l'avise de la décision des magistrats instructeurs de proroger les écoutes visant l'ex-chef de l'État. Le même jour, à 18 h 24, Mme Blondet fait suivre le mail à Philippe Lucet, secrétaire général de l'ordre, et à Pierre-Olivier Sur, le nouveau bâtonnier. Celui-ci lui répond, très vite, à 18 h 45 précisément, depuis son iPhone : « Top secret absolu. Nous sommes tous les trois au courant (plus O. Guilbaud). Un point c'est tout. » Olivier Guilbaud est le directeur du cabinet de Me Sur. Le 10 janvier, quatre personnes étaient donc dans la confidence au barreau de Paris.

Auparavant, ces informations ne remontaient pas jusqu'au bâtonnier. Selon une synthèse policière, Philippe Lucet a déclaré sur procès-verbal que, « du temps de Mme Christiane Féral-Schulhl comme bâtonnier, il n'avisait pas cette dernière des placements sur écoute d'avocats. Depuis l'arrivée du nouveau bâtonnier Pierre-Olivier Sur, ce dernier est avisé des placements sur écoute ». Reste que les auditions des quatre membres du barreau de Paris au courant de cette mise sur écoute hypersensible, de même que les investigations menées par ailleurs, n'ont rien donné, ce que nous indiquions dans un article publié dans *Le Monde* le 12 juillet 2014.

Pourtant, Me Sur a choisi de déposer une plainte (en son nom, mais aussi pour le compte de l'ordre des avocats de Paris) pour « violation du secret de l'enquête et de l'instruction », visant nos révélations. Que le bâtonnier de l'ordre des avocats le plus puissant de France, représentant d'une profession dont l'honneur s'incarne précisément dans la défense des libertés, puisse participer – et même inciter – à cette traque aux sources des journalistes a choqué nombre de ses confrères.

Le second épisode, on l'a évoqué plus haut, date du 25 février 2014, lorsqu'il apparaît que MM. Herzog et Sarkozy découvrent que leurs lignes prétendument « sécurisées » sont également sous surveillance. Dans son rapport du 2 juillet, l'OCLCIFF confirme que « les surveillances techniques mises en place, ayant conduit à la présente information, ont clairement établi que Thierry Herzog et Nicolas Sarkozy ont bénéficié au cours de la journée du 25 février 2014 d'une information leur ayant permis de savoir que des investigations étaient menées en lien avec la ligne Bismuth ou avec Gilbert Azibert».

La police judiciaire déduit même des échanges interceptés que «cette information a été communiquée le 25 février 2014 entre 10h20 (conversation entre Nicolas Sarkozy et Thierry Herzog sur la ligne Bismuth) et 12h41, heure à laquelle il appelle Air France. Nicolas Sarkozy, qui parle régulièrement de "Gilbert" dans les conversations, déclare subitement ne pas le connaître assez pour évoquer son projet professionnel avec les autorités monégasques». Mais, là encore, impossible pour les enquêteurs d'identifier la «taupe»...

Ce n'est pas faute d'avoir essayé. À la demande des juges, les policiers ont notamment vérifié les appels entrants et sortants du tribunal de grande instance de Paris, du 1er janvier au 17 mars. Et, comme l'annonça le Canard enchaîné le 13 août 2014, ils sont entre autres tombés... sur les auteurs de ces lignes qui, comme de nombreux journalistes, tentent régulièrement d'obtenir des confirmations officielles dans les dizaines de dossiers suivis par le parquet national financier (PNF). Les enquêteurs espéraient peut-être découvrir, en examinant les «fadets» – ces fameuses facturations téléphoniques détaillées – du tribunal, des appels de magistrats à destination de proches de Nicolas Sarkozy, ou encore à des tiers susceptibles d'avoir ensuite renseigné l'ancien président. Cette initiative n'a pas eu de succès.

Aussi invraisemblable que cela puisse paraître, les policiers semblent même un temps avoir envisagé que nous puissions nous-mêmes avoir informé, indirectement, Nicolas Sarkozy de ses mises sur écoute successives! Rapidement abandonnée, cette thèse, nourrie par des propos tenus au téléphone par Me Herzog à un moment où il se savait écouté, l'entourage de Sarkozy l'a largement propagée auprès des journalistes à partir de la rentrée 2014, dans l'espoir sans doute de nous fragiliser. Une manipulation assez grossière éventée par *Libération*, le 13 octobre 2014. Le quotidien publia un article titré « Écoutes : Sarkozy tente de mouiller deux journalistes », dans lequel Emmanuel Fansten écrivait notamment : « D'où vient donc cette étrange rumeur ? De Nicolas Sarkozy lui-même. Lors de sa garde à vue, le 1er juillet, l'ancien président l'a affirmé aux policiers : "MM. Davet et Lhomme, si bien informés, disaient à mon avocat que je faisais l'objet d'écoutes." Au cours de son audition, Thierry Herzog va lui aussi orienter les policiers vers le binôme du *Monde*. » Pour le camp sarkozyste, ajoutait le journaliste, « la manœuvre offre un double avantage. Elle permet de mouiller deux journalistes devenus nuisibles, tout en détournant l'attention de la véritable taupe ».

La suite de l'affaire est connue : le placement en garde à vue, fin juin 2014, des différents protagonistes, puis leurs mises en examen, début juillet. Au cours de sa garde à vue, Gilbert Azibert a notamment été questionné sur d'autres interceptions téléphoniques plutôt embarrassantes. Par exemple ces discussions avec sa femme Chantal, en mars, au cours desquelles elle lui lance :

– T'es au 30e dessous. Mais enfin… aussi… Qu'est-ce que tu veux, t'es allé magouiller avec Sarkozy et tout… […]. T'aurais mieux fait de ne pas aller discuter avec ce Sarko toi !!! Pour ce que… Franchement hein… […] Si tu t'en étais pas mêlé non plus, hein… Je te l'avais dit… Gib en plus. Hein, je te l'avais dit à l'époque !!!!

« Mon épouse n'apprécie pas que je puisse entretenir des relations avec des hommes politiques et des avocats pénalistes, c'est tout », s'est défendu le magistrat.

Il y a aussi cette autre conversation, captée en juin :
– Ce sont des voyous. Ce sont des vrais voyous ! s'exclame Gilbert Azibert.
– Mais qui ? s'enquiert Chantal Azibert.
– Ben les juges, lui répond-il.
Ou bien cet échange avec Francis Casorla, l'un de ses collègues, en poste à Monaco, à qui il lâche : « Ils veulent ma peau, ils veulent ma peau et puis c'est tout. [...] Ils veulent la tête de Sarko, ils veulent la mienne. »
Devant les policiers, Nicolas Sarkozy a accepté de s'expliquer. Longuement. Contestant tout d'abord les écoutes téléphoniques : « Le secret des conversations entre un avocat et son client est un principe fondamental du droit français. Pendant plusieurs mois on m'écoute, comme un filet qu'on lance à la mer, espérant me piéger. Or, je ne suis pas un trafiquant de drogue, mon casier judiciaire est vierge, je présente toutes les garanties de représentation, et on m'écoute pendant des mois, c'est scandaleux. » Quant à l'intérêt de recourir aux services de Gilbert Azibert, il était minime à en croire l'ex-chef de l'État : « Je ne crois pas une minute à cette thèse. Je connais trop l'indépendance des magistrats vis-à-vis de leurs propres collègues. Influencer qui ? Les magistrats de la chambre criminelle ? Tout le monde sait qu'ils sont dix. Il va influencer dix magistrats de la chambre criminelle ? Pour un enjeu aussi médiocre ? » Et Nicolas Sarkozy de contre-attaquer : « À la chambre criminelle, les seules influences concernant mon affaire sont venues des magistrats de la Cour de cassation qui siègent également à la Cour de justice de la République, qui souhaitaient que la saisie de mes agendas ne soit pas annulée. Les seules influences politiques qu'il y ait eu, ce sont celles-ci... »

Il aura aussi cette réflexion acerbe : « Pourquoi aurais-je utilisé l'influence supposée d'un homme que j'ai vu trois fois dans ma vie alors que je n'ai pas utilisé mes relations auprès d'hommes que je connais depuis des années, et qui sont au sommet de l'institution ? Me croit-on stupide à ce point ? »

Dans l'intervalle, la commissaire Dufau rédigeait donc son procès-verbal de synthèse, dont les conclusions sont sans ambiguïté même si elles n'établissent évidemment en rien que MM. Sarkozy, Herzog et Azibert sont coupables.

Si Nicolas Sarkozy n'a de cesse depuis le départ de cette affaire de clamer son innocence, ses deux compagnons d'infortune contestent tout aussi vivement les faits qui leur sont reprochés. Dès le 1er juillet au soir, Me Paul-Albert Iweins, confirmant à l'ensemble des médias présents devant le pôle financier la mise en examen de son client Thierry Herzog – « pour les faits que vous connaissez et que nous contestons », selon ses propres termes – , a livré les contours de sa stratégie de défense : « Aucun élément matériel ne vient en appui des accusations », a-t-il assuré. En garde à vue, Thierry Herzog a certes nié avoir commis le moindre délit, mais il a surtout violemment dénoncé les méthodes des enquêteurs : « Je conteste formellement les faits que vous m'avez notifiés, a tonné l'avocat. Les reproches qui me sont faits le sont sur la base de retranscriptions téléphoniques entre l'un de mes clients, le président Nicolas Sarkozy et moi-même. Je conteste formellement la régularité de ces écoutes téléphoniques, lesquelles sont gravement attentatoires à l'exercice des droits de la défense. Sachant que je n'ai rien fait, répondre à l'une de vos questions serait violer le secret professionnel dont personne ne peut me délier. »

Entendu pour la première fois sur le fond par les juges, les 4 et 12 septembre, Gilbert Azibert a également eu l'occasion de faire valoir son point de vue, lui qui réfute de la même façon avoir commis le moindre délit. Peu loquace en garde à vue, il avait toutefois recommandé aux policiers de ne pas prendre au pied de la lettre ses paroles telles que captées par les écoutes. À l'en croire, se sachant sous surveillance téléphonique, il aurait volontairement tenu des propos fantaisistes. Surtout, il a démenti avoir sollicité l'appui de Nicolas Sarkozy : « J'ai toujours refusé que le président Sarkozy fasse une démarche pour moi, et je l'ai dit à Thierry Herzog », a-t-il assuré.

Depuis le 23 septembre 2014, l'enquête, explosive, est donc suspendue, procédure rarissime, afin que la chambre de l'instruction de la cour d'appel de Paris examine les requêtes en annulation présentées par l'ancien chef de l'État et son avocat. Dans tous les cas, quel que soit son épilogue judiciaire, l'affaire aura permis de jeter une lumière crue sur une face obscure du sarkozysme...

III

FAUX ET USAGE DE FAUX
L'affaire Bygmalion

Elle est connue comme « l'affaire Bygmalion », mais il faudrait la débaptiser, car l'enquête porte d'abord sur le financement suspect de la campagne présidentielle de 2012. Avec, bien sûr, ces 18,5 millions d'euros de fausses factures ordonnées par l'UMP afin de faire face aux folles dépenses du président-candidat. Mais c'est aussi et surtout une affaire Sarkozy, car l'enquête devra, in fine, répondre à cette question: l'ex-chef de l'État a-t-il couvert des pratiques financières délictueuses?

Ce dimanche 15 avril 2012 en début d'après-midi, Nicolas Sarkozy est nerveux comme jamais. Démarche pressée, tics à foison, adrénaline au zénith. Il ne quitte pas des yeux les images de la place de la Concorde, retransmises par les chaînes d'info. Une nuée de drapeaux tricolores envahit les écrans. Il va entrer en scène. Il se gave de chouquettes et de chocolats. Il joue gros. Dans une semaine, c'est le premier tour de l'élection présidentielle.

Ce même jour, à quelques kilomètres de là, c'est une foule bon enfant qui prend d'assaut la place du château de Vincennes. Le groupe Kassav chauffe les militants socialistes, venus en nombre pour écouter François Hollande marteler son désir de «changement», une dernière fois. Le candidat socialiste doit prendre la parole à 16 heures, ce meeting sent bon la victoire. À la Concorde, les mâchoires serrées, les Copé, NKM, Fillon, tentent de galvaniser les dizaines de milliers de sympathisants de l'UMP qui veulent y croire, encore.

Le budget de la campagne a explosé, certes, mais rien n'est trop beau pour le candidat Sarkozy. La scène est mal située, sans perspective en arrière-plan ? Pas de souci, une gigantesque photo très haute définition est commandée et déployée derrière le pupitre. Elle ne plaît pas au candidat ? Aucune importance, on en réalise une seconde, dans la nuit. Elle finira à la poubelle, le lendemain. Découpée en fines bandelettes.

Mais à Vincennes, voilà que François Hollande s'apprête à voler la vedette à Sarkozy. L'enjeu est d'importance : le premier qui parle sera retransmis en direct par les chaînes d'information. Énervement maximal dans l'entourage du président-candidat. D'autant que, sur scène, François Fillon s'adresse toujours à la foule. «Fillon, on s'en fout», tranche Nicolas Sarkozy. Et Jérôme Lavrilleux, le directeur adjoint de sa campagne, qui hurle : «Envoyez la musique, merde!» Il suffit pour cela d'appuyer sur un bouton. C'est, entre autres, le travail de Franck Attal, un cadre de Bygmalion, la société qui co-organise ce meeting. Il est le «topman», l'homme qui règle les soucis d'intendance, accompagne Sarkozy jusqu'à la scène, tout au long des quarante-quatre meetings de la campagne.

Surtout ne pas se louper.

François Fillon est interrompu brutalement, comme un raccourci du quinquennat qui s'achève, avec un Premier ministre prié sans ménagement de ne pas faire d'ombre au Prince. Le candidat fait son entrée, fracassante, à 15 h 25 précises. Il a devancé son adversaire socialiste de cinq minutes. Le timing est bon. Il le faut. Tout doit être parfait, on ne badine pas avec l'efficacité, à l'UMP. Tant pis s'il faut y mettre le prix. Les barrières métalliques sont recouvertes d'un coton gratté bleu du meilleur effet, un vrai réalisateur de télévision est aux commandes, un signal vidéo a été réservé. Et ces dizaines de milliers de drapeaux qui s'agitent... Ça coûte cher, un drapeau : 2 euros si l'on s'y prend à l'avance, jusqu'à 8 euros si l'on presse au dernier moment les fournisseurs.

Nicolas Sarkozy exige une loge cinq étoiles – un appartement, en fait –, il réclame des pièces insonorisées pour se préparer en toute quiétude ? Franck Attal lui fournit des doubles cloisons en bois épais bourrées de papier de verre. L'entourage du candidat veut toujours plus de tout : des portiques de sécurité à foison, les bancs des gradins qu'il faut gainer de bois... Sans compter les cantines pour ravitailler bénévoles et membres du service de sécurité, soit plusieurs centaines de personnes par meeting. Rien n'est trop beau pour le président-candidat.

Cette débauche de moyens, comme une rechute de la période «bling-bling», c'est la genèse de l'affaire Bygmalion. Le meeting de la place de la Concorde a coûté cher, trop cher. L'agence Publics, chargée d'une partie de l'organisation, a facturé ses prestations 1,077 million d'euros, sans compter les 7 TGV réservés pour l'occasion (612 387 euros), les 135 bus, et l'apport technique de la société Event & Cie, filiale de l'agence de communication Bygmalion. Un coût global se situant largement au-dessus des 2 millions d'euros. En face, côté socialiste, avec un pauvre TGV affrété pour la réunion de Vincennes et une scène minimaliste à 30 000 euros, l'addition dépasse à peine les 400 000 euros.

Si l'on veut comprendre l'affaire Bygmalion, il suffit aussi de comparer les comptes de campagne 2012 du PS et de l'UMP, publiés au *Journal officiel*. Les socialistes déclarent 5,5 millions d'euros de dépenses de « propagande et de communication », quand l'UMP annonce plus de 33 millions d'euros déboursés au même chapitre. Tout est à l'avenant. À l'UMP, les frais de voyage se montent à 9 752 389 euros – un TGV loué pour amener des militants coûte environ 200 000 euros. Le PS, lui, inscrit 3 113 646 euros à ce chapitre.

« Ces fausses factures étaient confectionnées à la demande de l'UMP. »

Évidemment, rien ne permet de certifier que les socialistes ont respecté à l'euro près toutes les directives publiques en matière de financement électoral. Ils ont une expérience peu glorieuse en la matière. Mais pour l'heure, côté PS, aucun élément n'est encore venu semer le doute sur le financement de cette campagne 2012. On ne peut pas en dire autant de celle de l'UMP, dont on sait désormais qu'elle a été entachée d'irrégularités.

Pourquoi ?

Principalement parce que Sarkozy voulait combler son retard.

À tout prix.

Au fil des mois, les sondages, longtemps catastrophiques, avaient fini par laisser entrevoir une lueur d'espoir au président sortant. Dans la dernière ligne droite, l'écart se resserrait, si bien que Sarkozy, donné archi-battu quelques semaines plus tôt par tous les médias, pouvait nourrir le rêve de coiffer son challenger sur le fil. Mais pour ça, il fallait mettre le paquet, c'est-à-dire les moyens.

Et puis, le candidat de la droite avait aussi le goût et l'envie des belles choses, de la perfection, et disposait d'un entourage prompt à exaucer, voire devancer, ses moindres désirs. À l'UMP, on pense encore, en ce printemps 2012, qu'une campagne chère, mitonnée, est une campagne réussie. Un gage d'élection. D'ailleurs, dès les premiers meetings, les salles sont pleines, il y a de l'effervescence, une énergie collective qui irradie. Sarkozy est aux anges, la bête électorale est de retour. Il veut tout donner, multiplier les réunions publiques. Ça coûtera ce que ça coûtera.

Le plafond légal des dépenses de campagne est pourtant fixé à 22 509 000 euros.

Il faut avoir lu l'étude publiée en 1994 de Steven Levitt, économiste à l'université de Chicago, ou les travaux d'Adam Brown, édités en 2013. Ces deux universitaires, après avoir examiné plusieurs campagnes électorales et les dépenses engagées, concluent de la même manière : les fonds investis ne pèsent pas sur le résultat d'une élection. Ou si peu. Deux ans après la défaite du printemps 2012, l'entourage de Sarkozy semble avoir enfin compris la leçon. Il suffit de se rendre à ses meetings, à l'automne 2014, dans le cadre de son opération de reconquête de l'UMP, pour constater que tout a changé. Finies les grandes salles et les infrastructures de luxe, place aux gymnases municipaux et aux installations modestes.

S'ils avaient appliqué d'autres recettes, cru à d'autres chimères, les dirigeants de l'UMP, et Nicolas Sarkozy au premier chef, ne se seraient pas embourbés dans l'affaire

Bygmalion. Mais ce n'est plus le temps des regrets. Une information judiciaire a été ouverte par le parquet de Paris, le 27 juin 2014, pour « faux, usage de faux, abus de confiance et tentative d'escroquerie », rien que ça. Elle a même été étendue à des factures douteuses remontant à l'année 2011. L'enquête a été confiée à trois juges d'instruction d'expérience, accrocheurs, en un mot, redoutables : Serge Tournaire, Renaud Van Ruymbeke et Roger Le Loire.

Ils sont passés à l'offensive, à l'automne 2014. Six anciens cadres de l'UMP et de Bygmalion ont été placés en garde à vue, puis mis en examen, début octobre 2014. Avec une différence notable s'agissant des chefs de poursuites : quand les anciens de l'UMP sont mis en examen pour « abus de confiance », les ex-employés de Bygmalion sont uniquement poursuivis pour « faux et usage de faux ». En clair, les juges estiment que l'UMP a bien donné les ordres de falsification de factures.

Une ligne de front judiciaire qui a aussi replacé Nicolas Sarkozy au cœur de l'enquête. Comme d'habitude, ses proches minimisent le rôle de l'ex-chef de l'État, crient au complot. Leur argument massue : un président-candidat n'a pas le temps de s'abaisser à discuter des détails d'une campagne. Pourtant, trois questions, au moins, se posent à son sujet.

Que savait-il exactement ?

A-t-il décidé la manipulation des comptes ?

Enfin, en tant que candidat, est-il responsable juridiquement, donc pénalement, des errements de sa campagne ?

Les réponses commencent à être connues. C'est Bastien Millot, cofondateur de Bygmalion, qui, même s'il nie toute responsabilité dans le processus de fausse facturation, a eu les mots les plus durs à l'encontre de l'ex-chef de l'État: « Difficile de penser que Nicolas Sarkozy n'était au courant de rien », a-t-il affirmé le 7 octobre 2014 à l'hebdomadaire *L'Express*, à propos du système de double facturation mis en place par l'UMP. Il est suivi dans cette voie par Jérôme Lavrilleux. Nicolas Sarkozy avait pourtant déclaré, sur France 2, le 21 septembre 2014, avoir « appris le nom de Bygmalion plusieurs semaines après la campagne présidentielle ». Impossible d'après Bastien Millot : « Quand vous regardez certaines images télévisées des meetings, on aperçoit un homme qui accompagne le candidat Sarkozy jusqu'à la tribune, en le guidant. Cet homme, c'est Franck Attal, le directeur d'Event & Cie [filiale de Bygmalion] ! Le candidat l'a donc forcément vu à de nombreuses reprises. » Et Bastien Millot d'asséner le coup de grâce : « Une campagne se déroule au bénéfice d'un candidat et sous sa responsabilité. C'est bien le candidat lui-même qui signe le compte de campagne à la fin, avec une responsabilité légale et financière. Il est donc difficile d'imaginer qu'il l'ait signé sans regarder. »

Bastien Millot, sur ce point en tout cas, est en phase avec les enquêteurs. L'affaire Bygmalion débouche bien sur une affaire Sarkozy. Il suffit de consulter quelques pièces de procédure, armé d'un Code électoral à jour. Les policiers, eux aussi, ne sont pas loin de suivre Bastien Millot dans son raisonnement ; en tout cas ils évoquent, dans un rapport de synthèse du 1er octobre 2014 révélé par *Le Monde*, l'infraction de « financement illégal de la campagne électorale » et plus seulement celle d'« abus de confiance ».

Et cela change tout.

Car l'article 113-1 du Code électoral dispose que « sera puni d'une amende de 3 750 euros et d'un emprisonnement d'un an, tout candidat en cas de scrutin uninominal qui aura dépassé le plafond des dépenses électorales, n'aura pas respecté les formalités d'établissement du compte de campagne, [...] aura fait état, dans le compte de campagne ou dans ses annexes, d'éléments comptables sciemment minorés ». Ce qui semble bien être le cas, en l'espèce, du candidat Sarkozy.

Les conclusions du procès-verbal de synthèse du 1er octobre 2014 établi par Christine Dufau, chef de l'Office central de lutte contre la corruption et les infractions financières et fiscales (OCLCIFF), lèvent en effet le voile sur les intentions des enquêteurs : « Les investigations confirment les constatations faites au cours de l'enquête préliminaire selon lesquelles la société Event & Cie, à la demande de l'UMP, a adressé au parti des fausses factures à hauteur de 18 556 175,95 euros TTC courant 2012, faisant référence à des prestations liées notamment à des conventions, alors que les prestations réelles correspondaient à l'organisation de meetings pour la campagne présidentielle de Nicolas Sarkozy », commence la commissaire Dufau. Outre le délit d'« abus de confiance », retenu contre les cadres de l'UMP, « ces fausses factures adressées par Event & Cie à l'UMP constituent également l'infraction de financement illégal de la campagne électorale de Nicolas Sarkozy puisque, sciemment, les deux parties ont établi de fausses factures pour éviter de devoir comptabiliser dans le compte de campagne des factures de prestations liées à cette campagne », affirme la patronne de l'OCLCIFF.

Évoquant les divers protagonistes poursuivis dans cette affaire, Mme Dufau va jusqu'à évoquer « leur participation au financement illégal de la campagne de Nicolas Sarkozy et la présentation de comptes de campagne inexacts à la Commission nationale des comptes de campagne et des financements politiques et [au] Conseil constitutionnel ». Elle précise, comme pour répondre à Nicolas Sarkozy et

Jean-François Copé – patron de l'UMP au moment des faits – qui ont démenti avoir eu connaissance du système frauduleux : « Étant donné le nombre de meetings, l'enjeu financier qu'ils représentaient, il peut paraître très surprenant que personne ne se soit préoccupé de leur financement, et que les responsables du groupe Bygmalion n'aient pas pris contact avec ceux de l'UMP. »

Si, comme c'est très envisageable, l'enquête devait être étendue à des faits de « financement illégal de campagne électorale », voire de « fraude électorale », la menace se préciserait donc encore un peu plus pour Nicolas Sarkozy. Les juges vont devoir d'abord s'attacher à évaluer son degré de connaissance du « système » – c'est leur expression – délictueux mis en place. De ce point de vue, la mise en examen de l'un de ses proches, Éric Cesari, ex-directeur général de l'UMP, n'est pas de nature à le rassurer.

Ce n'est pas tout : les enquêteurs ont découvert que non seulement Bygmalion (et sa filiale Event & Cie) travaillait de longue date pour l'UMP, mais aussi que le système de fausse facturation avait été institué bien avant la campagne présidentielle de 2012. Le rapport de l'OCLCIFF souligne ainsi que « la société Event & Cie a établi à la demande de l'UMP des fausses factures en 2012 pour inclure le coût de prestations faites en 2011. Durant les auditions, les prestations concernées faites en 2011 n'ont pas pu être clairement précisées ». Cette découverte a conduit le parquet de Paris à accorder aux juges, en octobre 2014, un réquisitoire supplétif afin d'élargir leur enquête à ces faits nouveaux, également qualifiés de « faux et usage de faux ». Elle signifie surtout, pour les enquêteurs, que le procédé illégal mis en place pour masquer l'explosion des dépenses de campagne de Nicolas Sarkozy n'a pas été élaboré par hasard avec la société Bygmalion.

Les policiers l'ont d'ailleurs fait observer au patron d'Event & Cie, Franck Attal, lors de sa garde à vue, le 30 septembre 2014 : « Début janvier 2012, vous avez accepté, avec Sébastien Borivent et Matthieu Fay [respectivement directeur général d'Event & Cie et comptable de Bygmalion] de faire des fausses factures à la demande de l'UMP. Event & Cie a été choisie par l'équipe de campagne du candidat UMP début février 2012 pour organiser les meetings du candidat. Cela donne l'impression qu'Event & Cie était le candidat idéal pour un montage de sous-évaluation des dépenses de campagne. » Dans les locaux de l'OCLCIFF, M. Attal, a dédouané – en termes prudents – MM. Sarkozy et Copé. « Je n'ai aucun élément factuel qui me permet de dire qu'il était au courant », a-t-il dit à propos de l'ex-secrétaire général de l'UMP. S'agissant de l'ancien chef de l'État, même discours : « J'ai tendance à croire qu'il n'était pas au courant. »

Mais, pour Guy Alvès, cofondateur de Bygmalion, c'est moins sûr. « Est-il envisageable que les plus hautes autorités de l'UMP, donc M. Copé lui-même, et de la campagne, donc M. Lambert, voire M. Sarkozy, n'aient pas été associés à cette décision [de faire des fausses factures] ou tout au moins que leur accord n'ait pas été obtenu ? », lui ont demandé les policiers. « Je suis incapable de répondre. [...] Pour moi, les deux scénarios sont techniquement possibles », a-t-il répondu. Estimant avoir été « pris au piège par l'UMP et la campagne », M. Alvès s'est posé en « victime de l'UMP et de ses agissements ». Et de conclure, à propos de la décision de recourir aux fausses factures : « Elle n'a pu être prise que par des dirigeants à l'UMP et/ou de la campagne. Je ne peux pas imaginer qu'une telle décision ait été prise que par M. Lavrilleux. »

Par ailleurs, la qualification de « tentative d'escroquerie », soigneusement choisie par le parquet de Paris au moment de la rédaction de son réquisitoire introductif, pèse lourd, elle aussi. Ne vise-t-elle pas implicitement le candidat UMP, responsable de la campagne, du budget, et d'un exercice comptable sciemment truqué, au préjudice du Conseil constitutionnel et de la Commission des comptes de campagne ?

La première déclaration publique de l'intéressé sur le sujet date du mercredi 2 juillet 2014. Voici ce qu'il dit alors, sur Europe 1 et TF1 : « En ce qui concerne ma campagne, je le dis à tous ceux qui m'ont soutenu, il n'y a jamais eu le moindre système de double facturation [...]. Les 17 millions qu'on prétend dépendre de ma campagne qui auraient été cachés, c'est une folie. Personne ne peut imaginer que les enquêteurs du Conseil constitutionnel ou de la Commission des comptes de campagne soient passés au travers. »

On a connu l'ancien président plus convaincant.

D'abord, il apparaît improbable, voire impossible, au vu de l'enquête, que Sarkozy ait découvert après l'élection présidentielle le nom de la société chargée d'organiser tous ses meetings de campagne. On l'a bien vu, à travers les récentes déclarations de Millot et de Lavrilleux. Ensuite, contrairement à ses affirmations, il n'y a pas eu d'enquêtes sur ses comptes. Comme l'a reconnu lui-même le président de la Commission nationale des comptes de campagne et des financements politiques (CNCCFP), François Logerot, l'institution ne dispose d'aucun pouvoir d'investigation. « À partir du moment où nous n'avons pas de pouvoir de police sur ce qu'il se passe pendant la campagne, nous ne pouvons nous en remettre qu'à ce qui est dans le compte et à la procédure contradictoire que nous exerçons avec le candidat. Et nous agissons évidemment après coup, deux mois après l'élection. Nous avons six mois pour faire les investigations », a expliqué François Logerot, au micro d'Europe 1.

Le président du Conseil constitutionnel, Jean-Louis Debré, a abondé, toujours sur Europe 1 : « Quand des responsables politiques commencent, à droite ou à gauche, à s'en prendre aux juges, c'est un des fondements du vivre ensemble, de la République qui est atteint. » Au niveau personnel, le président du Conseil constitutionnel s'est dit « profondément blessé », ne supportant pas que l'institution qu'il préside soit qualifiée d'« officine du pouvoir ». « Nous avons montré notre impartialité », déclare-t-il, n'hésitant pas à corriger Nicolas Sarkozy sur ses propos concernant les pouvoirs des Sages. Pour évoquer ses comptes de campagne, l'ancien chef de l'État avait parlé des « enquêteurs » de cette institution. Faux, répond le chiraquien. « Nous n'avons pas des enquêteurs, nous n'avons pas de pouvoir de police judiciaire, nous ne pouvons pas faire de perquisitions, des saisies », explique-t-il. Selon Jean-Louis Debré, le Conseil constitutionnel n'a pas vérifié les comptes de campagne de Nicolas Sarkozy, contrairement à ce que l'ex-chef de l'État a laissé entendre, mais simplement validé la décision de l'organe chargé de le faire, à savoir la Commission nationale des comptes de campagne. « On laisse entendre que nous aurions vérifié l'ensemble des comptes de la campagne de l'ancien président de la République. Non ! Ce n'est pas exact ! lance-t-il. Nous n'avons examiné que les griefs de M. Sarkozy, nous n'avons pas examiné tout le compte. »

L'ex-chef de l'État peut-il être pour autant personnellement mis en cause par cette enquête qui a donc trait aux fausses factures ? Il convient déjà de considérer que les actes accomplis durant la campagne électorale 2012 semblent, par définition, difficilement rattachables à ses fonctions présidentielles. Nicolas Sarkozy agissait bien en qualité de candidat, pas de président de la République. Il lui serait donc difficile de se prévaloir d'une quelconque «irresponsabilité» présidentielle au sens de l'article 67 de la Constitution.

Il faut ensuite établir si Nicolas Sarkozy a eu oui ou non connaissance de l'extrême précarité des finances de sa campagne présidentielle. À l'évidence, la réponse est positive. En effet, les enquêteurs ont trouvé, dans les documents saisis lors des perquisitions, plusieurs éléments extrêmement instructifs.

« Nous n'avons plus d'argent. »

Par exemple, cette note très précise de Pierre Godet, l'expert-comptable signataire du compte de campagne. Elle est adressée le jeudi 26 avril 2012, soit quatre jours après le premier tour, au «candidat Nicolas Sarkozy». L'expert donne le chiffre des dépenses prévisionnelles ou engagées à la date du premier tour : 18 399 000 euros. Pour M. Godet, «ce montant est supérieur à celui budgété dernièrement (16 243 000 euros) et au plafond des dépenses requises pour le premier tour (16 851 000 euros)». Selon lui, «ce dépassement résulte principalement des coûts engagés au titre des réunions publiques, en particulier celles de Villepinte et de la place de la Concorde». Pour ce dernier grand meeting sarkozyste, le «coût complet dépasse la prévision budgétaire de plus de 1 800 000 euros (après négociation avec les principaux fournisseurs)». Conclusion de M. Godet : il n'existe plus «aucune marge de sécurité» en vue du second tour, le comptable soulignant même «les conséquences extrêmement graves d'un éventuel dépassement du plafond des dépenses électorales».

Le candidat Sarkozy était donc prévenu : les finances étaient dans le rouge. Un autre élément l'atteste : outre l'expert-comptable, le patron de l'UMP, Jean-François Copé, s'est entretenu de la situation financière de la campagne avec le « président-candidat ». Plutôt curieuse cette discussion entre les deux hommes d'ailleurs, car après tout, l'UMP n'est pas censée s'impliquer directement dans le budget de la campagne Sarkozy. En tout cas, la rencontre a bien eu lieu, en témoigne ce SMS – révélé par *Le Figaro* le 17 juin 2014 – adressé à Guillaume Lambert, le directeur de la campagne de Nicolas Sarkozy, par Jérôme Lavrilleux, son adjoint. Le 28 avril 2012, à 12 h 19, à quelques heures d'une réunion publique organisée à Clermont, Lavrilleux écrit : « JFC [Jean-François Copé] ne vient pas à Clermont, il y est allé la semaine dernière. Louer et équiper un deuxième hall est une question de coût. Nous n'avons plus d'argent. JFC en a parlé au PR [président de la République]. »

Ce texto le confirme : en bon responsable politique expérimenté, Nicolas Sarkozy sait très bien qu'il n'a plus les moyens d'assurer une campagne de second tour de grand standing. Pourtant, les meetings vont continuer, à un rythme soutenu. Il faudra bien les payer. Les prestataires de services vont réclamer leur dû.

Et c'est là que tout a dérapé.

Les policiers, lors de l'enquête préliminaire initiée par le parquet de Paris, puis missionnés par les juges, se sont attachés à crédibiliser les faits révélés par les investigations initiales de l'hebdomadaire *Le Point*, puis du quotidien *Libération*. Et notamment à définir la responsabilité des uns et des autres dans cette histoire. À cet égard, une certitude : toutes les pistes mènent à l'UMP… et à l'Élysée.

D'abord, qui se cache derrière Bygmalion ? C'est une société spécialisée dans l'événementiel, créée et dirigée par deux proches de Jean-François Copé, ses anciens collaborateurs Bastien Millot et Guy Alvès. L'entreprise compte cinq filiales, dont Event & Cie, son directeur adjoint est Franck Attal. Event & Cie, comme le note le commissaire Dufau dans son rapport de synthèse, a connu un « développement fulgurant ». Son chiffre d'affaires, de 2010 à 2012, passe du néant à 20 112 513 euros. Les effets très positifs de la campagne 2012. C'est Lavrilleux, bras droit de Copé, qui impose cette société au camp Sarkozy.

Côté UMP, on s'organise. Éric Cesari, un très proche de Nicolas Sarkozy, est directeur général du parti depuis 2008. Il vient des Hauts-de-Seine, le fief du chef de l'État, et semble d'une fidélité sans faille. On évite de lui chercher des noises à l'UMP, où il est surnommé « l'œil de Sarkozy ». Fabienne Liadzé, directrice administrative et financière, gère l'intendance. Dominique Dord est trésorier du parti, il a succédé en août 2010 à un certain Éric Woerth, mis en cause dans un autre dossier embarrassant pour Nicolas Sarkozy, l'affaire Bettencourt.

Mais pour mener bataille, il faut une structure ad hoc. L'Association de financement de la campagne de Nicolas Sarkozy (AFCNS) est créée le 15 février 2012. Le budget de la campagne est préparé par Fabienne Liadzé : Nicolas Sarkozy apporte 10,5 millions d'euros, via un emprunt souscrit par l'UMP auprès de la Société générale, les dons se montent à 5,8 millions d'euros, et l'UMP met dans la corbeille 4,9 millions d'euros. Guillaume Lambert, l'ex-chef du cabinet de Nicolas Sarkozy, est nommé directeur de la campagne, son adjoint sera Jérôme Lavrilleux.

L'histoire commence à l'Élysée, au début de l'année 2012, dans le bureau de Guillaume Lambert. « C'était fin janvier ou début février, s'est souvenu Franck Attal devant les enquêteurs. Je me rends à cette réunion à laquelle participaient Jérôme Lavrilleux, Éric Cesari, Guillaume Lambert et Olivier Biancarelli [conseiller politique de Sarkozy]. » Event & Cie est censée pouvoir organiser quatre ou cinq meetings d'ici au mois de mai 2012. Tout à fait dans les cordes de la société. La première réunion publique a lieu à Marseille, le dimanche 19 février.

Mais très vite, le rythme s'accélère.

Chaque soir, à 19 heures, une réunion stratégique se tient à l'Élysée. Jérôme Lavrilleux, placé en garde à vue le 17 juin 2014, raconte ses souvenirs : « Cette réunion se faisait en présence du candidat-président avec autour de lui Guillaume Lambert, Franck Louvrier [conseiller en communication], Pierre Giacometti, en charge des études d'opinion, Patrick Buisson, chargé des sondages, Jean-Michel Goudard, conseil en communication du Président [...]. Tout le monde partait du principe que ce que nous disait Guillaume Lambert venait de la réunion stratégique et que ce que nous disions à Guillaume Lambert allait remonter à la réunion stratégique. » Le système est pyramidal, afin d'assurer une circulation fluide des consignes.

Event & Cie, choisie pour la campagne par Franck Louvrier et Jérôme Lavrilleux, applique sa marge habituelle, soit 25 %, assure aux enquêteurs Matthieu Fay, le comptable de la société. Les meetings s'enchaînent, à tel point que Franck Attal ne met plus les pieds au bureau, il passe d'une ville à l'autre. Frénésie électorale.

Event & Cie facture, énormément, à hauteur de 19 millions d'euros, tous les plafonds sont explosés.

À quand remontent les premiers soucis de trésorerie ? « On a rencontré des difficultés dès avril 2012. Les principaux sous-traitants n'ont pas été payés dans le délai de trente jours », selon Matthieu Fay. Event & Cie, sous pression, assaille l'UMP de questions, relance la comptabilité du parti… Fabienne Liadzé renvoie sur Éric Cesari ou Jérôme Lavrilleux. Mais Franck Attal n'obtient toujours pas de réponses précises. Jusqu'au jour où l'horizon s'éclaircit. « Je me souviens avoir rencontré, début avril, à l'UMP, Fabienne Liadzé, Jérôme Lavrilleux et Éric Cesari à ce sujet, a relaté le directeur adjoint d'Event & Cie aux policiers. Et c'est là qu'ils me disent que le rythme des meetings va encore s'accélérer mais qu'il y a un problème d'ordre financier lié au plafond de campagne qui va être complètement dépassé. Jérôme Lavrilleux propose alors de facturer des prestations relatives aux meetings de campagne sur des conventions UMP. Il me demande donc de faire des fausses factures. J'ai l'impression que tous les participants à cette réunion sont piégés. À partir de ce moment-là, le comptable chez nous, Matthieu Fay, s'est organisé avec Fabienne Liadzé. »

Jérôme Lavrilleux, même s'il confirme le principe de la double facturation, n'a pas conservé exactement les mêmes souvenirs, notamment en ce qui concerne les dates. Pour lui, les irrégularités ont été décidées après mai 2012 (le second tour a eu lieu le 6), quand il s'est agi de clôturer les comptes de campagne. Il dit ne pas être à l'origine de la prise de décision, concernant les fausses factures, et accuse directement Éric Cesari, le DG de l'UMP, d'avoir élaboré le stratagème.

« Fin mai 2012, je crois, Éric Cesari et Fabienne Liadzé sont venus me voir dans mon bureau, à l'UMP, à l'issue d'une réunion qu'ils ont tenue avec Guillaume Lambert et Franck Attal pour parler des comptes de campagne », a déclaré aux policiers M. Lavrilleux. « Ils m'ont indiqué alors qu'il était impossible de mettre toutes les dépenses dans les comptes de campagne et qu'il faudrait donc ventiler le surplus des dépenses sur le compte de l'UMP. Je ne peux pas vous dire si c'était l'idée de M. Cesari ou s'il me transmettait la décision prise par un tiers.» Guillaume Lambert, devenu préfet de la République, a écrit au procureur de Paris pour protester de son innocence dans le processus délictueux.

« Je n'ai jamais évoqué ce sujet avec Nicolas Sarkozy. »

Reste à mettre un nom sur ce « tiers » évoqué par M. Lavrilleux. Il serait tentant de désigner Jean-François Copé. Voire Nicolas Sarkozy qui, averti des difficultés financières lors d'une réunion stratégique, aurait pu souhaiter qu'une solution adéquate soit trouvée. Mais pour Jérôme Lavrilleux, cette double éventualité est impossible : « Je n'ai jamais évoqué ce sujet avec Nicolas Sarkozy. À mon avis, il est impossible qu'il en ait été informé. » Voilà l'ancien président dédouané ? Pas si simple.

L'affirmation de l'ancien directeur adjoint de la campagne semble avoir laissé les policiers de l'OCLCIFF dubitatifs. Ils lui ont bien fait comprendre, lorsqu'ils ont évoqué Nicolas Sarkozy et Jean-François Copé : « Comment expliquez-vous que les deux personnes principalement concernées, au vu des dispositions rigoureuses liées au financement des campagnes des partis politiques, n'aient pas été informées, alors même que cela pouvait remettre en cause le résultat des élections, par son annulation, et le devenir d'un parti, par sa déstabilisation, voire sa dissolution ? » La question est logique, la réponse, habile : « C'est justement pour éviter les conséquences politiques prévisibles que je n'en ai pas informé Jean-François Copé et que je n'ai jamais abordé ce sujet avec l'ancien président Nicolas Sarkozy », lâche Jérôme Lavrilleux.

Fabienne Liadzé et Éric Cesari ont été licenciés de l'UMP, après sa reprise en main par le trio d'anciens Premiers ministres, Raffarin-Juppé-Fillon. Sollicités, ni l'un ni l'autre n'ont souhaité s'expliquer publiquement. Éric Cesari, qui a accepté de nous rencontrer mais refusé que l'on cite ses propos, a vivement démenti – il s'en est tenu à la même ligne de défense devant les policiers puis les juges – avoir donné le moindre ordre pour falsifier les comptes.

Des comptes, les enquêteurs pourraient bien en demander à l'ancien candidat UMP lui-même. Car Éric Cesari, l'homme de confiance de Sarkozy, est accusé explicitement par MM. Attal et Lavrilleux d'avoir couvert, si ce n'est ordonné, le maquillage de la comptabilité de la campagne 2012. Les juges l'ont d'ailleurs mis en examen, même s'il persiste à nier avoir eu connaissance des fausses factures. En tout cas, conséquence de cette décision prise au sommet de l'UMP, la société Event & Cie, in fine, s'est résolue, pour être payée, à accepter la manœuvre imposée par le parti présidentiel.

Pour Event & Cie, le deal est clair : il lui faut ventiler le montant global des facturations, soit 18 861 620,28 euros, sur des conventions (fictives) de l'UMP, tout en conservant une addition officielle de 3 346 423 euros, celle qui sera présentée aux autorités de contrôle. C'est ce tour de passe-passe qui motive l'incrimination de «faux», mais aussi l'autre chef de poursuite retenu par le parquet, la «tentative d'escroquerie».

Le comptable Matthieu Fay est chargé de la mise en œuvre de tout cela. Il réalise les devis, les fausses factures. «Il nous a été demandé par l'UMP de facturer 35 conventions. Au vu du surplus à facturer hors les meetings, le montant de ces factures était autour de 300 000 euros», dit-il aux policiers. Event & Cie avait-elle le choix ?

Pas vraiment, si l'on en croit Guy Alvès, l'un des deux cofondateurs de Bygmalion. « Le sentiment que j'ai, a-t-il confié aux policiers, c'est que je suis face à une demande de franchissement de la ligne jaune, c'est-à-dire accepter des fausses écritures. Mon choix est alors soit d'accepter ces irrégularités, soit de ne pas être payé et donc de ne pouvoir moi-même honorer le paiement des sous-traitants. »

Les fausses factures sont ensuite, pour paiement, soumises à la signature à l'UMP. Un processus est clairement défini, au sein du parti présidentiel, pour entériner le règlement. Selon Dominique Dord, alors trésorier (il a quitté ses fonctions en novembre 2012), « la procédure formelle était, pour chaque engagement de dépenses, les visas de quasi systématiquement quatre personnes, pour que je signe l'ordre de virement ou le chèque ». Il poursuit : « Pour tout ce qui est communication et événementiel […] les quatre signataires sont le directeur de la communication Pierre Chassat, la directrice financière Fabienne Liadzé, le directeur général Éric Cesari, le directeur de cabinet Jérôme Lavrilleux. » Les factures que nous avons pu consulter comportent bien ces quatre paraphes.

Côté Event & Cie, pour plus de sécurité, on ne sait jamais, tout le modus operandi est conservé sur une clé USB, de même que les factures litigieuses. Ce précieux petit objet a été remis aux enquêteurs. Une manière aussi de pouvoir prouver qu'il n'y a pas eu de surfacturations, mais seulement des fausses factures. « Franck [Attal] m'a dit qu'il n'y avait jamais eu de surfacturation et qu'il avait la comptabilité réelle des prestations qui le prouvait, sur une clé USB », dixit Guy Alvès.

En effet, mis en cause, le camp Sarkozy a eu tôt fait de pointer le montant exorbitant des sommes déboursées – détournées ? –, suggérant l'existence d'une caisse noire mise en place par les proches de Jean-François Copé. En d'autres termes, l'argent n'aurait pas servi à payer la campagne de Nicolas Sarkozy mais à arrondir les fins de mois de certains. Plus de 996 000 euros ont disparu, selon les policiers.

Interrogé au cours de l'enquête préliminaire, Jean-François Copé s'est vigoureusement défendu, campant sur une ligne simplissime : il assure ne jamais avoir entendu parler de quoi que ce soit. « Tout ceci a été une révélation sidérante, indique-t-il aux policiers le 26 mai 2014, je n'avais jamais été informé d'irrégularités dans les dépenses et les procédures de l'UMP. » C'est seulement le 16 mai 2014 qu'il dit avoir eu connaissance des méthodes illégales utilisées par l'UMP, au sortir d'une réunion qu'il avait organisée à l'UMP, en présence de Fabienne Liadzé et de Franck Attal.

Une version mise en doute par les enquêteurs. En effet, ils ont découvert que Guillaume Bazaille, le responsable presse de Sarkozy, puis celui de Copé, avait été mis au courant du système de fausse facturation dès le jeudi 27 ou le vendredi 28 février 2014. Une réunion avait été organisée à son domicile le soir, après les premières révélations du *Point* concernant les fausses factures. Pour Franck Attal, présent ce soir-là avec Bastien Millot, Guy Alvès et Jérôme Lavrilleux, les participants ont « parlé du système de ventilation des factures ». Le dimanche 2 mars, une seconde réunion a encore lieu chez M. Bazaille. Et cette fois, M. Copé est bien présent. Est-il possible que quatre des proches de Copé, anciens ou actuels collaborateurs, à savoir Lavrilleux, Bazaille, Alvès et Millot, l'aient totalement tenu à l'écart du processus ? Manifestement, les policiers n'en sont pas persuadés. D'autant que l'agenda de M. Copé porte la trace de deux rendez-vous avec Franck

Attal, les 8 mars et 11 mai 2012. Réaction de M. Alvès, devant les dénégations de M. Copé : « Je ne m'attendais pas à autre chose. […] J'estime qu'il aurait pu prendre, au nom de l'UMP, ses responsabilités. »

Alors, jusqu'où remontera le scandale Bygmalion ? Aux policiers qui cherchaient à savoir « qui contrôlait ou supervisait [l']équipe de campagne » du candidat Sarkozy, l'ancien trésorier Dominique Dord a répondu, le 27 mai 2014 : « Éric Cesari et Jérôme Lavrilleux rendaient compte, je pense, logiquement aux patrons politiques, c'est-à-dire le directeur de la campagne de Nicolas Sarkozy, Guillaume Lambert, et à Jean-François Copé pour l'UMP. » Les juges continuent à expertiser la masse de documents saisis à l'UMP et chez Bygmalion, en particulier les centaines de courriels échangés entre les différents protagonistes du dossier. D'autres personnalités devraient défiler dans leur cabinet d'instruction.

Le système frauduleux mis en place étant avéré, les magistrats poursuivent désormais un objectif principal : cerner le plus précisément possible les responsabilités de chacun. Notamment celle de Nicolas Sarkozy.

IV

ABUS DE CONFIANCE
L'affaire des pénalités

Saisis par le parquet de Paris, deux juges d'instruction enquêtent depuis octobre 2014 sur des faits d'« abus de confiance », « complicité » et « recel ». Nicolas Sarkozy est clairement visé. Candidat en 2012, il n'aurait pas dû laisser, en 2013, l'UMP payer à sa place les sanctions financières consécutives au rejet de ses comptes de campagne...

Il a le ton grave, ce 1er décembre 2011, trois ans après un premier discours, ici même, à Toulon. Après s'être fait acclamer, devant un parterre d'invités politiques, ministres, élus, militants, Nicolas Sarkozy attaque dans un registre plutôt anxiogène : « Aujourd'hui, la peur est revenue... » Suivra cette antienne, répétée mille fois : « Dire la vérité aux Français. » Il martèle sa foi dans le couple franco-allemand, étrille l'opposition... Bref, du grand classique.

Les observateurs ne s'y trompent pas, les journalistes non plus, dans leurs comptes rendus : le président Sarkozy n'est pas encore officiellement en campagne pour sa réélection – il ne se déclarera d'ailleurs que le 15 février 2012 –, mais cela y ressemble fortement. 10 000 invitations ont été lancées, 5 000 personnes étaient attendues, 7 000 sont présentes… Plusieurs dizaines de cars ont notamment été affrétés dans tout le département du Var pour transporter les militants. Pascal Terrasse, député socialiste et président de la commission de contrôle financier du PS, et Daniel Vaillant, mandataire financier de François Hollande, s'en émeuvent. Ils écrivent dans la foulée à la Commission nationale des comptes de campagne et des financements politiques (CNCCFP), en lui demandant de statuer sur l'imputation de ces dépenses dans les futurs comptes de campagne de Nicolas Sarkozy.

Le 19 décembre 2012, Nicolas Sarkozy se morfond dans ses bureaux d'ancien président, rue de Miromesnil, lorsque la Commission se prononce enfin. Elle considère que « si, en principe, la déclaration publique de candidature ou, le cas échéant, l'investiture par la formation politique marque pour un candidat le début des opérations qui devront être retracées dans le compte de campagne, ces dernières ont pu en réalité commencer auparavant ». Le 15 février 2012 n'est donc pas la bonne date à retenir, car « le candidat a pu notamment engager effectivement des dépenses destinées à obtenir les suffrages des électeurs ». C'est pourquoi le Code électoral prévoit que le compte de campagne doit retracer « l'ensemble des dépenses engagées ou effectuées en vue de l'élection [...] dans l'année précédant le mois de l'élection ». Autrement dit, à partir d'avril 2011, s'agissant de l'élection présidentielle de 2012. Donc bien avant le 1er décembre 2011…

La Commission rappelle aussi que « les décisions antérieures du Conseil constitutionnel ou, en 2007 », les siennes « ont admis comme dépenses électorales et, le cas échéant, réintégré dans les comptes de campagne des dépenses réalisées avant la déclaration publique de candidature ou l'investiture du candidat ».

L'équipe de Nicolas Sarkozy aurait donc dû inscrire dans ses comptes de campagne, déjà très largement passés au-delà du plafond autorisé (voir le chapitre III « Faux et usage de faux »), le coût réel de ce meeting de Toulon, soit 155 715 euros. Petite omission, grosse conséquence : les comptes de campagne 2012 sont rejetés. Effroi à l'UMP, acculée à la faillite. Émoi dans le camp sarkozyste : la CNCCFP ordonne au candidat de restituer à l'État l'avance forfaitaire de 153 000 euros dont il avait bénéficié, et de verser au Trésor public 363 615 euros, soit le montant du dépassement du plafond des dépenses de campagne.

Le rejet est confirmé en juillet 2013 par le Conseil constitutionnel, qui juge que les frais (155 715 euros) du meeting de Toulon de Sarkozy auraient dû figurer dans son compte de campagne. Les Sages de la rue de Montpensier rappellent certes que « la législation relative au financement des campagnes électorales n'a ni pour objet ni pour effet de limiter les déplacements du président de la République non plus que sa participation à des manifestations publiques s'inscrivant dans l'exercice de sa charge ». Mais, ajoutent-ils, « les dépenses relatives aux manifestations auxquelles il participe » doivent figurer au compte de campagne « s'il apparaît que celles-ci ont revêtu un caractère manifestement électoral ». Ce qui est le cas en l'espèce.

Le rejet du compte de campagne est ensuite confirmé en ces termes : « Le montant arrêté des dépenses électorales de M. Sarkozy excède de 466 118 euros, soit 2,1 %, le plafond autorisé [...]. C'est à bon droit que la Commission nationale des comptes de campagne et des financements politiques a rejeté le compte de M. Sarkozy. [...] En application des dispositions précitées de la loi du 6 novembre 1962, dès lors que le compte de M. Sarkozy est rejeté, celui-ci n'a pas droit au remboursement forfaitaire prévu à l'article L. 52-11-1 du Code électoral et doit en conséquence restituer au Trésor public l'avance forfaitaire de 153 000 euros qui lui a été versée », conclut le Conseil constitutionnel.

Une mesure sans précédent pour un ancien Président et qui a pour autre conséquence de le priver du remboursement par l'État de... 10,6 millions d'euros de frais ! Pour compenser, l'UMP va lancer avec succès un « Sarkothon », vaste collecte auprès de ses militants. Des huit manifestations auxquelles a participé M. Sarkozy en tant que chef de l'État et épinglées par la CNCCFP, le Conseil constitutionnel n'en retient qu'une seule de vraiment problématique : la réunion publique de Toulon du 1er décembre 2011. Un meeting qui fait également l'objet, depuis octobre 2013, d'une enquête préliminaire, ouverte pour « détournement de fonds publics ».

Toutefois, selon nos informations, le parquet de Paris envisageait à l'automne 2014, faute d'éléments probants, de classer sans suite cette procédure.

« Ces pénalités s'adressent au candidat lui-même, qui est responsable de son compte. »

Il va donc falloir régler l'addition. Mais Nicolas Sarkozy se refuse à débourser le moindre centime. Hors de question. Il l'a assez dit, lorsqu'il voudra « faire du fric », il quittera la politique, qui déjà ne rapporte pas assez à ses yeux. Alors, que ça lui coûte, non !

Pour lui, il est clair que l'UMP doit payer les sommes demandées. Pourtant, l'interprétation de l'article L52-15 du Code électoral ne souffre pas la moindre contestation.

Celui-ci stipule que «dans tous les cas où un dépassement du plafond des dépenses électorales a été constaté par une décision définitive, la commission fixe alors une somme égale au montant du dépassement, que le candidat est tenu de verser au Trésor public».

Le Code électoral dit donc clairement que le candidat doit rembourser les dépassements, en aucun cas le parti auquel il appartient. Les instances d'alors de l'UMP – à l'époque, Éric Cesari, fidèle de Nicolas Sarkozy, était encore le directeur général du parti présidé par Jean-François Copé – signent malgré tout en novembre 2013 le chèque de remboursement, sur la foi d'une simple expertise juridique rédigée par l'avocat Philippe Blanchetier. Bercy, après avoir tiqué, demandé quelques avis internes sur le plan juridique, valide finalement le processus. Avec le recul, les plus complotistes des sarkozystes se demandent aujourd'hui si le gouvernement socialiste n'a pas poussé leur chef à la faute, avalisant une opération qu'il savait illégale! Une thèse pour le moins discutable, car on voit mal le ministre du Budget prendre le risque de donner sciemment son aval à une opération illégale, dont il pourrait ensuite devoir répondre devant la justice. Et puis, a-t-on souvent vu Bercy refuser une telle somme?

Ces pénalités s'adressaient «au candidat lui-même, qui est responsable de son compte», s'étonne en tout cas, en juillet 2014 auprès de l'Agence France-Presse (AFP), le président de la CNCCFP, François Logerot, tout en précisant que sur l'avance forfaitaire seuls 37 000 euros ont été pris en charge par l'UMP, le reste ayant été couvert par le reliquat du compte de campagne de Nicolas Sarkozy. Pour autant, s'agissant du règlement de ses pénalités, «on ne voit pas très bien quelle est la raison juridique qui permet au parti de se substituer au candidat», ajoute-t-il.

Le motif n'est pas forcément juridique. Mᵉ Blanchetier est certes le conseil de l'UMP, mais il représente surtout les intérêts de l'ex-chef de l'État, puisqu'il l'a défendu devant la Commission des comptes de campagne, tout en étant le trésorier de l'Association nationale des amis de Nicolas Sarkozy. De quoi nourrir des soupçons de conflit d'intérêts.

Dans une note de six pages, dont nous avons pris connaissance, Mᵉ Blanchetier se montre en tout cas extrêmement affirmatif : « Il ne semble a priori pas nécessaire que ces sommes que l'UMP envisage de régler transitent par le compte de M. Nicolas Sarkozy [...]. Il est préférable que ces sommes soient payées directement par l'UMP. » L'avocat estime en outre que la sanction prise par la Commission des comptes de campagne, administrative, ne revêt pas de caractère pénal, et que par conséquent la pénalité n'est pas forcément « individualisable ». Pas un mot sur l'article L52-15. Gênant. Une argumentation que l'avocat continue pourtant de soutenir. « J'ai encore cette lecture aujourd'hui, a ainsi confié Mᵉ Blanchetier au *Monde*, au mois de septembre 2014. On peut considérer que c'est le parti qui a pris en charge, moi je dis que ce sont les Français grâce au Sarkothon. » Mᵉ Blanchetier réfute tout conflit d'intérêts : « Je goûte mal cette accusation, je ne fais partie d'aucun clan, j'ai juste donné un avis, je n'ai rien dicté à personne. »

Mais depuis 2013, l'UMP a changé de direction. Le trio d'anciens Premiers ministres Raffarin-Juppé-Fillon a pris les choses en main, en juin 2014. Une autre expertise juridique a été demandée à un avocat, Mᵉ François Sureau, dont l'avis a été confirmé par son confrère, Mᵉ Kiril Bougartchev. Elles vont radicalement à l'encontre des préconisations de Mᵉ Blanchetier : pour ces avocats experts, l'UMP n'avait absolument pas le droit de se substituer à Nicolas Sarkozy pour régler la sanction.

Le 1ᵉʳ juillet 2014, les commissaires aux comptes de l'UMP font un signalement au parquet de Paris. Après s'être fait tirer l'oreille. C'est que l'affaire est éminemment politique. L'UMP, et sa dette abyssale de 74,1 millions d'euros, a dû avoir recours aux dons des militants pour simplement survivre. Quel intérêt, dans ces conditions délicates, de voler au secours de l'ancien chef d'État ? Les commissaires aux comptes le savent, l'UMP étant une association, on entre là dans le champ d'un délit pénal : l'« abus de confiance ».

C'est le fait par une personne de détourner, au préjudice d'autrui, des fonds, des valeurs ou un bien quelconque qui lui ont été remis et qu'elle a acceptés à charge de les rendre, de les représenter ou d'en faire un usage déterminé. Une infraction punie de trois ans d'emprisonnement et de 375 000 euros d'amende.

François Fillon est en guerre contre Nicolas Sarkozy. Il pousse pour que le parquet de Paris soit saisi de ces faits. Si Jean-Pierre Raffarin n'y est guère favorable, car il craint de rallumer la guerre des chefs, François Fillon rallie Alain Juppé à sa cause. En juillet 2014, le procureur François Molins ordonne une enquête préliminaire. Les investigations sont assez limitées tant, pour les magistrats du parquet, le délit semble caractérisé. Certains d'entre eux vont d'ailleurs envisager de renvoyer Nicolas Sarkozy directement en correctionnelle, par la voie d'une citation directe. Un procédé violent. Car cela signifierait un procès rapidement audiencé et, peut-être, une condamnation de l'ancien président de la République. Alors, un autre choix va être fait. Les commissaires aux comptes sont entendus une nouvelle fois. Ils confirment leurs doutes sur la légalité du modus operandi.

Du coup, seule solution pour éviter les critiques et le procès en instrumentalisation – le parquet n'est pas indépendant du pouvoir politique –, le procureur de Paris requiert, le 6 octobre 2014, l'ouverture d'une information judiciaire pour « abus de confiance », « complicité » et « recel » de ce délit. L'affaire est donc confiée à des juges d'instruction. La garantie d'une enquête indépendante, mais aussi d'une procédure beaucoup plus longue qu'une éventuelle citation directe. Confiée à Serge Toumaire et Renaud Van Ruymbeke, l'instruction vise directement l'ex-chef de l'État. Il devrait être convoqué pour s'expliquer sur ce fiasco total, dû à un enchaînement d'imprudences, maladresses et autres erreurs. Nicolas Sarkozy aurait pu sans peine en faire l'économie. Maudite campagne 2012. Après avoir été condamné par les électeurs, il pourrait l'être aussi par la justice.

V

ESCROQUERIE EN BANDE ORGANISÉE
L'affaire Tapie

Ou comment Nicolas Sarkozy, avant son accession à l'Élysée puis au début de son mandat, met le doigt dans un conflit commercial, prélude, selon les juges, à une « escroquerie en bande organisée » qui a coûté 405 millions d'euros aux contribuables. Voici donc l'histoire d'un président de la République, acquis de longue date au principe de la médiation car viscéralement méfiant envers les juges, piégé par ses amitiés... et ses calculs politiques.

Ce lundi 30 juillet 2007, c'est un Bernard Tapie en grande forme qui sonne, à 10 h 13, à l'entrée principale du palais de l'Élysée. Les gendarmes le reconnaissent, évidemment. Clins d'œil complices, on échange des plaisanteries.

Un cas, ce Tapie. Ses multiples déboires n'ont en rien entamé sa popularité. Les gendarmes de faction vont prendre l'habitude de le voir: entre 2007 et 2012, il se rendra quarante-neuf fois à l'Élysée!

Mais cette journée-là s'annonce décisive. Il avait rendez-vous à 10 heures avec Nicolas Sarkozy, il a un peu de retard, qu'importe. Ce n'est pas son vieil ami qui lui en tiendra rigueur. Sarkozy et Tapie, c'est une affaire d'hommes. De testostérone. Deux purs instinctifs, mordus de sport et de politique, shootés au pouvoir et à l'argent. Pendant sa traversée du désert, en 1995, après la défaite d'Édouard Balladur à l'élection présidentielle, Nicolas Sarkozy a pu compter sur Tapie. Exister encore un peu médiatiquement, grâce à l'entregent de l'homme d'affaires.

Donc, en cette matinée estivale, Sarkozy accorde sans sourciller une audience à Tapie, qui l'a en outre aidé au moment de l'élection présidentielle, quelques mois plus tôt. Les deux hommes, qui se tutoient, parlent-ils d'opéra, de littérature comparée ou des résultats du dernier Tour de France ? Non. Bernard Tapie ne pense qu'à une seule chose, depuis des années. Se venger du Crédit lyonnais, et récupérer l'argent qu'il estime lui être dû après la revente d'Adidas, dans les années 1990, par la banque.

Il prétend avoir été floué. De 396 millions d'euros, au bas mot. Peut-être l'a-t-il vraiment été d'ailleurs, car la justice lui a déjà donné partiellement raison à plusieurs reprises, même si un dernier arrêt de la Cour de cassation est venu, en octobre 2006, affaiblir ses positions. Plus gênant pour lui : un rapport de synthèse de la brigade financière du 9 juillet 2014, révélé par *Le Monde* en septembre 2014, est venu affirmer ceci, sur la base de témoignages inédits et d'interceptions téléphoniques : Tapie n'aurait jamais été lésé par le Lyonnais, il aurait passé ces vingt dernières années à prétendre le contraire à grand renfort de déclarations mensongères et de documents falsifiés. Affirmations immédiatement démenties par Tapie avec véhémence.

Quoi qu'il en soit, il ne lâchera jamais l'affaire.

En cet été 2007 en tout cas, à Bercy, l'Agence des participations de l'État (APE) campe sur ses certitudes : pas question de transiger, il faut ester en justice pour résoudre l'interminable litige entre l'ancien ministre de François Mitterrand et la banque. Pour l'APE, c'est acquis, tout jugement finira inéluctablement par débouter Bernard Tapie. L'homme d'affaires a alors 63 ans. Il a passé sa vie à surmonter les obstacles, à contourner les interdits. Un jour, lors d'un déjeuner dans son hôtel particulier, il nous a confié ceci : « La justice m'a coincé pour des trucs mineurs ou des dossiers dans lesquels je n'ai vraiment pas grand-chose à me reprocher, elle n'a jamais rien su des vraies affaires... » Le tout balancé dans un grand éclat de rire. Du Tapie pur jus.

Il sait mentir quand il en a l'occasion. Comme ce 31 juillet 2012 : entendu par les enquêteurs de la brigade financière, il admet certes avoir rencontré à de nombreuses reprises les collaborateurs de Sarkozy, tels le secrétaire général de l'Élysée Claude Guéant – dix fois entre juin 2007 et février 2009 – et le secrétaire général adjoint François Pérol – sept fois –, mais jamais, jure-t-il, pour leur parler de son conflit avec Adidas. Scepticisme des policiers, qui connaissent un peu le personnage, quand même.

Hélas pour Bernard Tapie, François Pérol aura cette phrase, lors de son audition en juin 2013, à propos de l'homme d'affaires : « À chaque fois qu'il venait, c'était pour me parler de son affaire. »

À l'été 2007 donc, l'ex-patron de l'Olympique de Marseille entrevoit enfin une fenêtre de tir. Cet arbitrage qu'il appelle de ses vœux depuis si longtemps, il va l'obtenir, grâce à Sarkozy. Rien d'illégal là-dedans : le président de la République et son principal conseiller économique,

François Pérol, n'ont jamais caché leur attrait pour le processus arbitral. C'est plus rapide, selon eux, et ça coûte moins cher que la justice ordinaire, en laquelle, on le sait, Nicolas Sarkozy n'a pas une confiance démesurée...

Plusieurs grands juristes ou hauts magistrats ont déjà tenté ou privilégié une médiation dans ce dossier, comme Jean-François Burgelin, Jean-Marie Coulon ou encore Jean-Louis Nadal. Peine perdue : Tapie a repoussé leurs propositions, il veut un tribunal arbitral, lui aussi, mais à ses conditions. L'ex-patron de l'OM a payé – si l'on ose dire – pour le savoir : un arbitrage, c'est censé être aléatoire, mais, comme une victoire en Coupe d'Europe de football, ça s'organise, minutieusement, si l'on veut obtenir une issue favorable. Il fait donc confiance à son avocat – Me Maurice Lantourne, un bon vivant, rusé – pour que les trois arbitres désignés par les parties soient émus par son sort et concluent en sa faveur.

Voici donc la genèse de l'affaire : Tapie, qui n'en est pas à une contradiction près, ne cesse de clamer que la justice lui donnera raison à tous coups mais va pourtant se battre comme un chiffonnier pour éviter les tribunaux et gagner l'Élysée à sa cause, afin qu'un arbitrage soit mis en branle, contre l'avis de l'APE. Sarkozy va peser de tout son poids. User de son influence, de son autorité présidentielle. Sans jamais laisser aucune trace écrite, toutefois.

Ce 30 juillet 2007, Tapie obtient donc qu'une réunion se tienne l'après-midi même, toujours à l'Élysée. Le voici par conséquent de retour, le même jour, au palais présidentiel, à 17 heures. Sont aussi présents Stéphane Richard, alors directeur du cabinet de la ministre de l'Économie et des Finances Christine Lagarde, et Jean-François Rocchi, le président du Consortium de réalisation (CDR), l'organisme public chargé de solder le passif du Crédit lyonnais. Ils disent avoir été « convoqués » par le secrétaire général de l'Élysée, Claude Guéant, quelques jours plus tôt. Rocchi et Guéant, c'est aussi une histoire ancienne, les deux hommes sont de vieux habitués des cabinets ministériels, ils se tutoient.

« Bernard Tapie rend fous tous ceux qu'il approche et spécialement l'institution judiciaire. »

Cette réunion a fait date à l'Élysée. Déjà parce que, lors de leur arrivée au Palais, les « convoqués » découvrent avec stupeur que Bernard Tapie est de la partie. Mieux, il est invité à exprimer son opinion et à plaider sa cause.

« M. Guéant, s'est souvenu François Pérol devant les enquêteurs, voulait que M. Tapie expose son point de vue à M. Richard et M. Rocchi. » L'homme d'affaires s'est exécuté, avec son talent oratoire habituel. Du jamais vu, au palais présidentiel. Patrick Ouart, le conseiller justice de Sarkozy, mais également son ami, assiste à la réunion. Ce magistrat atypique, dangereusement intelligent, amateur de bons restaurants et de manœuvres en sous-main, est encore celui qui décrit le mieux Tapie et ses méthodes : « Bernard Tapie rend fous tous ceux qu'il approche et spécialement l'institution judiciaire », expliquera-t-il à la police. Un constat qui pourrait tout aussi bien s'appliquer... à Nicolas Sarkozy, et ce n'est sans doute pas un hasard. « M. Tapie est très intelligent et très séducteur. Il vous "environne". Il sait tout de vous... », ajoutera Patrick Ouart.

C'est donc cet homme-là qui a su s'attirer les bonnes grâces de Nicolas Sarkozy. Pour Stéphane Richard, au sortir de la réunion, à 18h27 très précisément, le doute n'était pas permis: « M. Guéant et ses collaborateurs [étaient] nettement favorables» à la mise en place d'un arbitrage. Avec le recul, l'actuel P-DG d'Orange éprouve le sentiment d'avoir été «instrumentalisé, [...] influencé par ce [qu'il a] perçu comme une atmosphère sensible à l'écoute de M. Tapie». Il interprète en tout cas cette attitude comme une instruction.

Après cette réunion, il convient donc d'aller de l'avant. Et d'écarter l'expertise de l'APE. Le 1er août 2007, l'agence fait pourtant part de ses réticences. Bruno Bézard, son rigoureux patron, adresse une note en forme de mise en garde à la ministre Christine Lagarde: «Je ne peux que déconseiller la voie d'un arbitrage qui n'est ni justifié du point de vue de l'État, ni du point de vue du CDR et qui pourrait même être considéré comme une forme de concession inconditionnelle et sans contrepartie faite à la partie adverse.» Difficile d'être plus clair. Un ministre soucieux de l'avis de ses collaborateurs, voire simplement prudent ou peut-être couard, aurait laissé la justice suivre son cours, effectivement très tranquille. Trop tranquille pour un Sarkozy qui vit dans l'accélération permanente. Et qui a le don de créer un sentiment de sujétion autour de lui.

Avec Christine Lagarde, à cette époque, le chef de l'État dispose d'une parfaite exécutante, fidèle, mais aussi fragile. Donc malléable. En témoigne cette note, trouvée par les enquêteurs lors d'une perquisition, en mars 2013, chez la directrice du Fonds monétaire international (FMI). Cachée au fond d'un tiroir du bureau de Mme Lagarde, rédigée à l'intention de Sarkozy, elle dit ceci: «Cher Nicolas, très brièvement et respectueusement, 1) Je suis à tes côtés pour te servir et servir tes projets pour la France. 2) J'ai fait de mon mieux et j'ai pu échouer périodiquement.

Je t'en demande pardon. 3) Je n'ai pas d'ambitions politiques personnelles et je n'ai pas le désir de devenir une ambitieuse servile comme nombre de ceux qui t'entourent dont la loyauté est parfois récente et parfois peu durable. 4) Utilise-moi pendant le temps qui convient à ton casting. 5) Si tu m'utilises, j'ai besoin de toi comme guide et comme soutien : sans guide je risque d'être inefficace, sans soutien je risque d'être peu crédible. Avec mon immense admiration. Christine L. »

Ce document, qui en dit long sur les sentiments de soumission que Nicolas Sarkozy peut susciter chez ceux qu'il côtoie, permet de comprendre pourquoi la ministre de l'Économie ne risquait pas de contrarier les désirs d'un monarque aussi dominant. « Ce brouillon correspond à une période de mon ministère où je sentais que ma légitimité personnelle était remise en cause et que l'on tentait de saper mon autorité », s'est défendue Mme Lagarde devant la Cour de justice de la République (CJR), chargée d'instruire le volet ministériel de l'affaire.

« *Il me semble, maintenant, que j'aurais dû être plus méfiante.* »

Elle situe l'écriture de cette note en février 2008, soit en plein processus arbitral. « J'avais établi une sorte de demande de soutien au président de la République. Je n'excluais d'ailleurs pas de présenter ma démission à l'époque », dit-elle. Lors de ses deux premières auditions devant la CJR, Mme Lagarde a assuré n'avoir pas lu à l'époque les notes de l'APE, ni avoir jamais discuté de l'arbitrage avec Nicolas Sarkozy. « Il me semble, maintenant, que j'aurais dû être plus méfiante », dira-t-elle plus tard…

Mme Lagarde n'aurait jamais échangé avec le président de la République sur l'affaire ? Plutôt étonnant, quand on connaît la nature des liens unissant l'ex-ministre de l'Économie à Nicolas Sarkozy – sans compter l'interventionnisme légendaire de ce dernier. Par ailleurs, le fait d'admettre qu'il lui aurait sans doute fallu « être plus méfiante » ne constitue-t-il pas, en creux, une forme d'aveu ? La justice n'est pas loin de le croire. D'ailleurs, après lui avoir accordé, dans un premier temps, le statut de témoin assisté (il lui fut signifié en mai 2013), les magistrats de la Cour de justice de la République ont mis en examen, le 26 août 2014, la patronne du FMI pour « négligence », en vertu des articles 432-15 et 432-16 du Code pénal.

Résumons : un Sarkozy désireux de complaire à son ami Tapie, une Lagarde en état de grande fragilité, des collaborateurs élyséens, type Guéant et Pérol, aux ordres du patron, convaincus aussi du bien-fondé de l'arbitrage et qui, forts de leur puissance, mettent tout cela en musique… Il ne reste plus à l'administration qu'à faire son boulot : exécuter sans rechigner. Stéphane Richard, par ailleurs proche de Nicolas Sarkozy et placé à Bercy pour cornaquer Christine Lagarde, gère le dossier à distance.

C'est Jean-François Rocchi, pour le CDR, qui met la touche finale, négocie avec les avocats, et entérine la désignation de trois arbitres, à l'automne 2007 : les juristes renommés Pierre Mazeaud et Jean-Denis Bredin, et l'ancien magistrat Pierre Estoup, choisi par le camp Tapie. Et le 7 juillet 2008, Bernard Tapie obtient donc la coquette somme de 405 millions d'euros du tribunal arbitral, dont 45 millions d'euros au titre du préjudice moral. Les trois arbitres se partagent 1 million d'euros d'honoraires. Une sacrée manne pour l'homme d'affaires, qui peut à nouveau mener grand train, dépenser 25 000 euros par mois, payer

2 millions d'euros d'ISF. Racheter le quotidien *La Provence*, aussi, et encore un yacht, un avion, une villa hyperluxueuse à Saint-Tropez, des appartements pour ses enfants, etc. Mais Tapie a fâché trop de monde. S'est affiché trop fortement. A méprisé trop souverainement. L'homme agace autant qu'il fascine. Tant et si bien qu'à l'initiative des députés socialistes – conseillés par un juriste de haut vol, Thomas Clay, proche d'Arnaud Montebourg, mais surtout spécialiste renommé de l'arbitrage –, la justice est saisie. Serge Tournaire, Guillaume Daïeff et Claire Thépaut, trois juges du pôle financier parisien particulièrement redoutés, héritent du dossier, visant directement les conditions de l'arbitrage. Très vite, ils qualifient de « simulacre » le processus arbitral.

Ils réclament et obtiennent des poursuites pour « escroquerie en bande organisée ». Bernard Tapie est mis en examen, tout comme Stéphane Richard, l'avocat Maurice Lantourne, l'ex-patron du CDR Jean-François Rocchi et surtout le juriste Pierre Estoup. Bernard Scemama, nommé le 15 septembre 2007 à la tête de l'EPFR, établissement public chapeautant le CDR, qui joua le rôle de levier, s'en est mieux tiré, bénéficiant du statut de témoin assisté. Il est vrai que lui a eu la désagréable sensation d'avoir été placé par l'Élysée à la tête de l'EPFR pour valider un processus déjà décidé au plus haut niveau. Dans un entretien au *Monde*, en août 2011, il révéla avoir « été reçu dès [sa] nomination par Stéphane Richard, le directeur du cabinet de la ministre des Finances, Christine Lagarde ». « Il m'a tout de suite parlé du dossier Tapie et m'a donné une consigne claire : il fallait aller à l'arbitrage. "C'est la décision du gouvernement", m'a-t-il dit », expliqua M. Scemama.

Les enquêteurs n'ont pas eu de mal à déceler la faille dans le savant montage opéré semble-t-il par les hommes de

Tapie. Le point faible, c'est lui : Pierre Estoup. Un ancien président de cour d'appel qui, le 16 novembre 2007, en signant une déclaration d'indépendance vis-à-vis des parties, s'est engagé à une « obligation de révélation étendue ». En clair, il ne doit pas avoir travaillé pour le compte des parties en présence, ou, à tout le moins, il était obligé de le faire savoir. Or, M. Estoup, sur la période 1997-2006, a perçu un total de 808 987 euros d'honoraires relatifs à des dossiers liés à Mes Maurice Lantourne et Francis Chouraqui, deux avocats au service de l'homme d'affaires ou ayant œuvré pour le camp Tapie. Lui qui avait reconnu, contraint et forcé, du bout des lèvres, trois petits dossiers communs avec Me Lantourne est bien ennuyé : c'est au moins à quinze reprises que les deux hommes ont travaillé ensemble, ces dernières années, comme le rappelle un rapport de synthèse de la brigade financière du 9 juillet 2014 !

Dès le 5 septembre 2006, bien avant la désignation de Pierre Estoup, l'avocat de Bernard Tapie Maurice Lantourne lui a même adressé un courrier portant comme référence « aff BT », c'est-à-dire « Affaire Bernard Tapie », missive comportant toutes les pièces essentielles du conflit opposant l'homme d'affaires au Lyonnais. Ennuyeux, tout de même. M. Tapie dit ne jamais avoir entendu parler de Pierre Estoup avant sa désignation comme arbitre ? Comment expliquer, alors, cette dédicace à son intention, griffonnée par Tapie en juin 1998, et trouvée dans la bibliothèque de Pierre Estoup : « Votre soutien a changé le cours de mon destin... » ? Or, il se trouve, et les deux autres arbitres l'admettent bien volontiers, que c'est justement Pierre Estoup qui a rédigé la quasi-intégralité de la sentence arbitrale. M. Bredin, a posteriori, qualifie de « partiaux » les avis de M. Estoup, même s'il les a entérinés : « Le comportement de M. Estoup dans ses relations avec

Mᵉ Lantourne et Bernard Tapie n'est pas normal », a-t-il avoué aux juges. Christine Lagarde n'a pas dit autre chose : « Au moment où j'ai pris mes décisions dans l'affaire Tapie, j'ai déjà indiqué que je n'avais aucune raison de douter de l'impartialité de M. Estoup. [...] Aujourd'hui, avec le recul et au vu des éléments que vous me communiquez, il est évident que mon sentiment est différent », a-t-elle concédé aux magistrats de la CJR.

Dès lors que la thèse de l'escroquerie semble privilégiée, aussi bien par les juges que par les principaux intervenants, il faut bien se poser une question : Lagarde, Richard, Scemama et Rocchi n'ont-ils finalement été que de simples jouets, des marionnettes animées et dirigées à distance ? Des lampistes en somme, sacrifiés pour le plus grand bénéfice du duo Sarkozy-Tapie ? Et Nicolas Sarkozy lui-même, pouvait-il seulement se douter que le camp Tapie allait truquer la partie de dés ?

La réponse se niche peut-être au cœur des relations liant ces deux hommes, ces deux loups aux crocs acérés...

« *M. Tapie avait fait état de ce que Bernard Kouchner serait sans doute tenté d'entrer au gouvernement.* »

Et si tout avait commencé le 31 janvier 2007, lors d'une réunion au sommet, extrêmement confidentielle ? Ce jour-là, dans le bureau de Nicolas Sarkozy encore ministre de l'Intérieur, se trouvent Bernard Tapie, Claude Guéant Brice Hortefeux et... Bernard Kouchner. L'ex-*french doctor*, le radical de gauche, plusieurs fois ministre sous des gouvernements socialistes, s'offre, tel un gibier politique, au candidat Sarkozy. C'est Bernard Tapie, lui aussi radical de gauche, qui joue les intermédiaires.

Le deal est clair : si Sarkozy est élu, Kouchner obtiendra le quai d'Orsay, l'acmé de sa carrière politique. À l'époque, Nicolas Sarkozy recrute à tour de bras à gauche. Une stratégie d'ouverture, ou plutôt de débauchage, plutôt efficace. Fondateur de Médecins sans frontières et de Médecins du monde, symbole de l'engagement humanitaire, l'ancien chouchou des sondages constitue, de ce point de vue, à n'en pas douter une prise de choix pour le candidat UMP, apportée sur un plateau par Bernard Tapie. « M. Tapie avait fait état de ce que Bernard Kouchner serait sans doute tenté d'entrer au gouvernement », a confirmé Claude Guéant devant les policiers. Ce même Tapie qui multiplie, lors de cette campagne 2007, les déclarations incendiaires envers Ségolène Royal, et ne cache pas son choix citoyen : l'ancien ministre de François Mitterrand votera pour Nicolas Sarkozy.

Il ne faut pas sous-estimer le poids de Bernard Tapie. Si les jeunes générations ne le connaissent pas forcément très bien, il reste une figure emblématique, un tribun extrêmement efficace, un bateleur apprécié dans les milieux populaires, et ses prises de position peuvent influencer nombre d'électeurs. Du coup, à droite comme à gauche, difficile de le mépriser...

Patrick Ouart, encore lui, a décrit à merveille cette relation ambiguë : « Il vend aux hommes politiques une sorte d'"analyse politique populaire" et comme tous ces gens meurent de peur d'être isolés et d'être coupés des réalités du terrain, ils sont très attentifs à ce qu'il dit. M. Tapie se mêlait de tout, y compris d'être le conseiller politique de Mme Dati... »

Oui, Tapie sait y faire. Un savant mélange de rouerie, de flatteries, de coups de gueule, de déférence, d'irrévérence, d'omniprésence... Il peut être extrêmement chaleureux et sympathique, drôle et prévenant, fascinant et charismatique. Mais du jour où il a barre sur vous, les choses se compliquent. De persuasif il devient insistant, voire intrusif. Bref, on ne s'en défait pas facilement. Avec la réunion du 31 janvier 2007, et l'accord de Bernard Kouchner pour participer à un gouvernement d'ouverture, il tient son levier, pour faire éventuellement pression.

À l'évidence, cela a joué dans l'obtention si aisée de l'arbitrage, quand bien même Nicolas Sarkozy, dont on a dit la méfiance à l'endroit de l'autorité judiciaire, aurait déjà été convaincu de l'intérêt d'y recourir. « Le président de la République a été informé de l'évolution de ce dossier, il n'a pas donné d'instructions particulières », jure Claude Guéant. Bernard Tapie s'est pourtant vanté, bien avant la mise en route du processus, qu'il finirait par récupérer d'importantes sommes. Et puis, il n'a cessé, pour être agréable à Sarkozy, d'intervenir dans le cours de la campagne électorale 2007, au-delà de la « prise » Kouchner.

Les enquêteurs ont trouvé les traces de cet engagement souterrain. En effet, le secrétariat du candidat UMP a conservé les notes adressées à Sarkozy. Étonnant florilège. Le 6 février 2007, c'est Claude, une assistante du ministre de l'Intérieur candidat, qui rédige un mémo : « J'ai eu Bernard Tapie en ligne. À son initiative, un petit déjeuner était prévu vendredi avec Yannick Noah et Basile Boli. » Mais apparemment l'ancien tennisman reconverti avec succès dans la variété et engagé à gauche ne veut pas que cela se sache, d'autant plus qu'au même moment une autre icône « black » du sport français, l'ancien footballeur Lilian Thuram, multiplie les déclarations contre Sarkozy. Tapie, qui joue les rabatteurs et veut amener les votes de la communauté noire à son candidat, a une solution, résumée par la secrétaire du candidat de l'UMP : « Bernard Tapie suggère plutôt que vous privilégiiez un petit déjeuner seul avec Basile Boli, footballeur le plus populaire, qui partage vos convictions, et est tout à fait favorable à cette médiatisation...»

Une fois élu, Nicolas Sarkozy continue de voir très souvent Bernard Tapie. Celui-ci se met en quatre pour l'aider sur le plan politique. En témoigne cette note du 10 octobre 2008, rédigée par Sylvie, l'une des assistantes du chef de l'État : « Bernard Tapie vous informe qu'il participe à l'émission d'Arlette Chabot jeudi soir. Il aimerait faire le point avec vous avant cette émission afin de faire passer au mieux votre message. » Cela a le mérite d'être clair. De son côté, Nicolas Sarkozy s'intéresse au potentiel électoral de Bernard Tapie, on ne sait jamais...

À tel point, d'ailleurs, que son conseiller « opinion » à l'Élysée, Julien Vaulpré, lui fait part, le 15 octobre 2008, d'un sondage sur « l'image de R. Dati et de B. Tapie ».

46 % des Français ont « une bonne opinion » de l'ex-président de l'OM, explique M. Vaulpré, mais seuls « 7 % le voient comme un homme politique ». L'ancien ministre de la Ville (1992-1993) plaît en particulier aux chômeurs et aux ouvriers, de droite comme de gauche. Utile, donc. C'est ce terme, « utile », que reprend, le 7 mai 2009, Catherine, autre secrétaire particulière du président Sarkozy, dans une autre note : « En vue des européennes, et pour vous être utile, M. Bernard Tapie souhaiterait vous rencontrer un quart d'heure. »

Bref, les deux hommes se rendent mutuellement service. Parfois, Tapie n'hésite pas à quémander une petite faveur. Comme ce 12 mai 2010, ainsi que l'écrit la secrétaire de Nicolas Sarkozy : « Bernard Tapie a une petite faveur à vous demander qui ferait énormément plaisir à son épouse. Sa femme a aujourd'hui 60 ans et Bernard Tapie demande si vous pouviez lui souhaiter son anniversaire par téléphone.» Curieux tout de même pour deux hommes qui assurent ne pas entretenir de relations personnelles. D'autant que, c'est un fait établi depuis de longues années, Bernard Tapie ne fait jamais rien au hasard.

«Il a pu être chargé de missions de contacts», reconnaît du bout des lèvres Claude Guéant. En fait, le vibrionnant homme d'affaires est très présent au chevet de la présidence Sarkozy. «Les relations entre M. Tapie et M. Sarkozy faisaient que M. Tapie avait auprès de son entourage et par conséquent auprès de moi-même un accès facile. Je ne refusais pas de le prendre au téléphone», admet M. Guéant.

Donc, Bernard Tapie apporte à Nicolas Sarkozy son réseau, son poids dans l'opinion publique, ses analyses, et surtout une très belle prise de guerre, Bernard Kouchner. En échange, il obtient un accès privilégié à l'Élysée et, estiment les enquêteurs, la mise en œuvre rapide de l'arbitrage. Comme le concède devant les enquêteurs Bernard Tapie à propos de Nicolas Sarkozy, «croire que l'arbitrage peut se faire dans son dos ou sans son accord est idiot», même si le propriétaire de *La Provence* jure ses grands dieux ne pas avoir parlé de cette procédure à l'ex-chef de l'État. «Je respecte un certain nombre de principes», s'amuse même Tapie.

Placé en garde à vue en mai 2014, Claude Guéant n'était pas, au moment où cet ouvrage était imprimé, poursuivi dans cette affaire – François Pérol non plus. Mais la mise en examen à la fin de l'été 2014 de Christine Lagarde – pour simple négligence, rappelons-le – dans la procédure instruite par la CJR fait désormais peser une très pressante menace sur l'ancien secrétaire général de l'Élysée, dans le volet non-ministériel cette fois.

Reste le cas de Nicolas Sarkozy : il n'a été entendu ni par les policiers ni par les juges, qu'il s'agisse de ceux du pôle financier ou des magistrats de la CJR. Il est vrai qu'une bonne partie des faits s'est déroulée durant son mandat, et qu'il bénéficie d'une totale immunité pour les actes non détachables de ses fonctions. Sauf à établir que les faits en cause n'avaient rien à voir avec ses activités de chef de l'État. Mais le 1er juillet 2014, placé en garde à vue dans le dossier Azibert (voir chapitre « Trafic d'influence »), Sarkozy a d'ores et déjà mis en garde la justice, au cas où : « Prenez l'affaire Tapie, dit-il aux policiers. Au moment de l'arbitrage, je suis président de la République. Si l'arbitrage est bon, ou s'il est pas bon, de toute manière, c'est en tant que président de la République que je dois en rendre compte, donc on ne peut pas m'entendre en tant que justiciable normal [...]. Un président de la République ès qualités ne peut pas rendre compte devant un juge d'instruction. »

Autre possibilité pour les enquêteurs : démontrer que Nicolas Sarkozy scella un accord secret avec Bernard Tapie, pour régler le litige opposant son ami au Lyonnais, bien avant son accession à l'Élysée, lorsqu'il était ministre de l'Intérieur (mai 2002-mars 2004 puis juin 2005-mars 2007) et/ou de l'Économie (avril 2004-novembre 2004). Auquel cas se poserait alors la question d'une éventuelle saisine de la CJR...

On le voit, l'implication judiciaire de l'ex-chef de l'État reste incertaine. Mais, pour lui aussi, la mise en examen signifiée par la Cour de justice de la République à son ancienne ministre de l'Économie, dont chacun sait qu'elle lui était dévouée corps et âme, résonne comme un bien mauvais augure.

Dans tous les cas, le statut protecteur dont bénéficient les présidents de la République et l'existence de deux enquêtes judiciaires distinctes n'ont pas empêché le développement d'investigations extrêmement complètes et rigoureuses, dont les conclusions paraissent accablantes. Elles pourraient être synthétisées par l'affirmation des juges Tournaire, Daïeff et Thépaut pour qui cet arbitrage aura été un «simulacre». Les acteurs majeurs du processus sont poursuivis pour «escroquerie en bande organisée» et risquent d'être renvoyés devant le tribunal correctionnel. Au-delà de son statut pénal, la question qui se pose donc, à propos de Nicolas Sarkozy, est d'abord bien celle-ci : savait-il que le tribunal arbitral qu'il appelait de ses vœux allait mettre en œuvre un «simulacre»? Rien, aujourd'hui, ne permet de répondre par l'affirmative. Ni par la négative.

Par ailleurs, très curieusement, de Christine Lagarde à Bernard Tapie en passant par Claude Guéant, personne ne se souvient d'avoir parlé de l'arbitrage avec le président Sarkozy. Il est permis d'en douter. En revanche, il a bien favorisé, fût-ce en toute bonne foi, la mise en œuvre du processus, contraignant ses collaborateurs à aller de l'avant. En écartant la justice ordinaire, et en permettant indirectement au principal bénéficiaire de l'arbitrage, Bernard Tapie, d'obtenir 405 millions d'euros, alors que l'homme d'affaires lui avait rendu service sur le plan politique.

Pas forcément illégal d'un point de vue juridique, mais très contestable, à tout le moins, sur le plan de l'éthique et de la morale.

VI

PRISE ILLÉGALE D'INTÉRÊTS
L'affaire Pérol

Le dossier BPCE (Banques populaires Caisses d'épargne) offre un concentré de la méthode sarkozyste si expéditive. Ou comment, pour de louables raisons, celui qui régnait alors à l'Élysée a imposé, en 2009, son secrétaire général adjoint, François Pérol, à la tête d'un nouveau groupe bancaire, sans se soucier des règles. Ni de la loi ?

En ce samedi 21 février 2009, en plein milieu des vacances scolaires d'hiver, l'Élysée semble presque désert. À 11 h 45 très précisément, au premier étage du palais présidentiel, en face du grand escalier d'honneur, deux hommes impeccablement cravatés s'assoient délicatement sur un superbe canapé aux ornements dorés. Deux banquiers. La porte à double battant du petit salon attenant au bureau de Nicolas Sarkozy est encore fermée.

Philippe Dupont, président de la Banque fédérale des banques populaires (BFBP), et Bernard Comolet, président du directoire de la Caisse nationale des caisses d'épargne (CNCE), se toisent. Il y a de la fusion dans l'air, la crise financière l'exige, leur filiale commune Natixis prend l'eau et supporte trop de risques. Mais qui prendra le dessus sur l'autre, dans cette course au pouvoir ? Les rejoignent Claude Guéant, secrétaire général de l'Élysée, et son adjoint, chargé des affaires économiques et financières, François Pérol. Un personnage, ce Pérol. Brillant, 45 ans. major de l'ENA, inspecteur des Finances, ancien associé gérant chez Rothschild, pour qui il a d'ailleurs, tiens, tiens, supervisé la création de Natixis, en 2006.

Capable de discuter bilans, ratios, acquisitions, de surveiller la scolarité de ses six enfants, tout en échangeant des blagues avec Bernard Tapie. Il a aussi été directeur adjoint du cabinet de Francis Mer puis de Nicolas Sarkozy à Bercy, de 2002 à fin 2004.

Un cerveau.

Un mois plus tôt, dans une salle située à l'entresol de l'Élysée, ce même Pérol avait déjà organisé et animé une réunion sur ce thème qui lui tient tant à cœur : la fusion des deux organismes.

Ce 26 janvier 2009, il s'était même mis en colère, ordonnant à Comolet et Dupont, selon les mots de Xavier Musca, présent ce jour-là lui aussi au titre de directeur du Trésor, de présenter « un projet de fusion crédible » pour « rassurer le marché ». Comolet était paniqué : Natixis détient 60 milliards d'euros d'actifs dits à risque. « Les Caisses d'épargne vont sauter », avait-il balancé. Il faut bouger, oser. Réagir. « Nous étions inquiets de la lenteur avec laquelle avançaient les discussions », s'est rappelé M. Musca. Le message adressé par Pérol est clair : l'État va passer à l'action. Nulle surprise, donc, c'est bien ce qui se passe, un mois plus tard.

Nicolas Sarkozy sort enfin de son bureau, accueille tout le monde. Comme tous les week-ends, l'Élysée fonctionne au ralenti, seul le ballet des huissiers aux lourds colliers protocolaires trouble la quiétude ambiante. Les cinq hommes prennent place autour d'une table. Le Président s'exprime en premier, Pérol à ses côtés. D'abord, la fusion des deux organismes financiers est entérinée. Il manque des liquidités ? « Je sais que vous avez besoin de 5 milliards et on vous les prêtera », assure Nicolas Sarkozy. Qui en vient à l'essentiel, pour tous ces manitous du CAC 40 : la direction exécutive du nouveau groupe, la future BPCE, forte de 115 000 collaborateurs et de 36 millions de clients. « Vous connaissez François Pérol, lâche le Président. Je ne souhaite pas qu'il quitte ses fonctions auprès de moi, il n'est pas candidat, et pourtant, je pense qu'il est le meilleur pour occuper ces fonctions, et que sa candidature mérite d'être considérée très attentivement. »

« Cette annonce était sans appel et m'a été présentée comme une décision. »

Le nouvel organe ainsi créé comprendra en outre quatre administrateurs représentant l'État. Nicolas Sarkozy a tranché. Voilà. Aucune discussion possible. Pas de temps à perdre. « Cette annonce était sans appel et m'a été présentée comme une décision, le Président nous a demandé d'en mettre en œuvre les modalités », se rappelle un Comolet encore sonné. François Pérol a pris l'ascenseur professionnel, sans même le vouloir vraiment, prétendra-t-il plus tard. Peut-être même est-ce vrai.

Mais on ne dit pas non à Nicolas Sarkozy.

« Qui décide ? Sous le quinquennat Sarkozy, la réponse est évidente », s'amusera Alain Minc, le conseiller de tous les instants, interrogé plus tard par la justice. Ce même

Minc qui, si l'on en croit ses déclarations aux juges, avait pourtant déconseillé à Sarkozy de placer Pérol à la tête de BPCE. Réponse à l'époque du maître de l'Élysée : « Je veux montrer mon engagement direct pour sauver cette banque et calmer les inquiétudes. » Tout Sarkozy est résumé dans cette phrase : « engagement », « montrer », « sauver ». Le pire et le meilleur. Au diable les habitudes, les archaïsmes, les textes de loi... L'efficacité doit primer. Et le chef, décider. Car c'est un fait, il faut rassurer le monde de la finance, passablement déboussolé. La CNCE vient d'ailleurs tout juste, à l'automne 2008, de se séparer de son patron emblématique, Charles Milhaud, pourtant proche de Sarkozy. Il a été débarqué en quelques jours, en raison des errements d'un trader maison – 600 millions d'euros de pertes – et d'un oukase présidentiel. Milhaud viré, on lui trouve une mission d'appoint, parce qu'on l'aime bien... L'« engagement » sarkozyste, c'est aussi cette façon de s'impliquer directement, sans fioriture. Et de propulser son bras droit à la tête d'un empire bancaire, quitte à s'asseoir sur les règles régissant le passage dans le secteur privé d'un agent public, lesquelles obligent pourtant le prétendant à laisser passer un délai de trois ans suivant la cessation de ses fonctions publiques.

Quitte à oublier aussi que François Pérol a passé sa vie professionnelle à gérer les tourments de la CNCE, et Dieu sait si ses deux années à l'Élysée l'ont vu s'immiscer dans les affaires mutualistes. Qu'à cela ne tienne, on s'en débrouillera, semble penser Sarkozy. L'intendance suivra, pour reprendre l'expression prêtée – à tort semble-t-il – au général de Gaulle. Il est le décideur, l'architecte suprême.

Sa décision est probablement justifiée, d'un point de vue strictement professionnel. Pérol était peut-être bien l'homme idoine, et d'ailleurs, sa gestion, aujourd'hui, est généralement saluée. Oui mais voilà, on ne peut tout simplement pas, sans respecter quelques procédures, s'imposer – ou plutôt être imposé – comme sauveur providentiel.

Cinq ans plus tard, le 8 février 2014, François Pérol est mis en examen par le juge Roger Le Loire pour « prise illégale d'intérêts ». Présumé innocent, il ne devrait pas échapper à un procès devant le tribunal correctionnel de Paris. Le prix de son ralliement aux méthodes de son mentor, Nicolas Sarkozy.

« Avoir le plus proche collaborateur de NS servira l'intérêt du groupe. »

Mais revenons à ce 21 février 2009, jour de la prise de pouvoir de François Pérol. Dix minutes après les annonces présidentielles, la réunion est terminée, elle se conclut par un bon déjeuner, rue Gay-Lussac, près du domicile du futur patron de ce qui va devenir le deuxième groupe bancaire français. Bernard Comolet se rappelle un « repas convivial », avec un « patron souriant ». Les trois hommes parlent gros chiffres, avenir, départs contraints, mais aussi du sel de la guerre financière : la communication. Comolet est démuni, en ce domaine. Pérol, lui, se félicite d'avoir recours aux services de la patronne d'Image 7, Anne Méaux, la prêtresse de la communication d'entreprise. Dupont, lui, bénéficie des conseils de Stéphane Fouks, le boss d'Euro-RSCG. On n'est rien, dans ces milieux très autorisés, si l'on ne fait pas partie de ces grosses écuries. Sans parler des précieuses recommandations prodiguées à Pérol par Alain Minc, René Ricol, ou Jean-Marie Messier, les amis du Roi.

Pérol est heureux. Mais se pose tout de même quelques questions. L'homme est avisé, prudent. A-t-il le droit de prendre en main le groupe BPCE, qu'il a quasiment créé d'un strict point de vue politique ? L'article 432-13 du Code pénal n'interdit-il pas à un agent public de rejoindre une entreprise privée lorsque ses fonctions l'ont conduit soit à assurer la surveillance ou le contrôle de cette société, soit à proposer des décisions relatives à des opérations réalisées par cette entreprise ? Les enquêteurs trouveront dans le coffre de son bureau, en perquisition, quelques éléments intéressants. Comme ces notes, datées du 22 février 2009 – soit le lendemain du rendez-vous élyséen –, griffonnées d'une écriture quasi indéchiffrable et couchées sur un simple cahier : « Suis-je un fonctionnaire agent public ? », ou encore : « Mes fonctions antérieures ont pu influencer ma nomination. »

Pérol s'interroge. Et il a raison. Car il n'a cessé, ces dernières années, de veiller aux destinées des caisses d'épargne.

D'ailleurs, Charles Milhaud, dès le 23 février 2009, reçoit un mail pour le moins alarmiste. Il émane de son conseil et ami, l'avocat François Sureau, l'avertissant, à propos de l'opération pantouflage de Pérol, qu'il y a « un risque très important ». Bon, Me Sureau se frotte les mains, tout de même, car avec Pérol dans la boucle hiérarchique, les obstacles se lèvent : « Je trouve que c'est une excellente idée, écrit-il, parce que avoir le plus proche collaborateur de NS [Nicolas Sarkozy] servira l'intérêt du groupe, notamment par rapport aux banquiers commerciaux. » Juste un souci : outre le risque de prise illégale d'intérêts, Pérol, insiste Me Sureau, « ne connaît pas la banque de détail ». Mais après tout, n'est-ce pas précisément un… détail ?

Le juge Le Loire, saisi dès avril 2009 d'une plainte avec constitution de partie civile déposée par l'association Anticor, a pu, on le verra plus loin, aisément démonter le système, emblématique à plus d'un titre. Anticor aura eu du mérite, d'ailleurs, car le parquet de Paris, à deux reprises, dira que la mission de François Pérol «a consisté à informer et donner un avis au président de la République».

Il était dans un simple rôle de conseiller, sans pouvoir décisionnaire: le délit n'est pas constitué, circulez, on classe sans suite. Et pour dissuader les éventuels procéduriers, le vice-procureur Jean-Michel Aldebert écrira même cette phrase, adressée à Anticor, en ces temps de reprise en main musclée de la justice: «J'attire votre attention» sur le fait que plusieurs articles de loi prévoient «la sanction des constitutions de partie civile abusives».

En d'autres termes, Anticor est réprimandée pour son activisme citoyen. Et menacée de représailles judiciaires si elle insiste...

Mais Anticor ne se laisse pas faire. L'association dispose d'un atout maître: l'arrêt de la Cour de cassation, obtenu le 9 novembre 2010 par l'avocat William Bourdon, qui permet aux militants anti-corruption d'actionner la justice. Et, finalement, après moult péripéties juridiques, le juge Le Loire hérite du dossier. L'expérimenté magistrat, ancien policier au profil atypique, en a instruit des plus complexes.

Il lui suffit de quelques perquisitions et auditions pour considérer qu'il existe des présomptions graves et concordantes de «prise illégale d'intérêts». Protégé par son immunité présidentielle, Nicolas Sarkozy, lui, ne semble pas pouvoir être poursuivi, car il a manifestement agi dans le cadre de ses fonctions. C'est donc François Pérol qui va payer le prix de l'interventionnisme du souverain.

Les enquêteurs vont s'attacher à documenter deux aspects. D'abord, prouver que la Commission de déontologie, qui aurait dû être saisie, ne l'a pas été formellement. Ensuite, s'il est acquis que ladite Commission aurait dû se prononcer, c'est donc bien qu'il y avait des éléments concrets montrant que Pérol a joué un rôle actif et non simplement consultatif dans la création de BPCE...

Mais d'abord, la saisine de la Commission de déontologie. Un grand moment, digne d'entrer dans la légende de l'administration française, et tellement emblématique de la gouvernance sarkozyste... À sa tête, un haut fonctionnaire, Olivier Fouquet, conseiller d'État.

Pour lui, pas de doute. Interrogé par les policiers le 17 décembre 2013, il assure : « La saisine est obligatoire dans l'hypothèse où il y a un risque de prise illégale d'intérêts […] l'urgence n'est absolument pas un motif qui permet d'exclure la saisine de la Commission. » Tel n'était pas l'avis des hautes autorités sarkozystes, en cet hiver 2009. Il fallait aller vite, toujours plus vite. « J'ai considéré que la saisine de la Commission était facultative, j'ai pris mes responsabilités », dira ainsi Pérol au juge, le 8 février 2014. Reste qu'il fallut « habiller » cette prise de pouvoir. C'est le dévoué Claude Guéant qui s'attela à cette tâche, avec son efficacité coutumière. « L'urgence s'imposait, les assemblées statutaires des banques devaient se réunir quelques jours plus tard », expliquera Guéant au juge Le Loire, en janvier 2014.

Un vendredi soir de février 2009, le secrétaire général de l'Élysée décroche sa ligne sécurisée et contacte directement Olivier Fouquet. « Il me dit que M. Pérol va être nommé à la tête de la BPCE la semaine prochaine, il faut réunir la Commission de déontologie d'ici là », se souvient Fouquet.

Ce dernier est surpris : « M. Guéant ignorait tout du fonctionnement de la Commission, il découvrait la question, n'y comprenait pas grand-chose. » Impossible de réunir les membres de la Commission de déontologie en si peu de temps, les deux hommes s'accordent donc sur un processus : M. Fouquet va rédiger une lettre se contentant de rappeler la jurisprudence en vigueur : « Le lundi soir, M. Guéant m'a rappelé chez moi pour me dire qu'il avait un besoin urgent de la lettre. »

Le mardi matin, le document est porté à l'Élysée. Il n'y a pas grand-chose dans cette lettre, rédigée en pur langage administratif précautionneux. Ne « donnant qu'une opinion personnelle qui n'engage pas la Commission », M. Fouquet se borne à rappeler que « si le secrétaire général adjoint a exercé les fonctions qui lui étaient confiées dans les conditions habituelles d'exercice de leurs fonctions par les membres des cabinets ministériels, la jurisprudence traditionnelle de la Commission lui est applicable ». Bref, c'est prudent, pesé, et on ne peut rien en conclure ! M. Fouquet se croit tiré d'affaire. Las ! Le mardi 24 février 2009, en marge d'une visite en Italie, Sarkozy emprunte l'un de ses chemins de traverse favoris : la Commission de déontologie, à l'en croire, ne voit aucune difficulté juridique dans la nomination de Pérol. « La commission a donné son point de vue, et son point de vue a été communiqué aux deux banques. Il sera rendu public », affirme-t-il, assurant qu'on « verr[ait] bientôt la différence entre une polémique et un problème ». Il ne croyait pas si bien dire.

En janvier 2014, M. Guéant, interrogé par le juge, fera cet aveu : « C'était de sa part [Nicolas Sarkozy] un raccourci. »

Car M. Fouquet n'est pas content, mais alors pas du tout. Ne jamais fâcher un conseiller d'État, surtout en déformant ses avis patiemment élaborés. En pleine présidence d'une session du Conseil d'État, ce mardi après-midi, Fouquet est pris d'assaut par une trentaine de journalistes, qui le bombardent de coups de fil. « Je n'étais pas content, j'ai appelé M. Guéant à l'Élysée, qui m'a dit : "Ne vous inquiétez pas, je vais rectifier le tir." Mercredi matin, à 8 h 30, M. Guéant m'appelle et me dit : "J'ai dit que vous

aviez donné un avis favorable, à titre personnel." J'étais furieux et je lui ai dit : "Vous savez bien que ce n'est pas un avis favorable." Je me suis toujours demandé pourquoi la nomination de M. Pérol était aussi urgente... »
La crise éclate au Conseil d'État.

Emmanuelle Mignon, l'ancienne directrice du cabinet de Nicolas Sarkozy, redevenue simple conseillère d'État pour cause de désaccords prononcés avec la cour sarkozyste, appelle même Fouquet : « J'ai été protester contre la façon honteuse dont M. Guéant vous avait traité », lui dit-elle. Mme Mignon n'a jamais goûté les méthodes expéditives de la Sarkozie. Et particulièrement celles de M. Guéant. La Commission de déontologie implose, elle aussi. Une partie des membres, se souvient Fouquet, « a demandé à ce que nous démissionnions collectivement pour dénoncer l'absence de saisine ». Finalement, seul l'un des hauts fonctionnaires de l'instance, membre de la Cour des comptes, quittera ses fonctions.

Reste une question : pourquoi avoir voulu tordre le bras de la Commission de déontologie ? C'est Fouquet qui a la réponse : saisie officiellement, la Commission aurait évidemment « examiné si M. Pérol était intervenu en fait en exerçant une influence sur la création de la BPCE ». Si tel avait été le cas, son avis aurait été négatif. Pérol serait resté à l'Élysée. Sarkozy aurait été désavoué. Inacceptable à ses yeux.

C'est qu'à force de creuser, le juge Le Loire a pu étayer son argumentation. Ce magistrat, passé par l'antiterrorisme, est du genre curieux, fouineur. Ancien flic de la « Mondaine », bon vivant, parfois sous-estimé – à tort – par certains de ses collègues, il est du genre pragmatique. Et quand il s'implique à fond dans un dossier, il fait la différence. Accessoirement, il ne craint pas de s'attaquer au pouvoir. À tous les pouvoirs. En l'occurrence, il lui faut prouver que François Pérol a été plus qu'un simple donneur d'avis, du printemps 2007 au début de l'année 2009, période durant laquelle il fut détaché au palais présidentiel, avant de prendre les rênes du groupe BPCE, le 26 février 2009. Pour cela, une solution, toute simple. Obtenir les archives de l'époque Sarkozy à l'Élysée.

« *Le fonds d'archives papier de Claude Guéant n'a pas été versé aux Archives nationales et il n'en a pas été trouvé trace dans les locaux de la présidence de la République.* »

Normalement, tout est conservé, stocké aux Archives nationales. Le 2 mai 2013, Roger Le Loire prend sa plume et écrit à Pierre-René Lemas, alors secrétaire général de l'Élysée auprès de François Hollande. Le juge lui réclame tout document intéressant son enquête, de même que les courriers électroniques reçus et envoyés par Claude Guéant et François Pérol.

Le 22 mai 2013, M. Lemas se fait un plaisir de répondre au juge. Et lâche une petite bombe au passage: « Le fonds d'archives papier de Claude Guéant n'a pas été versé aux Archives nationales et il n'en a pas été trouvé trace dans les locaux de la présidence de la République. » Par ailleurs, « les boîtes aux lettres électroniques ont été effacées après le départ des utilisateurs ». Manifestement, la broyeuse a fonctionné, au secrétariat général, certains se sont affranchis des règles édictées par Christian Frémont, le directeur du cabinet de Nicolas Sarkozy. Le 3 avril 2012, ce préfet – décédé en août 2014 –, en prévision de l'alternance politique, avait adressé un courrier à tous les collaborateurs de l'Élysée, rappelant que « l'ensemble des données présentes sur les systèmes d'information sont la propriété de la République ».

Le juge Le Loire n'est pas découragé. Il a d'autres munitions.

Par exemple le registre des visites à l'Élysée.

Charles Milhaud, ancien président des Caisses d'épargne, a ainsi rencontré Pérol à cinq reprises depuis l'été 2007, notamment le 16 janvier et le 9 février 2009. Philippe Dupont, le patron des Banques populaires, s'est pour sa part déplacé treize fois en moins de deux ans pour rencontrer le secrétaire général adjoint. Pas de doute, l'Élysée s'est penché sur l'avenir des caisses d'épargne. Pour autant, le pouvoir n'est-il pas dans son rôle en suscitant des idées, des schémas, en organisant la riposte à la crise financière ? D'autant que, c'est un fait, les deux organismes traînent des pieds. La fusion ne va pas de soi, il y a un besoin de recapitalisation – l'État apportera 5 milliards d'euros dans la corbeille –, des structures opérationnelles à créer, des appétits personnels à contenter...

Pérol, à l'Élysée, ne dispose que de huit fonctionnaires pour gérer une crise financière mondiale. Le 8 avril 2009, devant les policiers, dans le cadre de l'enquête préliminaire qui fut classée sans suite, il aura ces mots, teintés d'amertume : « Je n'avais aucun pouvoir. »

S'est-il donc contenté d'accompagner un processus, d'un pur point de vue politique ? Manifestement, et l'enquête l'établit aujourd'hui, il a été bien plus actif que cela. C'est l'avocat François Sureau – expert ès réseaux, proche des Caisses d'épargne, à la manœuvre dans ce dossier de fusion – qui est le plus précis. « La question de la fusion des deux banques était, pour ce que j'en ai vu, traitée par François Pérol, qui était seul compétent en matière d'affaires économiques et financières [...]. Le principal collaborateur économique du Président en période de crise disposait d'une influence réelle », explique l'avocat.

Cette «influence» est clairement opérationnelle, si l'on se fie aux échanges de courriels saisis par la justice. Ainsi, Mᵉ Sureau, très proche de Charles Milhaud, adresse le 29 mai 2007 ce mail à celui qui est encore président des Caisses d'épargne : «J'ai passé à peu près deux heures avec Pérol [...]. Il faudra que nous allions le voir, je le trouve bien disposé [...] désireux de favoriser une belle opération stratégique.»
Pérol, effectivement, est «bien disposé». Et bien informé. Également très actif. Le 6 octobre 2008, il écrit à Nicolas Sarkozy une lettre intitulée : «Discussions entre Caisses d'épargne et Banques populaires.» «J'ai parlé du projet avec Christian Noyer [gouverneur de la Banque de France] qui pense que ce rapprochement serait une bonne chose», affirme-t-il.

Le 14 octobre 2008, François Pérol adresse une nouvelle note à Nicolas Sarkozy, en prévision de son entretien avec Philippe Dupont : «La fusion doit être l'occasion de renforcer les deux banques [...]. La condition c'est de ne rien cacher sous le tapis [...]. Il faut renforcer le management de l'ensemble.»

Dernier courrier, le 28 octobre 2008, toujours pour Nicolas Sarkozy, avant son rendez-vous avec les nouveaux dirigeants des Caisses d'épargne : «Le rapprochement avec le groupe des Banques populaires doit être la priorité, il faut nettoyer sans états d'âme les comptes des deux groupes [...]. Nous devrons définir avec eux les nouvelles règles de gouvernance.»

Autant dire que le travail en amont a bien été effectué par M. Pérol. Nicolas Sarkozy est incité à agir avec efficacité et célérité. En parallèle, M. Pérol orchestre nombre de séminaires à l'Élysée, toujours sur le sujet BPCE. «J'ai été amené à trois reprises à organiser à l'Élysée des réunions que, bien entendu, j'animais », a convenu le secrétaire général adjoint.

Le principe du changement de gouvernance acquis, encore faut-il dénicher l'oiseau rare capable de piloter le nouvel ensemble.

« Je ne sais pas comment mon nom est arrivé et par qui il a été avancé. C'est au cours d'une conversation avec le président de la République que le sujet a été évoqué avec moi. »

Le 14 octobre 2008, François Pérol se fend d'une note à Nicolas Sarkozy, pour lui indiquer que ses interlocuteurs lui ont proposé la présidence de Natixis. Un parfait cadeau empoisonné. Il refuse, bien sûr. Philippe Dupont voudrait récupérer la présidence du futur établissement BPCE, mais les Caisses d'épargne s'y opposent. Quant à Bernard Comolet, on le verra, il a été barré par Alain Minc. Seule solution, donc : dénicher un nom extérieur, une personnalité qualifiée, hors du contexte houleux. « Je ne sais pas comment mon nom est arrivé et par qui il a été avancé, a dit Pérol aux enquêteurs. C'est au cours d'une conversation avec le président de la République que le sujet a été évoqué avec moi. Je n'étais pas candidat à ces fonctions. » Cela se passe, selon ses souvenirs, peu avant le 21 février 2009.

Clairement, c'est donc Nicolas Sarkozy qui impulse le mouvement, propulse son bras droit. Même si ce dernier manie à merveille la litote devant le juge Le Loire : « Ce n'est pas le président de la République qui me désigne. Il pense que, au fond, je suis le meilleur candidat possible. À l'issue de cette conversation, le président de la République me dit : "Invitez-les à venir me voir." »

En clair, le chef de l'État demande à son secrétaire général adjoint de convoquer MM. Dupont et Comolet pour leur annoncer que leurs candidatures ne seront pas retenues... « J'ai pris cela comme une mission », dixit Pérol. Nicolas Sarkozy est tendu. Selon Pérol, il fait montre d'« exaspération » et d'« inquiétude ».

D'autres noms circulaient, comme ceux de Stéphane Richard, directeur du cabinet de Christine Lagarde à Bercy, ou de Philippe Wahl, ancien dirigeant des Caisses d'épargne. Ils sont récusés. Tout devant être annoncé ou finalisé le 21 février 2009, lors de la réunion tenue en présence de Sarkozy, Pérol écrit encore et toujours au Président. Deux notes, exhumées des Archives nationales, et datées des 19 et 21 février 2009.

Que disent-elles ? « Il est essentiel que dès le 26 février, le futur directeur général prenne la direction exécutive. » Il est aussi question de la « nomination le 25 février d'une personnalité extérieure aux deux groupes à la présidence du directoire de la CNCE »... Le secrétaire général adjoint peut-il encore prétendre sérieusement n'avoir joué qu'un simple rôle consultatif, sans aucun pouvoir ? Difficile à croire. Tout comme Nicolas Sarkozy ne pouvait raisonnablement soutenir qu'il n'y a aucun « problème » juridique, mais juste une « polémique » politicienne.

Et s'il n'y avait que cette gestion de la fusion.

Les échanges de mails saisis par la justice attestent que Pérol s'est aussi intéressé de près à d'autres opérations impliquant la CNCE. Les 25 juin et 23 septembre 2007, on voit déjà apparaître l'éternel banquier d'affaires Jean-Marie Messier dans l'équation. Il adresse une note, dont le destinataire final semble être François Pérol, relative à « un projet de création d'un groupe multimédia autour de CNCE ». Il a rendez-vous le 27 septembre 2007 avec Pérol, « avant de mettre

Nicolas [Sarkozy] dans la boucle», explique-t-il dans un mail envoyé à Charles Milhaud, le patron de CNCE...

Dans l'ombre, deux proches de Nicolas Sarkozy ont aussi joué un rôle non négligeable dans le processus de désignation de François Pérol. Il s'agit de René Ricol, médiateur du crédit, et de l'incontournable Alain Minc, conseiller tous azimuts. Alain Lemaire, directeur général des Caisses d'épargne, se rappelle bien cette époque. « Nous avons su par ce que nous ont soufflé M. Ricol et M. Alain Minc, qui nous avait été présenté par M. Ricol, que le futur dirigeant viendrait de l'extérieur. Deux noms émergeaient nettement : François Pérol et Stéphane Richard. »

Pour Alain Lemaire, le doute n'est guère permis. C'est M. Pérol qui tient la corde. La « coordination était pilotée par l'Élysée [...]. Je me souviens de plusieurs échanges houleux et notamment un où M. Pérol nous a mis la pression en nous disant que nous n'aurions jamais l'accord des pouvoirs publics [...]. On ne pouvait que suivre les orientations qui nous étaient données par l'État ».

Alain Minc joue les intermédiaires. Comme d'habitude. « M. Minc prodiguait ses conseils à M. Nicolas Sarkozy, se souvient Stéphane Richard. M. Minc a toujours été très actif sur toutes les nominations nécessitant un accord de l'État. » Minc et Pérol ont un lien indéfectible : ils appartiennent au corps de l'inspection des Finances. Une sorte de fratrie à travers les âges. Minc, donc, se flatte d'avoir quatre ou cinq fois par semaine Nicolas Sarkozy au téléphone. C'est ainsi qu'il lui conseille de remplacer Charles Milhaud à la tête des Caisses d'épargne, après la perte de trading de l'automne 2008.

Le duo Comolet-Lemaire, sans en avoir une forte envie, va devoir sacrifier au rituel obligatoire, s'il souhaite s'épanouir : rendre visite au conseiller du roi. « Ils étaient venus, se souvient Minc, dans le cadre de leur tournée du système public, à cause de mes liens avec Nicolas Sarkozy. Ils étaient venus avec René Ricol, qui est un ami de trente ans et auquel ils avaient demandé d'ouvrir ma porte. Le but était qu'ils voulaient me prouver qu'ils étaient de bons gestionnaires, et sans doute que je me fasse l'écho de cette "bonne impression" auprès de Nicolas Sarkozy. Opération ratée : j'ai pensé l'inverse. Comolet, je suis sorti convaincu, après sa visite, qu'il n'avait pas le niveau requis pour diriger dans la tourmente un bateau déjà échoué… »

Donc, exit Bernard Comolet, disqualifié par un oukase de l'influent conseiller, Philippe Dupont étant quant à lui écarté pour sa gestion controversée de Natixis. Bernard Comolet n'a pas beaucoup aimé ce rendez-vous chez le faiseur de rois sans doute le plus détesté de la place de Paris – et pas seulement parce qu'il s'est souvent trompé. « M. Minc nous a indiqué que nous serions bien inspirés de nous choisir maintenant un inspecteur des Finances pour nous aider, qu'aujourd'hui on avait certainement encore le choix du nom, mais que dans quelques mois le nom s'imposerait… », a rapporté Comolet. Bref, dans ses souvenirs, Minc a essayé de s'imposer comme l'intermédiaire indispensable pour quiconque entendait briguer quelque responsabilité.

Minc s'inscrit en faux : « Je ne pouvais pas travailler pour eux. J'avais en tête une idée qui n'était pas François Pérol, mais l'ancien président du Crédit commercial de France [CCF], Charles-Henri Filippi […]. J'avais déconseillé à François Pérol de prendre ce poste, je lui avais dit qu'une fois sorti de la crise l'épouvantable système de pouvoir mutualiste essaierait de lui faire la peau. »

Minc a eu tort. Ce n'est pas le système mutualiste qui en veut à François Pérol, aujourd'hui. Mais l'institution judiciaire. Avec de solides arguments. Même si Pérol campe sur ses positions, lorsqu'il est interrogé par le magistrat, en février 2014 : « J'ai pris mes responsabilités. J'ai considéré que la saisine de la Commission [de déontologie] était facultative, ce dont disposait explicitement la loi à l'époque. J'ai accepté de candidater comme on accepte une mission. Les intérêts de l'État ont été protégés et défendus au mieux. Les conseils des deux groupes, qui à l'époque ont choisi de me nommer, ne regrettent – je crois – pas ce choix, puisque le conseil de surveillance du groupe BPCE m'a renouvelé sa confiance en novembre 2012 pour un nouveau mandat de quatre années. »

Le réquisitoire du parquet devait être transmis au juge Le Loire à l'automne 2014. Le magistrat instructeur pourra alors clore son dossier. Et, s'il s'en tient à sa thèse, renvoyer devant le tribunal correctionnel François Pérol pour « prise illégale d'intérêts ». Ce serait alors, aussi, le procès d'une méthode, celle d'un Nicolas Sarkozy exaspéré et avide d'efficacité managériale, mal conseillé aussi, qui aura propulsé son principal conseiller à la tête du deuxième groupe bancaire de l'Hexagone. Au mépris des convenances.

Sans se soucier de la loi.

VII

BLANCHIMENT EN BANDE ORGANISÉE
L'affaire kazakhe

Jusqu'où ira le « Kazakhgate » ? Deux juges soupçonnent l'Élysée de Nicolas Sarkozy d'avoir fait pression sur le Sénat belge pour protéger des affairistes proches du président du Kazakhstan. En échange, la France gagnait le droit de signer d'énormes contrats, rétrocommissions à la clé en faveur du camp sarkozyste ! Inimaginable ? Oui. Et pourtant, tout semble avéré...

Ce mardi 6 octobre 2009 au matin, Nicolas Sarkozy est accueilli avec faste, à l'aéroport d'Astana, par les dignitaires de la jeune république du Kazakhstan. Après un petit détour par son hôtel, le chef de l'État français se rend au palais de son homologue, Noursoultan Nazarbaïev, le satrape local, au pouvoir depuis 1990. Dans cet immense bâtiment tout en dorures à l'architecture « stalino-orientale », les deux hommes échangent sourires complices et poignées de main chaleureuses, trinquent à l'amitié franco-kazakhe... et aux contrats. Car si la visite du président français, la première du genre depuis François Mitterrand en 1993, est un événement pour ce petit pays né sur les décombres de l'ex-URSS, elle n'est pas, côté français, dénuée d'arrière-pensées financières.

Flanqué d'importants chefs d'entreprise français, Nicolas Sarkozy a enfilé l'un de ses costumes préférés, celui de super VRP de l'industrie hexagonale.

Il est vrai que le Kazakhstan a tout d'un eldorado, ses réserves de pétrole, de gaz et d'uranium font de son sous-sol l'un des plus riches territoires du monde. De quoi aiguiser les appétits. Dans le secteur stratégique de l'énergie, ce pays d'Asie centrale assure par exemple 13 % de la production mondiale d'uranium et détient 17 % des réserves planétaires.

Dans un entretien accordé le jour même à la *Kazakhstanskaïa Pravda* – ça ne s'invente pas –, le président français annonce d'ailleurs la couleur : « Le Kazakhstan est pour nous un partenaire majeur dans une région, l'Asie centrale, absolument stratégique pour le monde, un géant avec qui nous voulons développer nos relations dans tous les domaines. »

Interrogé lors de sa visite sur un sujet beaucoup plus épineux, celui des droits de l'homme – plutôt maltraités sous le règne autoritaire de Nazarbaïev –, Nicolas Sarkozy, décoré quelques minutes plus tôt par son hôte de « l'ordre de l'Aigle d'or », évacue le sujet qui fâche : « La meilleure façon de résoudre des problèmes, car il y a des problèmes, et j'en ai parlé au Président, ce n'est pas forcément de venir en donneur de leçons, c'est de venir en ami pour essayer de trouver des solutions. »

Lors de leur tête-à-tête, Nicolas Sarkozy n'a pas seulement « parlé au Président » des diverses atteintes aux libertés imputables au régime d'Astana (la capitale, Alma-Ata a été rebaptisée ainsi par l'indétrônable Nazarbaïev en 1997). Les

deux hommes ont surtout évoqué les marchés que pourraient décrocher Areva, Thales, Alstom, Vinci ou EADS. La conversation porte notamment sur l'éventuel achat par le Kazakhstan de plusieurs dizaines d'hélicoptères au géant européen de l'aéronautique, via sa filiale Eurocopter basée en France (rebaptisée en janvier 2014 Airbus Helicopters, leader mondial dans son domaine), et la création dans la petite République d'une usine d'assemblage. Au menu des discussions également : l'acquisition par Astana de centaines de locomotives fabriquées par Alstom, sans compter un possible contrat sur le nucléaire avec Areva...
Des marchés en or.

Mais pour conclure cette négociation, il semble bien que Noursoultan Nazarbaïev ait proposé à Nicolas Sarkozy un autre marché, incongru, et totalement confidentiel : Astana signera ces contrats si la France parvient à adoucir le sort judiciaire d'un ami du président kazakh, poursuivi par la justice belge. Il s'agit de Pathok Chodiev, milliardaire naturalisé belge en 1997, impliqué dans le scandale Tractebel, une affaire de corruption dans laquelle deux autres oligarques d'origine kazakhe, Alexander Machkevitch et Alijan Ibragimov, sont également mis en cause. Les trois hommes, surnommés « le trio » dans leur pays d'origine, sont à cette date poursuivis pour « blanchiment », « association de malfaiteurs » et « faux en écriture ». D'après les premiers éléments de l'enquête judiciaire en cours, Nicolas Sarkozy aurait alors pris note de la demande de son homologue en lui promettant de se renseigner. Ce genre de marché officieux ne s'ébruite pas, on ne signe rien, et les témoins sont rares.

Sarkozy est loin d'imaginer qu'il lance ainsi le « Kazakhgate », comme le qualifiera *Le Monde* en révélant le scandale, le 7 octobre 2014.

En tout cas, ce 6 octobre 2009, les propos du chef de l'État français paraissent avoir donné toute satisfaction à son homologue kazakh.

« Plus de deux milliards d'euros. »

Car un an plus tard, le mercredi 27 octobre 2010, l'Élysée annonce un heureux événement : la France et le Kazakhstan signent des accords pour « plus de 2 milliards d'euros ». Établis « dans le cadre d'un partenariat stratégique entre les deux pays », les contrats ont été paraphés à l'issue d'un déjeuner de travail entre Nicolas Sarkozy et Noursoultan Nazarbaïev dédié à « l'approfondissement du partenariat stratégique ». La France va notamment fournir au Kazakhstan 295 locomotives électriques : le constructeur ferroviaire français Alstom et son partenaire russe Transmashholding (TMH) chiffrent à 1,3 milliard d'euros le marché conclu avec les chemins de fer kazakhs, Kazakhstan Temir Zholy (KTZ). Paris et Astana ont également passé un « accord d'entente mutuelle pour l'acquisition de 45 hélicoptères EC 145 » auprès d'Eurocopter (filiale d'EADS). Ce seul contrat atteint 300 millions d'euros, indique alors la présidence de la République. Par ailleurs, Astrium, la division espace du groupe européen EADS, a remporté un contrat portant sur la construction d'un centre d'assemblage, d'intégration et de test (AIT) de satellites, à Astana. Le montant de l'accord est selon l'Élysée de 100 millions d'euros. Autres marchés signés en ce jour décidément faste : un accord entre Areva et Kazatomprom relatif à la construction d'une usine d'assemblage de combustible nucléaire au Kazakhstan, ainsi qu'un autre accord entre les gouvernements français et kazakh pour le développement des utilisations pacifiques de l'énergie nucléaire.

Deux ans plus tard, printemps 2012. Alors que le mandat de Nicolas Sarkozy touche à son terme, le parquet de Paris, aiguillé le 4 avril par un signalement de Tracfin, l'organisme antiblanchiment du ministère des Finances, ouvre dans la plus grande discrétion une enquête préliminaire visant un ex-collaborateur du chef de l'État français, Jean-François Étienne des Rosaies. Âgé de 72 ans, cet ancien préfet à la personnalité trouble, qui prétend notamment être passé par les services de renseignement, a été chargé de mission au cabinet de Sarkozy, à l'Élysée, entre 2007 et 2010. À en croire son titre officiel, il était le… « conseiller cheval » du Président. Son sinueux parcours, débuté dans l'ombre de Charles Pasqua, a été décrit en détail par *Libération*, le 14 octobre 2014. Renaud Lecadre expliquait comment, « comme d'autres pasquaïens », Jean-François Étienne des Rosaies s'était mis « au service de la Sarkozie » qui le chargea par exemple « de l'organisation des meetings de la campagne présidentielle 2007 ».

Tracfin a mis au jour des flux financiers suspects sur les comptes de ce curieux personnage – devenu un temps président des haras nationaux et du respectable Institut français du cheval et de l'équitation –, et ce en lien avec Guy Vandenberghe, un ingénieur belge à la retraite.

Les policiers de l'Office central de répression de la grande délinquance financière (OCRGDF) s'aperçoivent que les deux hommes ont la même avocate, inscrite au barreau de Nice, Me Catherine Degoul. Et que cette dernière défend également un richissime homme d'affaires, un certain Pathok Chodiev. On retrouve donc le fameux milliardaire d'origine kazakhe, intime du président Nazarbaïev, qui avait de gros soucis en Belgique…

Mᵉ Degoul est par ailleurs la représentante de plusieurs structures domiciliées sur l'île de Man, un paradis fiscal, notamment la société Interco LLC, à laquelle semble être lié M. Vandenberghe.

Surtout, les investigations menées par les policiers de l'OCRGDF vont permettre d'établir rapidement que les mouvements de fonds douteux détectés par Tracfin sont à rapprocher de la signature de mirifiques contrats commerciaux conclus ces dernières années par la France avec le Kazakhstan.

Et notamment la fourniture par EADS de dizaines d'hélicoptères.

Les policiers découvrent ainsi que, le 17 juin 2011, Alexander Machkevitch, Alijan Ibragimov et Pathok Chodiev, ont bénéficié, après avoir négocié avec le parquet de Bruxelles, d'une transaction pénale entraînant l'abandon des poursuites les visant, en échange du paiement d'une amende colossale de 23 millions d'euros.

Quelques jours plus tard, le 27 juin 2011 précisément, François Fillon, alors Premier ministre, signait avec son homologue kazakh en visite en France, Karim Massimov, divers accords notamment destinés à rendre opérationnels certains contrats, par exemple celui prévoyant l'assemblage au Kazakhstan des hélicoptères d'EADS.

Ce règlement à l'amiable avec la justice belge, qui a sans doute épargné aux trois hommes des peines de prison ferme, a été rendu possible grâce à l'adoption en urgence, par le Sénat belge, en mars 2011, d'une disposition – introduite par le biais d'un amendement déposé in extremis – étendant les possibilités d'extinction de l'action publique moyennant le paiement d'une somme d'argent. Dès l'adoption de la loi, le 14 avril 2011, le Code d'instruction criminelle belge est modifié en ce sens. Pour le plus grand profit du « Trio ».

L'affaire est ébruitée le 3 octobre 2012 par *Le Canard enchaîné*, qui, sans faire allusion à l'enquête judiciaire française, encore confidentielle, révèle que la loi belge pourrait avoir été modifiée sous la pression d'émissaires du président de la République française, lui-même instrumentalisé par le chef d'État du Kazakhstan. L'hebdomadaire précisait même que, dès le 11 juillet 2011, le fameux texte avait été modifié, afin de le rendre plus restrictif, preuve qu'il se serait agi d'une loi de pure opportunité.

« Des observateurs se sont étonnés de la vitesse d'adoption de ce texte. »

En Belgique, l'histoire fait scandale. Dès le 18 octobre 2012, un député, Olivier Maingain, réclame la création d'une commission d'enquête. « Compte tenu de l'importance de cette nouvelle disposition, écrit le président des Fédéralistes démocrates francophones (FDF) à propos de l'amendement suspect, des observateurs se sont étonnés de la vitesse d'adoption de ce texte. [...] En effet, ajoute-t-il, entre le dépôt de l'amendement ayant introduit la transaction pénale étendue dans le projet de loi en Commission des finances de la chambre des représentants, au début du mois de mars 2011, et son adoption par le Sénat, moins d'un mois s'est écoulé. [...] S'ils sont avérés, concluait le député, ces faits portant manipulation du législateur fédéral belge par une autorité étrangère en vue de l'adoption d'une loi, afin de régler un cas particulier, sont d'une gravité exceptionnelle. »

Les investigations policières vont confirmer le rôle central joué dans cette affaire trouble par un homme politique belge de premier plan, le libéral Armand de Decker, alors vice-président du Sénat et avocat. Parmi ses clients : Pathok Chodiev, toujours lui ! L'enquête a fait apparaître que c'est notamment par son intermédiaire que l'Élysée espérait faire pression sur les sénateurs belges, et obtenir le vote de la loi favorable aux intérêts des oligarques kazakhs. De Decker, qui conteste toute irrégularité, a reconnu publiquement avoir rencontré, à Bruxelles, l'avocate française de Chodiev, Mᵉ Degoul, accompagnée du conseiller de Sarkozy, Étienne des Rosaies, et avoir évoqué avec ses deux interlocuteurs le sort judiciaire des trois puissants amis du président Nazarbaïev.

Selon *Le Canard enchaîné*, toute l'affaire a été supervisée, à l'Élysée, par le secrétaire général Claude Guéant et le conseiller diplomatique du Président pour l'Asie centrale, Damien Loras. Ce sont eux qui auraient recommandé à Chodiev les services de l'avocate niçoise. Un autre conseiller de Nicolas Sarkozy aurait fait du lobbying en faveur de l'homme d'affaires : le sénateur (UDI) du Gers Aymeri de Montesquiou. Le marquis Aymeri de Montesquiou-Fezensac d'Artagnan (son patronyme entier), dont nous avions trouvé la trace en janvier 2014 en épluchant les fichiers clients de HSBC Genève – malgré ses dénégations, il était inscrit comme détenteur d'un compte en Suisse –, est notoirement proche du président kazakh.

Suspecté d'avoir perçu des rétrocommissions, via Catherine Degoul, le sénateur a été visé par une série de perquisitions, le 15 octobre 2014. Le lendemain, nous recevant dans son bureau, au Sénat, il reconnaissait être « intervenu auprès des autorités Kazakhes pour aider les entreprises françaises, notamment Airbus qui voulait vendre des hélicoptères. [...] On a fait appel à moi, ajoutait-il, car je connais tout le monde au Kazakhstan depuis vingt ans. Le 12 novembre 2009, le président Sarkozy a d'ailleurs fait de moi son représentant pour l'Asie centrale ». Il a en revanche certifié n'avoir « jamais reçu d'argent de M. Chodiev ni de Mme Degoul ». Mais, dans un sourire crispé, il a ajouté : « Si cela avait été le cas, je ne vous le dirais pas ! »

D'autres personnalités se sont activées en coulisses. Parmi elles, deux députés UMP : Thierry Mariani, président du groupe d'amitié France-Kazakhstan à l'Assemblée nationale, connu pour ses sympathies pro-russes, et l'inévitable Patrick Balkany, l'ami de Nicolas Sarkozy, omniprésent dans ce type d'affaires.

Mais c'est d'abord Jean-François Étienne des Rosaies qui retient plus particulièrement l'attention des policiers.

Les enquêteurs, au fil de leurs investigations déclenchées par la note de Tracfin, ont fini par acquérir la conviction que le marché des hélicoptères, outre des pressions diplomatiques moralement discutables, avait surtout donné lieu, dans la plus parfaite illégalité, au versement de commissions destinées à corrompre intermédiaires belges et décideurs kazakhs, et dont une bonne part serait revenue, sous forme de rétrocommissions, en France.

L'enquête a établi que le compte de Me Degoul avait bénéficié de plusieurs virements importants émanant de Patokh Chodiev, pour un total de 7,5 millions d'euros. L'avocate niçoise aurait reversé une partie de ces fonds à des avocats belges, mais aussi à Armand de Decker et à Jean-François Étienne des Rosaies. Me Degoul a par exemple transféré 306 000 euros sur le compte du préfet des Rosaies le 5 octobre 2011, deux jours après avoir bénéficié d'un important virement provenant de Patokh Chodiev. Au total, à lui seul, le préfet aurait perçu 1 million d'euros. Les enquêteurs cherchent surtout à savoir ce que sont devenus quelque 5 millions d'euros en espèces, redistribués par Mᵉ Degoul à des destinataires restant à identifier.

« Corruption d'agents publics étrangers. »

En toute discrétion, au mois de mars 2013, le parquet de Paris décide donc d'ouvrir une information judiciaire pour « blanchiment en bande organisée », « corruption d'agents publics étrangers », « complicité et recel » de ces délits. Quelques mois plus tard, le dossier, instruit par les juges Roger Le Loire et René Grouman, est transmis au parquet national financier.

Le lundi 8 septembre 2014, à l'aube, les policiers, mandatés par les deux juges financiers, passent à l'offensive. Ils conduisent une opération de grande envergure, multipliant les perquisitions tous azimuts dans un dossier judiciaire qui, bien qu'encore non médiatisé, s'annonce extrêmement sensible. Il met en cause plusieurs membres de la garde rapprochée de Nicolas Sarkozy, lui-même sous la menace des investigations à venir. En effet, simultanément, les enquêteurs se rendent au siège d'Airbus Helicopters, mais aussi au domicile de l'assistante « historique » de Claude Guéant, Nathalie Gonzales-Prado, devenue chef de son cabinet, et chez le préfet Jean-François Étienne des Rosaies. Les policiers perquisitionnent également à l'appartement d'Arlette Henon, une ancienne collaboratrice de M. Étienne des Rosaies, ainsi que, à Nice, au cabinet et au domicile de Mᵉ Catherine Degoul.

Dans la foulée, l'ancien préfet et l'avocate sont placés en garde à vue. Si l'audition de Des Rosaies, en mauvais état de santé, a dû être interrompue, celle de l'avocate a pu se dérouler normalement. Présentée aux magistrats instructeurs, elle a été mise en examen pour « corruption d'agent public étranger » et « blanchiment ». Le même sort a été réservé à Guy Vandenberghe et à un autre intermédiaire, Éric Lambert. Lors de ses auditions, Me Degoul a reconnu que l'achat des hélicoptères avait bien été conditionné à des interventions auprès des autorités belges au profit des trois hommes d'affaires d'origine kazakhe. Elle a également admis avoir perçu plus de 7 millions d'euros de Chodiev, dont une partie aurait été rétrocédée au préfet des Rosaies.

Reste maintenant à savoir jusqu'où remonteront les enquêteurs. Claude Guéant – dont l'ex-assistante Nathalie Gonzalez-Prado a été entendue comme témoin – pourrait également être amené à s'expliquer. Les juges ont dans leur dossier une note a priori très compromettante – dévoilée par la presse belge dès 2012 et dont nous détenons une copie –, adressée le 28 juin 2011 par des Rosaies à Guéant, devenu entre-temps ministre de l'Intérieur.

Tamponné « Très confidentiel », ce courrier, retrouvé dans les archives de l'Élysée, est pour le moins explicite. Son rédacteur rappelle d'emblée la rencontre d'octobre 2009, à Astana, entre Nicolas Sarkozy et Noursoultan Nazarbaïev, « qui sollicitait "l'aide de la France" pour tenter de sauvegarder en Belgique les intérêts judiciaires (et économiques) de "son" principal homme d'affaires : Patokh Chodiev ». Le préfet des Rosaies ajoute que quelques jours plus tôt à Bruxelles, le 17 juin précisément, « notre équipe a remporté toutes les décisions de justice favorables et définitives en faveur de P. Chodiev et de ses associés ». « J'ai donc obtenu, indique-t-il encore, le soutien déterminant de mon cousin germain Armand de Decker qui nous a apporté "l'adhésion" des ministres de la Justice, Finances et Affaires étrangères. Et qui a "engagé" le vote à l'unanimité de son parti libéral pour modifier la 1re loi du nouveau Code civil de justice belge autorisant l'État à "des transactions financières dans des affaires pénales recouvrant notamment les chefs d'inculpation de blanchiment, faux en écriture et association de malfaiteurs". C'est Catherine Degoul qui a été le principal rédacteur de ce nouveau texte de loi à la demande express du ministre de la Justice et du procureur général du Roi. »

Dans sa note d'une troublante imprudence, le préfet des Rosaies indique que le « pilote du dossier » est un autre collaborateur de Nicolas Sarkozy, à la réputation controversée, Damien Loras. Il était conseiller pour les Amériques, la Russie, l'Europe non communautaire, le Caucase et l'Asie centrale à l'Élysée entre 2007 et 2012. « Lorsque D. Loras, "officier traitant" de P. Chodiev, m'a sollicité pour trouver un avocat d'affaires international, j'ai immédiatement suggéré Catherine Degoul (que vous connaissez... déjeuner à l'Élysée) avec laquelle nous avons monté une équipe technique (judiciaire et financière) et politique, en France et Belgique », écrit encore le préfet des Rosaies.

Que la présidence de la République ait pu recommander une avocate à un oligarque suspecté d'activités criminelles paraît à peine croyable. Des câbles diplomatiques américains révélés par WikiLeaks ont notamment mis au jour, selon le quotidien belge *Le Soir* du 22 janvier 2011, les liens unissant Patokh Chodiev, présenté comme « l'une des principales figures du crime organisé kazakh », au « chef mafieux ouzbek Salim Abduvaliev ». Et pourtant, dépêché en urgence sur France Info, le 9 octobre, afin d'éteindre l'incendie déclenché par *Le Monde* révélant deux jours plus tôt le « Kazakhgate », Claude Guéant n'eut d'autre choix que de reconnaître les faits.

Après avoir dénoncé une « pseudo-révélation » et assuré que « rien ne met[ttait] en cause Nicolas Sarkozy », l'ancien numéro 2 de l'Élysée concéda : « Ce qui est vrai c'est que des collaborateurs de l'Élysée ont suggéré à M. Chodiev qui était proche du président du Kazakhstan, le nom d'un avocat susceptible de le défendre avec efficacité. Cet avocat a fait son travail. Et puis c'est tout. » Aux yeux des enquêteurs, c'est déjà beaucoup.

Reste que la note, comportant de nombreuses approximations ou inventions, est à prendre avec prudence. Le préfet Étienne des Rosaies est réputé fantasque. Par exemple, l'allusion à la « 1re loi du nouveau Code civil » est étonnante, puisque c'est le Code d'instruction criminelle qui a été modifié. On imagine mal par ailleurs une avocate française rédiger elle-même un texte de loi belge. Quant au lien familial supposé unir Jean-François Étienne des Rosaies à Armand de Decker, il reste à établir. « Je n'ai pas de cousin en France, c'est absurde. J'ai rencontré ce des Rosaies à Knokke quand j'avais 18 ans. Je l'ai revu l'an dernier avec Catherine Degoul qui voulait que je le rencontre parce qu'il disait me connaître », a ainsi protesté de Decker auprès du journal *Le Vif*, en octobre 2012. « Pour moi, la lettre du 28 juin 2011 est soit un faux, soit un délit commis par des Rosaies. Si elle est authentique, ce des Rosaies s'est sans doute vanté auprès du ministre », déclarait encore l'ancien sénateur à l'hebdomadaire belge.

Le rôle exact joué par Damien Loras, aujourd'hui consul général de France à São Paulo, intrigue également les enquêteurs. Documents à l'appui, Mediapart a dévoilé, le 8 octobre 2014, les liens entre l'ancien conseiller diplomatique de Nicolas Sarkozy et Patokh Chodiev. Les deux hommes se sont notamment vus, en 2009, dans la somptueuse villa que possède l'oligarque au Cap Ferrat, afin de « préparer » la rencontre au sommet Sarkozy-Nazarbaïev. C'est également au mois d'octobre 2014 que les juges Le Loire et Grouman ont sollicité la présidence de la République afin d'obtenir communication des notes diplomatiques rédigées par Damien Loras et Jean-François Étienne des Rosaies, entre 2007 et 2012.

On l'a compris, le Kazakhgate ne manquera pas d'éclabousser Nicolas Sarkozy lui-même. Si l'on peut imaginer qu'il brandira l'immunité présidentielle pour ne pas avoir à faire face aux questions dérangeantes de la justice, cela ne le dispensera pas de répondre à celles de ses concitoyens. Les Français, du moins peut-on le supposer, aimeraient sans doute être certains que de juteux contrats, passés avec un régime autoritaire, et ce après avoir fait pression sur le Sénat d'un pays ami, n'avaient pas pour vocation de dégager des fonds occultes destinés à l'enrichissement illicite de quelques-uns dans l'entourage de Nicolas Sarkozy.

VIII

FAVORITISME
L'affaire des sondages de l'Élysée

Le président Sarkozy a longtemps été l'homme le mieux renseigné de France. Mais un secteur essentiel échappait forcément à ses antennes policières: l'opinion publique. C'est pour cela qu'entre 2007 et 2012, il a fait procéder à des centaines de sondages, tous commandés et payés par l'Élysée. Plus de dix millions d'euros de dépenses suspectées d'être entachées d'illégalité, comme l'affirme un rapport de police que nous révélons. Deux juges enquêtent, et l'ancien chef de l'État est directement visé par leurs investigations...

Ce samedi 26 février 2011, un sale crachin balaye la région parisienne. Nicolas Sarkozy séjourne à la Lanterne, à Versailles, une vaste bâtisse appartenant à l'État, dotée d'une piscine et d'un tennis. Il est en phase avec la météo: plutôt maussade. La veille, sa visite officielle en Turquie s'est mal passée, il a été surpris mâchonnant du chewing-gum à sa descente d'avion. Ses interlocuteurs turcs s'en sont émus. Et puis, deux de ses principaux ministres, Michèle Alliot-Marie, au quai d'Orsay, et Brice Hortefeux, à l'intérieur, accumulent les gaffes. Ils ne sont plus au niveau, selon lui. Enfin, la Tunisie est en pleine révolution, la Libye suit le même chemin. Bref, ça bouillonne de tous côtés, il lui faut reprendre la main. Intervenir, consentir à être interviewé par ces journalistes qui l'énervent tant.

Une réunion est organisée à la Lanterne. Sont présents Claude Guéant, son fidèle secrétaire général, et quelques-uns de ses conseillers les plus loyaux : il y a le publicitaire, Jean-Michel Goudard, le sondeur, Patrick Buisson, le communicant, Franck Louvrier. Et Henri Guaino bien sûr, « conseiller spécial ». Carla Bruni passe une tête. Il n'y a là que des gens de confiance, avec qui on peut se laisser aller.

Cette discussion, on en connaît les menus détails. Grâce, ou plutôt à cause de Patrick Buisson qui, à l'insu de ses amis, a enregistré les propos des uns et des autres.

Révoltant sur la forme, passionnant sur le fond.

On surprend les membres les plus influents de la cour, ceux qui murmurent à l'oreille de Sarkozy, le manipulent en douceur, manœuvrent dans l'espoir d'imposer leurs vues. Pour le bien du souverain, évidemment. Patrick Buisson et Jean-Michel Goudard au premier chef, qui se réjouissent, au retour de la réunion, d'avoir fait triompher leurs idées. À leurs côtés le pro, Franck Louvrier, le taiseux, Claude Guéant, la désinvolte, Carla Bruni, évaporée et naïve. Et Nicolas Sarkozy, trônant au cœur de cette assemblée, tout juste revenu d'un footing sous la pluie, viril, impétueux, sûr de lui, et qui, au sortir de la réunion, décide de congédier Hortefeux et Alliot-Marie.

Exactement ce que souhaitait le duo Goudard-Buisson.

Encore une fois, les deux hommes ont emporté la mise.

Nous avons pris connaissance du verbatim intégral de cette heure et demie de réunion, dont de nombreux éléments ont déjà été révélés par *Le Canard enchaîné*, puis le site Atlantico et enfin *M*, le magazine du *Monde*. Inutile de s'étendre de nouveau sur le détail de ces échanges, dont la divulgation a provoqué de vives contestations. La cour d'appel de Paris a d'ailleurs ordonné à Atlantico, le 3 juillet, le retrait des retranscriptions des enregistrements, jugés illégaux. La justice avait été saisie sur plainte de Nicolas Sarkozy, choqué par le procédé, et peut-être davantage encore par la trahison de l'un des membres de son « premier cercle ».

Rien à voir ici avec le dictaphone-espion du maître d'hôtel des Bettencourt, désireux de prendre sur le fait les vautours qui tentaient de profiter de l'état de santé précaire de sa richissime patronne. Il faut le répéter, la méthode utilisée par Patrick Buisson est révoltante, même s'il est tout aussi évident que les enregistrements controversés permettent d'exposer la mécanique sarkozyste, au nom du droit à l'information.

« *Il y a très peu de personnes dont je puisse dire : si je suis là, c'est grâce à eux. Patrick Buisson est de ceux-là.* »

Ces enregistrements, déloyaux, ont en effet au moins ce mérite : mettre au jour la toute-puissance des conseillers d'opinion jusqu'au cœur du pouvoir. Les hommes politiques sont friands de ces études destinées à ausculter la population, et ce n'est pas nouveau. Cela leur permet d'adapter leur comportement, de coller aux supposés désirs populaires. Mais Nicolas Sarkozy en a fait une consommation effrénée, tant est ancré en lui le sentiment que le peuple a raison et, surtout, qu'il décidera in fine de son sort personnel.

Ils sont quelques-uns à avoir décelé chez lui ce penchant, cette obsession même. Ils en vivent.

Au premier rang d'entre eux donc, Patrick Buisson, 65 ans. Un royaliste, ancien du journal d'extrême droite *Minute*, discret, brillant, manipulateur. Il est le théoricien du virage « à droite toute » du président-candidat Sarkozy, en quête de réélection, en 2012. Cinq ans auparavant, en septembre 2007, après la victoire, le chef de l'État l'a décoré à l'Élysée. Et il a eu cette phrase : « Il y a très peu de personnes dont je puisse dire : si je suis là, c'est grâce à eux. Patrick Buisson est de ceux-là. »

Les deux hommes se sont rapprochés en 2005. Buisson est alors éditorialiste à LCI. Il prédit la victoire du non au référendum sur le traité constitutionnel européen. Sarkozy est impressionné. Buisson « sent » le peuple, la France, devine ses attentes. Surtout si elles sont frappées du sceau du repli sur soi et de l'espérance en un chef absolu. Ils font affaire et Buisson devient indispensable. Surtout après l'arrivée de Sarkozy à l'Élysée, au printemps 2007.

Le 1er juin 2007, le sondeur touche le pactole. Emmanuelle Mignon, la directrice du cabinet de Nicolas Sarkozy, signe un contrat d'une simple page garantissant à la société Publifact, créée en 1988 et représentée par Patrick Buisson, la somme de 10 000 euros hors taxes, pour une « activité de conseils, reporting, commentaires sur l'évolution de l'opinion publique ». Une seconde mission, beaucoup plus lucrative, est prévue : « L'exécution de sondages dont Publifact sera chargé de juger de l'opportunité dans le temps. »

Un chèque en blanc élyséen...

Patrick Buisson, par ailleurs salarié de TF1, dont il perçoit, par exemple, 169 000 euros en 2011, a de quoi s'occuper. En deux ans, il va livrer de nombreuses études au chef de l'État. Et empocher au passage, par l'intermédiaire de sa société, pour ses seuls sondages, 3 000 046,40 euros, selon les calculs des policiers. Soyons juste, il n'est pas le seul à profiter des largesses de l'Élysée. Autre expert ès stratégies politiques, Pierre Giacometti, via sa société Giacometti-Péron, va obtenir 2 568 015,20 euros de la présidence de la République, entre 2008 et 2012, et 665 574 euros pour la seule année 2007.

Après tout, est-ce si choquant ? Un chef d'État n'est-il pas en droit de s'informer de l'évolution de l'opinion publique ? Mais ici, comme dans la dizaine de dossiers judiciaires impliquant Nicolas Sarkozy, on relève un acte d'autorité discutable, réalisé semble-t-il au mépris des lois régissant les finances publiques.

L'Élysée n'avait en effet pas le droit d'agir ainsi, sans mise en concurrence. L'article 29 du Code des marchés publics est sans équivoque : selon la réglementation valable en 2007, les marchés doivent faire l'objet d'une publicité dès lors qu'ils dépassent 4 000 euros hors taxes, et être soumis à un appel d'offres formalisé à partir du moment où ils sont supérieurs à 135 000 euros hors taxes.

C'est manifestement le cas ici. Les montants planchers ont été allègrement dépassés, mais jamais l'Élysée n'a songé à se mettre en conformité avec la loi. Une imprudence qui pourrait coûter cher. Dans un procès-verbal de synthèse du 28 novembre 2012 resté inédit jusqu'ici, les enquêteurs de la brigade de répression de la délinquance économique (BRDE) vont récapituler les dépenses sondagières de l'Élysée. Il apparaît que de 2007 à 2012, neuf cabinets d'études ont été sollicités, au premier rang desquels figurent les sociétés Publifact, Giacometti-Péron et Ipsos, pour un montant global de 10 053 775, 02 euros. Conclusion sans ambiguïté des policiers : « Les commandes

passées et réglées par la présidence de la République l'ont été en dehors de toute procédure prévue par le Code des marchés publics, sur la période de 2007 à 2012. »
L'irrégularité paraît donc avérée aux yeux des enquêteurs spécialisés de la BRDE – même si, naturellement, ce sera à la justice d'apprécier les faits en dernier ressort. Mais il aura fallu beaucoup de temps avant que ce dossier puisse être confié aux policiers. On n'enquête pas si facilement sur le chef de l'État. Surtout quand il s'appelle Nicolas Sarkozy.

« Aucune des possibilités offertes par le Code des marchés publics n'ont été appliquées. »

C'est d'abord la Cour des comptes, benoîtement sollicitée par... Nicolas Sarkozy lui-même, qui va soulever un coin du tapis en auscultant les finances de la présidence de la République. Le 15 juillet 2009, Philippe Séguin, alors premier président de la Cour des comptes (et décédé quelques mois plus tard), adresse un courrier au chef de l'État. Il y est question du contrat signé le 1er juin 2007 avec Publifact. Séguin se montre clair : « Aucune des possibilités offertes par le Code des marchés publics n'ont été appliquées. » Il pointe ensuite « le caractère très succinct de la convention mais également exorbitant au regard de l'exécution de la dépense publique ». Enfin, il relève que sur trente-cinq études diverses facturées à l'Élysée par Publifact en 2008, quinze d'entre elles avaient déjà fait l'objet de publications payantes dans la presse (*Le Figaro* et LCI), via l'institut Opinion Way ! Un soupçon de double facturation, donc...

À l'Élysée, on a mesuré le danger latent. Et on a réagi promptement, en tentant d'anticiper les ennuis. Traditionnellement, la Cour des comptes, avant de rendre publics ses rapports, donne la possibilité aux administrations concernées de se défendre. Bien avant de recevoir la lettre de Philippe Séguin, Nicolas Sarkozy sait donc que l'Élysée a contrevenu aux règles.

Publifact perd illico son activité de sondages.

Un stratagème est défini. Un nouveau contrat est signé le 30 avril 2009 entre la présidence de la République, représentée en l'espèce par le publicitaire Jean-Michel Goudard, et Publifact, qui conserve le droit de « conseiller » le chef de l'État. Les sondages sont en revanche confiés à la société Publi-Opinion, dirigée par… Georges Buisson, le fils de Patrick Buisson ! Le contrat est également signé le 30 avril 2009 par Jean-Michel Goudard. L'Élysée se contente donc de scinder les activités. Le palais présidentiel n'est-il pas en train de « maquiller » une irrégularité, en quelque sorte ?

« Moi, j'ai jamais vu M. Goudard de ma vie, expliquera Georges Buisson au *Monde*, en mars 2014. Ce contrat, je l'ai signé dans le bureau de Patrick Buisson. » Le conseiller Goudard – qui n'a été pour l'instant l'objet d'aucune poursuite – avait-il le droit de signer ces contrats sans mise en concurrence ? Non, estiment les enquêteurs. Avait-il simplement la délégation lui permettant de les parapher ? « Une délégation de quoi ? répondra-t-il, toujours au *Monde*. Vous me parlez un langage que je ne comprends pas. »

De toute façon, à l'Élysée, en ces temps-là, certains se sentent manifestement intouchables. Comme le confiera en février 2013 Pierre Giacometti à notre collègue du *Monde* Emeline Cazi : « Le Président a été très clair, nous a dit Guéant. On reste en gré à gré, c'est de la confiance. »

Une déclaration qui a son importance, car voilà Guéant et Sarkozy faisant officiellement leur apparition dans le système. L'association Anticor va alors prendre le relais de la Cour des comptes. Avec son avocat Jérôme Karsenti, elle dépose une plainte auprès du parquet de Paris. Et là commence un sacré parcours du combattant pour cette petite association qui s'est donné pour mission de combattre la corruption au sein de la classe politique française.

Une gageure.

Anticor s'appuie sur le rapport de la Cour des comptes. Le 10 février 2010, elle passe à l'attaque. Le procureur de Paris, Jean-Claude Marin, hérite de sa plainte pour «favoritisme». Qu'en faire? Embarras parmi les magistrats du parquet. Certains préconisent de dénicher une parade juridique, tant le droit est une matière floue, malléable. Le 25 octobre 2010, le vice-procureur Jean-Michel Aldebert avise Anticor de la décision du parquet de classer sans suite sa plainte. L'argumentation est celle-ci: «À supposer le délit de favoritisme établi, il apparaît que c'est la présidence de la République qui est réputée avoir contracté […]. Or il résulte de l'article 67 de la Constitution que le président de la République bénéficie d'une irresponsabilité pour les actes accomplis en cette qualité durant son mandat.» Conclusion du magistrat: «L'irresponsabilité permanente, absolue et réelle doit s'étendre aux actes effectués au nom de la présidence de la République par ses collaborateurs.» Le raisonnement est limpide: la protection juridique accordée au chef de l'État s'applique aux membres de son cabinet. L'affaire est close, les permanents de l'Élysée peuvent dormir tranquilles, la justice n'ira plus les embêter pour des peccadilles…

Mais Me Karsenti est du genre têtu. La guérilla judiciaire ne fait que commencer. Le 22 novembre 2010, il dépose une nouvelle plainte, cette fois avec constitution de partie civile, histoire de forcer la justice à investiguer.

Un juge d'instruction est désigné. Le 18 janvier 2011, logiquement, le parquet de Paris s'oppose encore une fois à l'ouverture d'une enquête, pour les mêmes motifs. Mais le juge Serge Tournaire, un redoutable fouineur qui n'aime rien tant qu'à se colleter avec les puissants, bientôt épaulé par Roger Le Loire, autre «pointure» du pôle financier, décide de passer outre. Dans une ordonnance datée du 9 mars 2011, il expose son point de vue: «L'immunité doit être interprétée strictement et ne saurait bénéficier de manière automatique aux collaborateurs du chef de l'État [...]. Même en admettant le principe d'une immunité étendue, il ne saurait être affirmé a priori et préalablement à toute mesure d'investigation qu'une décision prise au nom de la présidence de la République, par un collaborateur du chef de l'État, l'a nécessairement été sur ordre ou à la demande de celui-ci.»

Le raisonnement semble cohérent: la loi ne précise pas explicitement que le privilège de juridiction dont bénéficie le président de la République doit s'étendre aux membres de cabinet. Et puis, par définition, comment savoir, sans enquête initiale, si le chef de l'État a joué un rôle dans la prise de décision, et établir ainsi les responsabilités de chacun?

Mais le parquet ne s'avoue pas vaincu. La pression est grande autour de cette affaire. D'autant qu'à l'époque «l'hyperprésident» Sarkozy est toujours au pouvoir, et les procureurs sont plus que jamais hiérarchiquement dépendants du garde des Sceaux. Le ministère de la Justice ne manifeste un grand enthousiasme, c'est une certitude, à l'idée qu'un juge réputé aussi coriace que Serge Tournaire puisse s'immiscer dans les petits secrets de la présidence de la République... Donc, l'ordonnance du juge est frappée d'appel par le parquet de Paris, renvoyant l'affaire devant la chambre de l'instruction.

Le 7 novembre 2011, la juridiction d'appel rend à son tour son arrêt. Son analyse est beaucoup plus nuancée que celle du parquet de Paris.

« *Il apparaît que le contrat litigieux est susceptible d'avoir été signé à la demande ou, à tout le moins, avec l'accord du chef de l'État.* »

Ainsi, la chambre de l'instruction estime que « la protection ainsi définie du chef de l'État ne peut pas s'étendre à l'ensemble des actes et faits commis par les services et personnels de la présidence de la République ».

Donc, l'argument invoqué sur ce point par le parquet ne tient plus.

En revanche, ajoute la cour d'appel, « il apparaît que le contrat litigieux est susceptible d'avoir été signé à la demande ou, à tout le moins, avec l'accord du chef de l'État [...]. L'ouverture d'une information judiciaire aurait pour conséquence de permettre à un juge de réaliser une perquisition au cabinet du président de la République [...]. Ce qui conduirait à porter atteinte au principe constitutionnel de l'inviolabilité du président de la République ».

Les magistrats de la cour d'appel définissent ainsi une doctrine nettement plus élaborée. Certes, il faut enquêter, et l'irresponsabilité pénale dévolue au chef de l'État ne s'applique pas à ses collaborateurs. Mais, en investiguant, un juge pourrait se heurter aux principes constitutionnels, en l'occurrence à la fameuse immunité présidentielle, héritage de la monarchie, et souvent qualifiée d'« impunité présidentielle » par ceux qui en réclament la suppression. Conclusion de la cour d'appel : mieux vaut ne pas saisir un juge d'instruction... Retour à la case départ. Anticor se tâte. Aller plus loin, poursuivre la lutte ? L'association a peu de moyens. Mais elle estime que le combat en vaut la peine. Alors elle se pourvoit en cassation.

Riche idée.

Un an plus tard, le 19 décembre 2012, la Cour de cassation rend un arrêt, qui fait depuis jurisprudence. Comme la cour d'appel, les hauts magistrats soulignent d'abord qu'« aucune disposition constitutionnelle, légale ou conventionnelle ne prévoit l'immunité ou l'irresponsabilité pénale des membres du cabinet du président de la République ». Mais surtout, le conseiller rapporteur Jean-Claude Rognon bat en brèche l'argumentation de la chambre de l'instruction sur l'autre point essentiel : refuser toute enquête a priori au prétexte de l'immunité présidentielle reviendrait à présupposer que « le contrat litigieux était susceptible d'avoir été signé à la demande ou avec l'accord du chef de l'État ». C'était donc « présumer le président de la République complice du délit de favoritisme en méconnaissance de la présomption d'innocence », ajoute le conseiller rapporteur. En d'autres termes, pour innocenter Nicolas Sarkozy, encore faut-il pouvoir enquêter sur ses actes.

Logique.

Presque trois ans de procédure pour enfin lancer des investigations qui semblaient dès le départ aller de soi : que de temps perdu ! Car le doute sur la régularité des contrats signés s'impose. À tel point que les juges Tournaire et Le Loire foncent dans la brèche ouverte par la Cour de cassation. Dès le 18 janvier 2013, ils réclament et obtiennent un réquisitoire supplétif, étendant l'enquête à des faits de « favoritisme, détournement de fonds publics » et « complicité et recel » de ces délits.

Que risque Nicolas Sarkozy dans tout cela ? Est-il possible de le mettre en cause sans se heurter aux principes constitutionnels ? Les enquêteurs se doivent d'être prudents. Ils devinent les proches de l'ex-chef de l'État prêts à en découdre. Surtout, ne pas commettre d'impair. Alors, les juges redoublent de précautions. Ils écrivent à l'Élysée pour obtenir les archives. Il leur faut établir que les sondages ont été ordonnés par Nicolas Sarkozy. Et, dans l'affirmative, vérifier si la commande de ces études est éventuellement détachable de la fonction présidentielle. Pour ce faire, ils doivent au préalable se procurer l'intégralité des sondages contestés.

« Il apparaît que lesdits documents n'ont pas été conservés à la présidence de la République. »

Souci : comme le vérifie un citoyen très engagé, le militant écologiste Raymond Avrillier, membre d'Anticor et lui aussi très attaché à connaître la vérité, il n'est pas si simple de mettre la main sur les fameuses études. Surtout celles qui concernent la fin du quinquennat Sarkozy. En juillet 2012, Bernard Trichet, directeur du personnel de l'Élysée, adresse cette réponse à l'ex-élu à Grenoble, qui a contribué à lancer l'affaire : « Les études n'ont pas été transmises au service financier et ne sont pas en sa possession. » En janvier 2013, c'est Sylvie Hubac, la directrice du cabinet de François Hollande, qui dresse le même constat : « Après consultation du service des archives et des anciens secrétariats des membres du cabinet chargés de ces questions sous le précédent mandat, il apparaît que lesdits documents n'ont pas été conservés à la présidence de la République. »

Les juges procèdent du coup à des perquisitions aux domiciles et bureaux de la famille Buisson, mais se gardent prudemment de toute initiative trop agressive envers le camp Sarkozy. Ils accumulent les pièces, patiemment. Déjà, dans les sondages qu'ils ont pu consulter, ceux des années 2007-2009, il apparaît une tendance nette. Ce n'est pas en tant que telle l'action de la présidence de la République qui est prioritairement disséquée. On y décèle surtout les lubies, voire les obsessions de Nicolas Sarkozy.

Tous les mois, il se renseigne ainsi sur la personnalité politique susceptible d'être son plus redoutable opposant. En septembre 2008, six noms socialistes surgissent, dont ceux de François Hollande ou Manuel Valls. En octobre 2008, cette question est posée aux sondés : « Le meeting de Ségolène Royal au Zénith, vous l'avez vu dans les médias ? Vous ne l'avez pas vu mais vous en avez entendu parler ? » Le 30 avril 2009, le président de la République demande même à Publi-Opinion, la société de Georges Buisson, une étude sur « son comportement concernant sa vie privée ». Comme le notera Mediapart, il cherche également à savoir si « son possible mariage avec Carla Bruni » relève des événements politiques importants. Au programme encore, des enquêtes sur l'affaire Bettencourt, les vacances contestées de Michèle Alliot-Marie en Tunisie, alors ministre des Affaires étrangères, et même la grossesse de Rachida Dati...

Le fait que ce type de sondages puisse émarger au budget de l'Élysée est pour le moins surprenant. L'argent des contribuables n'a pas vocation à être utilisé pour de telles requêtes.

Le débat est d'importance. En effet, si la justice estime que ces enquêtes d'opinion répondent à une initiative personnelle, partisane, de Nicolas Sarkozy, alors, en théorie, celui-ci serait susceptible d'être poursuivi, car les actes litigieux seraient détachables de sa fonction présidentielle. Un début de réponse figure déjà dans le dossier d'instruction. Toujours dans ce fameux procès-verbal dressé par la BRDE dès le 28 novembre 2012. Voici ce qu'écrivent les policiers : « Même s'il n'a pas été réalisé à ce stade un examen exhaustif des libellés figurant sur les listings de factures présents dans le dossier, il ressort cependant qu'effectivement certaines enquêtes d'opinion présentaient plus un caractère partisan qu'étatique. »

Nicolas Sarkozy peut donc s'inquiéter à bon droit. Non seulement les anciens membres de son cabinet présidentiel tels Jean-Michel Goudard ou Emmanuelle Mignon pourraient être mis en cause, mais lui-même risque gros également. L'enquête sur les sondages le vise bel et bien. Et quoique déjà ancienne médiatiquement, l'affaire ne fait sans doute que débuter judiciairement.

IX

CORRUPTION
L'affaire libyenne

L'hypothèse, a priori extravagante, est pourtant prise au sérieux par la justice : Nicolas Sarkozy aurait fait financer sa campagne présidentielle de 2007 par Mouammar Kadhafi... Une accusation gravissime qu'aucun élément probant, pour l'heure, n'est venu conforter judiciairement. Seuls abondent les témoignages, plus ou moins fiables. Néanmoins, l'affaire a d'ores et déjà fait des dégâts, révélant les liens incestueux noués par la Sarkozie avec le dictateur libyen. Elle permet aussi, une nouvelle fois, de mesurer jusqu'où sont prêts à aller Nicolas Sarkozy et ses proches pour s'assurer une relative tranquillité judiciaire...

Lundi 24 juin 2013, en fin d'après-midi. Nicolas Sarkozy est particulièrement agacé. Inquiet, aussi. Les juges ne relâchent pas leur pression, l'ancien chef de l'État, un brin paranoïaque, se devine ou s'imagine des ennemis dans les cabinets d'instruction mais aussi au sein des salles de rédaction parisiennes. Ainsi, un reportage diffusé quatre jours plus tôt, le jeudi 20 juin, dans le cadre de l'émission de

France 2 *Complément d'enquête*, l'a passablement énervé.

Parmi les intervenants interviewés par nos confrères, un certain Moftah Missouri, longtemps interprète de Mouammar Kadhafi. D'un ton assuré, le traducteur déclare : « Kadhafi m'a dit à moi verbalement que la Libye avait versé une vingtaine de millions de dollars » pour la campagne présidentielle de Nicolas Sarkozy, en 2007.

Un nouveau témoignage à charge, invérifiable et imprécis, certes, mais tellement accusateur…

Susceptible surtout d'alourdir le dossier des juges Serge Tournaire et René Grouman, saisis depuis le mois d'avril 2013 d'une information judiciaire visant des faits de « corruption », « blanchiment », « trafic d'influence » et « abus de biens sociaux ».

Alors Sarkozy bout, dans son vaste bureau de la rue de Miromesnil. Il enrage d'autant plus qu'il suspecte le pouvoir socialiste d'instrumentaliser la procédure le visant.

Finalement, il n'y tient plus, et cède à son tempérament.

Le lundi 24 juin 2013, à 18h40, lui, l'ancien président de la République, supposé rester à distance des instances administratives, le voilà qui compose, tel un banal haut fonctionnaire, le numéro de téléphone de Patrick Calvar, le patron de la Direction centrale du renseignement intérieur (DCRI), devenue ensuite Direction générale de la sécurité intérieure (DGSI). Ce Calvar ne fait pas partie de ses fidèles, c'est un grand flic, passé par la Direction générale de la sécurité extérieure (DGSE), taiseux, ombrageux, sans penchant politique connu. En tout cas pas classé à droite, ce qui a d'ailleurs motivé Manuel Valls, à peine nommé ministre de l'Intérieur, pour le placer dès mai 2012 à ce poste stratégique, en remplacement de Bernard Squarcini, jugé trop sarkozyste.

Calvar est surpris, bien sûr. Sarkozy qui l'appelle directement, et lui demande des renseignements sur un traducteur libyen ? Quelle imprudence... Tout est classifié à la DCRI, la moindre divulgation d'information est un délit qui peut conduire en correctionnelle. L'ancien président le pousse à commettre un faux pas.

Le policier s'en tire comme il peut, il gagne du temps. Rien ne permet de penser que tout ceci pourrait laisser des traces. À cette date, le portable de l'ancien président n'est pas encore sous surveillance. Personne ne sait que les juges ont placé sur écoute le téléphone de Michel Gaudin, directeur du cabinet de Sarkozy et, surtout, ancien hiérarque de la police. Il fut notamment directeur général de la police nationale et préfet de police de Paris. Un ponte.

À peine a-t-il raccroché avec Calvar qu'à 18 h 55, ce 24 juin, Sarkozy appelle Gaudin. Il lui raconte sa conversation avec le patron du contre-espionnage.

Des propos fidèlement retranscrits dans les comptes rendus d'interceptions remis aux juges par les policiers qui enquêtent sur l'affaire libyenne.

« En tout cas, moi je suis décidé à le mettre sur la presse si je veux. »

« J'ai eu la personne en question », commence Sarkozy. La « personne », c'est Calvar bien sûr. « Très respectueux mais assez embêté. Je lui ai dit que j'avais des éléments très précis et que je ne me contenterai pas d'un simulacre d'enquête et que je serai obligé de donner à la presse tout ce que j'aurai. » En clair, Nicolas Sarkozy, craignant une manœuvre de la gauche, a mis en garde le patron du contre-espionnage, lui laissant entendre qu'il pourrait, le cas échéant, dénoncer publiquement une éventuelle manipulation politique.

Nicolas Sarkozy répète ensuite mot pour mot au directeur de son cabinet les propos qu'il a tenus à Calvar : « J'ai des éléments très précis, c'est l'individu qui dit qu'il a été en contact avec vos services et qu'il a demandé des papiers et que bien sûr, s'il retrouvait la mémoire, ça serait plus facile. » Un grand classique des intrigues politico-judiciaires : on rend un service de type administratif à un témoin providentiel, et celui-ci se comporte comme on l'attend. Les « services » ont toujours eu recours à ce type de méthodes.

Particulièrement sous la présidence Sarkozy.

Auraient-elles été mises en œuvre pour que Missouri l'accuse sur France 2 ? Nicolas Sarkozy, en tout cas, en est convaincu.

L'ex-chef de l'État répercute à son bras droit la réponse que lui aurait faite Calvar : « Alors il m'a dit : oui j'ai fait une enquête. Ah bon, j'ai dit, une enquête. Donc j'ai dit : c'est pas la première fois qu'un service fait quelque chose sans que le directeur le sache [...]. En tout cas, moi je suis décidé à le mettre sur la presse si je veux. »

Il faut décrypter les propos de Sarkozy, parfois fâché avec la langue française. Et puis, au téléphone, on utilise rarement un langage châtié... « Mettre sur la presse », cela signifie alerter des journalistes, de préférence de confiance, pour faire sortir l'information. Une arme très efficace dont les sarkozystes raffolent.

Ce n'est jamais Nicolas Sarkozy qui intervient directement dans ces cas-là, trop risqué. Il donne les directives, et ses proches s'occupent de la mise en musique : Brice Hortefeux, Michel Gaudin, Claude Guéant, ou encore Me Thierry Herzog, son avocat.

M. Gaudin approuve, évidemment :

– D'accord, ben c'est bien comme ça. Et puis ça sème un peu le trouble et l'inquiétude, c'est parfait.
– J'ai grande confiance en vous, lui dit encore Sarkozy. Donc rappelez-le pour savoir comment il a réagi [...]. Vous lui direz que je prends très au sérieux les choses.
Ce n'est pas une menace, mais on n'en est pas très loin quand même...
Gaudin rappelle donc Calvar, et rend compte dix minutes plus tard à son patron :
– J'ai eu Calvar, là, donc, qui ne sait rien... Alors donc ça sera très intéressant demain de voir avec notre ami Bohn ce qu'il peut nous dire, mais il avait l'air effectivement très embêté, hein.
– Bah oui. Et c'est pas bon signe quand même pour lui de ne pas nous avoir rappelés, note Sarkozy à propos du directeur de la DCRI.
– Oui, bien sûr, c'était pas bon signe, confirme Gaudin, qui ajoute : Bien qu'à sa décharge, je crois qu'il n'était pas à Paris, d'après ce que je comprends, il était en voyage, là, parce qu'il m'a dit, je rentre sur Paris...
– Oui. Mais d'après vous, il ment ? Il ment ou pas ? insiste Nicolas Sarkozy.
– Ah non, non, répond Michel Gaudin. Il me... À mon avis, enfin la façon dont je le connais, je ne pense pas qu'il mente. Ça m'étonnerait. Enfin ceci dit, avec ces gens du renseignement, ils sont habitués mais vraiment lui c'est pas le profil, et puis, compte tenu de nos contacts...
– Mais il, il vous a dit que je n'ai pas été désagréable avec lui ? s'enquiert Nicolas Sarkozy.
– Ah non, non, non, pas du tout, non, non, répond Gaudin.
– Mais il était embêté quand même ? espère Sarkozy.

– Oui, oui, il a... Il m'a confirmé qu'il n'avait eu aucun écho alors c'est là où demain on va voir la... notre ami ce qu'il peut nous dire, voilà.

Les deux hommes ont compris : Calvar n'est pas dans leur camp. Apparemment, il ne rendra pas service à l'ancien chef de l'État. Il faut donc chercher ailleurs. Utiliser le « réseau ». Dans la discussion relatée un peu plus haut, un autre informateur a fait son apparition : l'« ami Bohn ».

Les juges savent déjà de qui il s'agit. L'industriel Philippe Bohn, haut placé chez EADS. Ils ont dans leurs archives sécurisées des retranscriptions d'écoutes téléphoniques où son nom est cité.

Pour bien comprendre son rôle dans l'affaire, il faut revenir au vendredi 21 juin, soit le lendemain de la diffusion du magazine d'investigation de France 2.

Ce jour-là, Michel Gaudin a appelé une relation sûre et ancienne : Jean-Louis Fiamenghi, ex-patron du RAID (Recherche, assistance, intervention, dissuasion) et du SPHP (Service de protection des hautes personnalités), nommé préfet sur ordre de Nicolas Sarkozy, en 2010. La conversation est éclairante. Fiamenghi, en vieux routier, précise d'abord qu'il ne « veut pas parler au téléphone », mais lâche tout de même : « J'ai un ami qui a des trucs intéressants à dire pour la personne qui est à côté de vous. » Allusion transparente à Nicolas Sarkozy, dont le bureau jouxte celui de Gaudin, au 77 de la rue de Miromesnil, où l'ancien président a installé son QG.

« Y a des trucs un peu pointus, je voudrais qu'il passe vous voir », insiste Fiamenghi, qui donne l'identité de son informateur : c'est le mystérieux Philippe Bohn, vice-président d'EADS, « que M. Sarkozy connaît bien ».

Bohn est considéré comme un expert de la Libye, ayant dirigé les activités d'EADS en Afrique et au Moyen-Orient.

Quand il reçut les insignes de chevalier de la Légion d'honneur, le 22 février 2012, il avait d'ailleurs convié plusieurs figures des milieux policiers ou diplomatiques plutôt bien en cour en Sarkozie : Ange Mancini, alors coordonnateur du renseignement à l'Élysée, Bernard Squarcini (qui fut excusé, selon *La Lettre du continent* du 1er mars 2012), mais aussi André Parant, conseiller Afrique du président de la République de 2009 à 2012, ou encore... Jean-Louis Fiamenghi.

Intéressé par les confidences de Fiamenghi, Gaudin se propose donc de caler un rendez-vous avec Sarkozy à 16 heures. Il lâche ensuite une phrase assez énigmatique, trahissant sans doute sa crainte d'être écouté :

– On n'arrive toujours pas à... j'ai pas voulu appeler Faucon, là, parce que j'ai toujours peur...

– Ah merde ! s'exclame Fiamenghi, bon alors attendez, je vous rappelle dans cinq minutes, ça va être réglé.

Un peu plus tard dans la journée, Michel Gaudin laisse un message au secrétariat du directeur central du renseignement intérieur. Ce vendredi 21 juin, Sarkozy n'a pas encore appelé Calvar, seul Gaudin a pris cette initiative.

« Aussitôt le Président a pensé que tout ça pouvait correspondre à un montage pour qu'il raconte n'importe quoi pour avoir des papiers. »

En début de soirée, Patrick Calvar prend donc contact avec Michel Gaudin. « Je vous ai rappelé dans l'après-midi, débute Gaudin, à l'initiative du Président, qui voulait d'ailleurs vous appeler vous-même, enfin le Président, l'ancien Président, M. Sarkozy, euh parce qu'il était assez embêté, il a appris, je ne sais pas trop comment, mais que vos services, enfin je sais pas d'ailleurs si ça vous a été remonté, auraient reçu ce [...] enfin le garçon, là, qui hier, s'est fait enregistrer pour dire qu'il était donc l'interprète de Kadhafi et qui hier a déclaré que Kadhafi lui avait dit avoir donné de l'argent à M. Sarkozy... »

Calvar semble tomber des nues :

– On n'a reçu personne, nous [...]. On l'aurait reçu quand ?

– Il avait été reçu parce qu'il habite en Jordanie semble-t-il et il est à la recherche de papiers, voilà. Et alors évidemment dans l'esprit assez rapide du Président, moi je vous parle totalement, je me..., soyons clairs M. Calvar, moi j'ai toujours eu beaucoup d'estime pour vous, je sais que vous travaillez loyalement pour... La majorité a changé, moi je ne souhaite pas vous mettre en difficulté, c'est pour ça que je..., bafouille Michel Gaudin, au comble de l'embarras.

– Non mais pas de soucis, le rassure Patrick Calvar.

Soulagé, Gaudin se fait plus explicite :

– Non mais parce que aussitôt le Président a pensé que tout ça pouvait correspondre à un montage pour qu'il raconte n'importe quoi pour avoir des papiers quoi, voilà. Alors je ne pense pas que ce soit ça mais...

– En tout cas monsieur le préfet, le coupe M. Calvar, ce que je peux vous dire c'est que depuis que j'ai pris mes fonctions, aucune action n'a été entreprise visant à prendre des contacts avec qui que ce soit sur ce domaine-là.

Gaudin précise, à propos des accusations portées par Missouri :

– Tout ça est complètement bidon comme vous l'imaginez, le garçon en question... alors c'est pour ça que enfin moi j'imagine pas qu'il puisse y avoir des montages quasi officiels mais enfin bon...

En réalité, on l'a vu, c'est exactement ce que son patron suppose !

Le patron de la DCRI, à plusieurs reprises, s'engage à se renseigner :

– Je vais vérifier monsieur le préfet, mais depuis que je suis en fonction on n'a reçu aucun Libyen sur aucun sujet de cette nature […]. Ça va être très simple, dans l'heure qui suit, je fais faire toutes les vérifications monsieur le préfet. »

Trois jours plus tard, le lundi 24 juin dans l'après-midi, Michel Gaudin contacte Nicolas Sarkozy. Il est d'abord question de Philippe Bohn :

– J'ai eu Bohn hein, donc il essaye de passer demain matin parce qu'il a rendez-vous avec notre homme à 11 h 30, mais le problème c'est qu'il a un petit déjeuner avant avec un journaliste pour le même sujet. Mais il passera demain matin, annonce l'ex-directeur général de la Police nationale.

– Oui, c'est un combinard quand même hein, ce type, observe Sarkozy.

– Ah oui, oui, un peu combinard ça c'est sûr, opine le directeur de cabinet, qui ajoute néanmoins : Enfin moi, ce qu'il m'a expliqué c'est qu'il nous est très fidèle […]. D'ailleurs il m'a dit que vous le connaissiez parce que son épouse était […] élue à Neuilly.

Vérification faite, Sylvie Bohn est bien entrée, en 2001, sous les couleurs de l'UDF, au conseil municipal de Neuilly-sur-Seine, fief de Nicolas Sarkozy.

Évoquant Philippe Bohn et le fond des accusations dont il est l'objet, Nicolas Sarkozy, fidèle à ses protestations publiques d'innocence, glisse :

– Enfin, lui ne croit pas à ces fables.

– Ah, pfff, il, il croit, enfin il pense que le gars il veut des papiers, enfin j'ai pas trop parlé quand même…, lui répond M. Gaudin.

– Non mais je parle sur le fond, corrige Sarkozy. Il sait bien qu'il n'y a aucune affaire entre moi et...

Quelques phrases assez instructives, tout de même. Elles semblent être à décharge pour l'ex-président qui, a priori, ne se doute pas à ce moment-là que ses conversations peuvent être captées, et dont on peut supposer que les propos reflètent l'état d'esprit. Sauf bien sûr à supposer qu'il mente à son propre directeur de cabinet...

L'ancien chef de l'État aborde ensuite le « cas Calvar ». Ce dernier n'a pas donné signe de vie. Manifestement, Sarkozy et Gaudin se posent des questions sur sa fiabilité :

– On va voir si l'autre appelle [...]. Parce que c'est quand même... c'est sûr qu'il y a eu quelque chose pour qu'il ne vous rappelle pas lance Nicolas Sarkozy.

– Oui, oui, bien sûr c'est évident, oui. Parce que sinon il aurait appelé, surtout qu'il m'a dit deux ou trois fois : « Je vous rappelle dans l'heure qui suit », confirme Gaudin.

– Bon mais il nous est fidèle lui ? s'inquiète Sarkozy.

– Oh oui, oui, vraiment un garçon très droit qui doit être loyal avec le système mais qui a beaucoup, enfin on l'a beaucoup aidé autrefois...

– Il était très proche de son prédécesseur ?, demande l'ex-président, qui fait allusion à Bernard Squarcini.

– Oui il était assez proche mais c'est pas le même style hein, lui c'était le style DST, c'est pas le style des RG, olé olé hein, répond Gaudin.

C'est donc à ce moment-là que Sarkozy va prendre lui-même les choses en mains, et appeler directement le patron de la DCRI. Mais revenons à Philippe Bohn, et au réseau d'informateurs de la Sarkozie.

Le lendemain, mardi 25 juin, Philippe Bohn téléphone à Michel Gaudin sur son portable. « Est-ce que vous souhaitez que je passe vous faire un petit compte rendu, j'ai

eu une conversation avec la personne ? » demande-t-il.
Le cadre d'EADS se propose même de se rendre rue de Miromesnil séance tenante : « Je vous fais un petit point dans cinq minutes. » Les enquêteurs intercepteront, les mois suivants, d'autres conversations entre Gaudin et Bohn. Ils seront ainsi mis sur la piste d'un certain « Tristan », l'un des informateurs potentiels de Bohn dans la police. Identifié le 15 mai 2014 par Mediapart, cet homme travaillerait à la DCRI.

À la rentrée, le 10 septembre 2013 précisément, Michel Gaudin revient à la charge auprès de Philippe Bohn :

– Je vous dérange trois secondes, là. Vous n'avez rien de nouveau dans nos affaires ? attaque-t-il.

– J'ai rendez-vous pas plus tard que dans un quart d'heure avec l'un des contacts que nous avions évoqués, répond Bohn, qui se propose de venir faire un point dès le lendemain après-midi.

– Vous me rappelez à ce moment-là, et puis si vous pouvez pas passer, on voit, parce que on peut... peut-être..., répond Gaudin, qui, manifestement, craint de plus en plus d'être sous surveillance téléphonique.

Le 13 janvier 2014, Philippe Bohn laisse un message sur le portable de Michel Gaudin : « Oui. Bonjour. C'est Philippe. Philippe Bohn à l'appareil. Je vous appelle pour deux petites choses. D'abord, il se peut qu'il y ait une nouvelle offensive, pas forcément de grande envergure, mais une nouvelle offensive sur le sujet... que nous évoquons régulièrement, un peu sensible... Et j'aurais souhaité pouvoir vous... j'en ai pour trois minutes. Mais il faudrait que je vous dise de vive voix... »

Il y a encore cette conversation surprise, le 1er février, entre Sarkozy et Me Herzog, et qui laisse penser que les deux hommes disposent d'un autre informateur de premier plan. L'ancien président, apparemment mis au courant d'un projet de perquisition de ses bureaux par les juges instruisant sa plainte contre Mediapart, qui a publié un document dont il conteste l'authenticité, demande à son conseil « de prendre contact avec nos amis pour qu'ils soient attentifs ». « Je vais quand même appeler mon correspondant ce matin parce qu'ils sont obligés de passer par lui », répond, sibyllin, Me Herzog.

Ces écoutes, si elles ne permettent en aucun cas de faire avancer l'enquête sur le fond, offrent néanmoins un raccourci saisissant de la méthode Sarkozy, ou comment faire pression sur des hauts fonctionnaires pour obtenir de précieuses informations. Quitte à malmener l'éthique, et à déstabiliser des personnes pourtant réputées solides.

C'est en tout cas le sentiment éprouvé par Patrick Calvar. Sollicité par les juges pour s'expliquer, le 28 mars 2014, Calvar a craint d'y laisser sa place. À tel point qu'il s'est empressé d'informer de sa convocation son ministre de tutelle, en l'occurrence Manuel Valls, qui était encore en fonction place Beauvau. Bien lui en a pris. Convaincu de la loyauté du patron du contre-espionnage, M. Valls lui a maintenu sa confiance, conscient que ce dernier avait surtout été piégé.

« J'ai été contacté par le président Sarkozy me reparlant de cette affaire sur laquelle je n'avais aucune information. »

Christian Flaesch, empêtré dans une histoire similaire, a eu moins de chance. En décembre 2013, le très respecté directeur de la police judiciaire parisienne fut limogé par Manuel Valls après que *Le Monde* eut révélé qu'il avait informé par avance – et par simple courtoisie, se défendit-il – son ancien ministre de tutelle, Brice Hortefeux, qu'il allait être convoqué dans le cadre de l'affaire libyenne. Le patron du mythique 36 quai des Orfèvres, qui avait eu l'imprudence d'annoncer à M. Hortefeux les questions susceptibles de lui être posées, ignorait que ce dernier était placé sur écoute...

Devant les juges, Calvar a donc livré sa version des faits : « Le préfet Gaudin m'a contacté par téléphone, faisant état d'un témoignage télévisé de l'ancien interprète du colonel Kadhafi. J'ai déduit de cette conversation relativement sibylline que la DCRI avait un lien avec ce témoignage. De mémoire, j'ai répondu au préfet Gaudin que j'ignorais tout de cette histoire car je n'avais pas vu moi-même ce reportage télévisé, que je me renseignerais et reviendrais vers lui. De mémoire, quelques jours après, mais je ne saurais pas vous préciser le laps de temps, j'ai été contacté par le président Sarkozy me reparlant de cette affaire sur laquelle je n'avais aucune information, sachant qu'en tout état de cause, même si j'en avais eu, je n'aurais pas répondu étant tenu par le secret-défense. Toujours de mémoire, s'en est suivi un dernier appel du préfet Gaudin s'interrogeant à nouveau sur cette affaire, et je ne lui ai fourni aucune information, que d'ailleurs je n'avais pas [...]. Quoi qu'il en soit, et compte tenu de l'obligation qui pèse sur ma fonction, je n'aurais jamais répondu et je n'ai pas répondu. »

Relancé par les magistrats, qui lui rappellent qu'à plusieurs reprises il avait promis au téléphone à Gaudin qu'il allait se renseigner puis revenir vers lui, Calvar a répondu : « Au moment où j'ai eu cet appel de Michel Gaudin, je ne voyais pas qui était Missouri et je ne savais pas si mes services le connaissaient ou non. »

« Je n'ai jamais eu l'intention de répondre à Michel Gaudin sur l'existence éventuelle de contacts que nous aurions pu avoir avec M. Missouri, engageant ma responsabilité pénale en cas de réponse à cette question, qui entraînait une compromission », a-t-il ajouté. Et le patron de la DCRI de préciser : « Mais, compte tenu de nos relations passées, j'ai opté pour une solution d'esquive, diplomatique, consistant à lui dire que je le rappellerais, ce que je n'ai pas fait. »

« Avez-vous vérifié si, oui ou non, vos services avaient eu des contacts avec M. Missouri, ou à tout le moins s'ils connaissaient M. Missouri ? » ont demandé les juges. « La vérification a été faite. Le résultat est couvert par le secret-défense », a concédé Calvar. Avant de réitérer sa position de principe : « Je considère qu'un service comme le mien doit appliquer strictement les règles qui le régissent, à savoir assurer la protection du secret. Ma conception de mon métier est celle de la fidélité à mon employeur, la République, l'autorité légitime en place. Il était clair, compte tenu de ces principes, que je n'allais pas répondre. Et je n'ai pas répondu. »

« Avez-vous eu l'impression de subir des pressions ? » l'ont questionné les juges. « Non, je suis resté dans la ligne de conduite qui était la mienne depuis le début », a rétorqué Calvar, épargnant sans doute à Sarkozy de nouveaux soucis judiciaires…

L'ancien président s'en est malgré tout attiré d'autres : en effet, c'est en prenant connaissance de ces conversations, au printemps 2013, que MM. Tournaire et Grouman prirent la décision, en septembre, de le placer sur écoute, et qu'ils tombèrent ainsi sur des discussions avec Thierry Herzog laissant suspecter un trafic d'influence à la Cour de cassation.

Mais c'est une autre histoire (voir le chapitre II « Trafic d'influence »)…

On l'a compris, l'affaire libyenne a permis de révéler au grand jour l'existence au cœur de l'État d'un « réseau » chargé de renseigner utilement son ancien chef, qui aspire aussi, ce n'est pas anecdotique, à le redevenir.

Mais quid du fond du dossier ? Là, les choses paraissent beaucoup moins claires. Ce qui frappe d'abord, c'est le nombre impressionnant de témoignages, certes parfois d'une faible fiabilité, allant dans le même sens, à savoir celui d'un financement occulte de la campagne présidentielle de Nicolas Sarkozy, en 2007, par la Jamahiriya libyenne.

Tout est parti d'une interview choc de Saïf el-Islam Kadhafi, l'un des fils du dictateur libyen, le 16 mars 2011. Alors que le régime de son père, arrivé au pouvoir en 1969, vacillait sur ses bases, Saïf el-Islam fit sensation en déclarant à la chaîne Euronews : « Il faut que Sarkozy rende l'argent qu'il a accepté de la Libye pour financer sa campagne électorale. » Certes, la famille Kadhafi, ulcérée de la décision prise par l'État français d'en finir avec le régime du colonel – pourtant reçu avec tous les honneurs à l'Élysée en 2007 –, avait toutes les raisons d'en vouloir à Nicolas Sarkozy.

Mais tout de même, cette spectaculaire sortie était pour le moins intrigante. D'autant que, mais cela, on le sut bien plus tard, la veille, le 15 mars 2011, une journaliste du *Figaro*, Delphine Minoui, recueillit les confidences du dictateur. Ce dernier, dont les propos furent enregistrés, lui confia : « Mon cher ami Sarkozy a un désordre mental. C'est moi qui l'ai fait arriver au pouvoir. Nous lui avons donné le financement nécessaire pour qu'il puisse gagner l'élection [...]. Il est venu me voir alors qu'il était ministre de l'Intérieur. Il m'a demandé un soutien financier. » Des déclarations retentissantes, exhumées par France 3 en... janvier 2014, *Le Figaro* ayant préféré les passer sous silence.

Puis vinrent une série d'articles mis en ligne sur le site Mediapart avec en point d'orgue la publication, le 28 avril 2012 – soit entre les deux tours de l'élection présidentielle qui allait consacrer François Hollande –, d'un document censé prouver l'existence d'un projet de financement occulte. Datée du 10 décembre 2006, la note, rédigée en arabe, évoquait une réunion secrète à laquelle aurait participé le 6 octobre 2006, côté français, Brice Hortefeux. Signé de Moussa Koussa, chef des services de renseignements extérieurs de Kadhafi, le texte évoquait une décision du dictateur de débloquer 50 millions d'euros pour la campagne présidentielle de Nicolas Sarkozy et en transmettait l'instruction à Bachir Saleh, directeur du cabinet du chef d'État libyen.

Là encore, la stupéfaction le disputa à la circonspection. Comme le relata en détail *Le Monde* du 11 décembre 2013, de nombreux doutes entourent ce document, dont l'authenticité a été déniée par les personnes censées l'avoir signé – ce qui ne suffit pas pour autant, bien entendu, à établir sa fausseté.

Alors, vraie ou fausse, cette note si accusatrice ? Répondre à cette question relève de la gageure. Le 26 septembre 2014, le site internet Mediapart produisit certains extraits des conclusions des gendarmes chargés par deux juges, saisis d'une plainte de Nicolas Sarkozy, d'éclaircir cette ténébreuse affaire. Dans un rapport de synthèse du 7 juillet 2014, les enquêteurs, à défaut de l'authentifier formellement, semblaient crédibiliser le document controversé, en ces termes : « De l'avis unanime des personnes consultées, le document publié par Mediapart présente toutes les caractéristiques de forme des pièces produites par le gouvernement libyen de l'époque, au vu de la typographie, de la datation et du style employé. De plus, le fonctionnement institutionnel libyen que suggère le document n'est pas manifestement irréaliste.

Mais d'autres extraits de la procédure, révélés ceux-là par *Vanity Fair*, suggèrent... exactement le contraire ! Par exemple le témoignage de Jean-Luc Sibiude, ancien ambassadeur de France à Tripoli : « Il y a pour moi des incohérences et une grande imprécision dans ce document notamment en ce qui concerne la date de la réunion qui se serait tenue le 6 octobre 2006, alors qu'à ma connaissance M. Hortefeux n'est venu en Libye qu'au mois de décembre 2005. Ça n'enlève rien aux remarques que j'ai faites sur la présentation générale du document qui pour moi a été rédigé par des Libyens. Je pense qu'il peut s'agir d'un vrai faux. »

Reste que les principaux protagonistes étant soit emprisonnés en Libye, soit en exil (comme Bachir Saleh, qui a démenti formellement en novembre 2013, depuis l'Afrique du Sud, dans les colonnes de *Vanity Fair*), et dans tous les cas dépourvus d'objectivité et de crédibilité, il est à craindre que l'on ne sorte jamais d'un très insatisfaisant entre-deux, chacun campant sur ses positions.

Ce qui est certain, en revanche, c'est que MM. Sarkozy et Hortefeux ont nié en bloc, et que la publication du document a rendu l'ancien chef de l'État français absolument fou furieux.

Ce dernier a déposé plainte dès le 30 avril 2012 pour « faux et usage de faux » et obtenu la désignation de deux juges d'instruction. Ceux-ci, René Cros et Emmanuelle Legrand, ont accordé aux journalistes de Mediapart le statut hybride de témoins assistés. Du coup, quatre juges d'instruction, chargés de deux informations judiciaires distinctes, tentent de faire la lumière sur une affaire paradoxalement de plus en plus obscure.

Ce ne sont pas les témoignages à charge qui manquent. Sauf que beaucoup présentent un caractère fantaisiste. Ziad Takieddine est un cas assez emblématique. C'est l'une de ses multiples dépositions devant les juges Renaud Van Ruymbeke et Roger Le Loire, dans le cadre du dossier Karachi, qui convainquit le parquet de Paris d'ouvrir une instruction, au printemps 2013. Intermédiaire favori des balladuriens puis des sarkozystes, Takieddine, lâché par ses anciens protecteurs à la suite de ses déboires judiciaires, a entrepris de se venger.

« M. Guéant était persuadé que je détenais des preuves de ce financement. »

Ainsi, dès le 9 mai 2012, rebondissant opportunément sur la note publiée par Mediapart, il livre un témoignage « spontané » à Renaud Van Ruymbeke : « Je tiens à vous indiquer que je souhaite faire la déclaration suivante : Les informations révélées par la presse au sujet du financement de la campagne de M. Nicolas Sarkozy de 2007 à hauteur de 50 millions d'euros me semblent tout à fait crédibles. Saïf el-Islam Kadhafi, que j'ai rencontré lors de ma dernière visite en Libye le 4 mars 2011, m'a dit, répondant à ma question : "Ce que vous avez déclaré à la télévision au sujet du financement de la campagne de M. Sarkozy en 2007, est-ce vrai ?" Il a répondu que oui. Je lui ai demandé comment cela avait été possible sans que je n'aie été mis au courant alors qu'il savait très bien que j'étais tout le temps entre les deux [Nicolas Sarkozy et Mouammar Kadhafi]. Il m'a expliqué que cela faisait partie des affaires réservées qui ne me concernaient pas. »

Et Ziad Takieddine de raconter ce rocambolesque périple de mars 2011, lorsqu'il convoya un journaliste du *Journal du dimanche* jusqu'à Tripoli pour négocier une interview exclusive du « Guide » libyen.

Or, M. Takieddine avait été interpellé par les douaniers à son retour, à l'aéroport du Bourget, porteur d'une somme de 1,5 million d'euros en espèces. « Je suis convaincu que j'ai [été] l'objet de cette interpellation et d'une fouille corporelle par le fait que M. Guéant était persuadé que je détenais des preuves de ce financement, à savoir les éléments dont Saïf avait fait état dans ses déclarations », assura l'homme d'affaires sur procès-verbal.

Dans le même esprit, il avait confirmé à Mediapart l'authenticité de la fameuse note, le 28 avril 2012, jour de sa publication : « Ce document prouve qu'on est en présence d'une affaire d'État, que ces 50 millions d'euros aient été versés ou non », déclara l'homme d'affaires au site internet. Joint à l'époque par nous-mêmes, M. Takieddine fut encore plus formel, qualifiant la note publiée par Mediapart de « preuve décisive ».

Moins de deux mois plus tard, fidèle à sa réputation, M. Takieddine avait déjà changé radicalement de version. Convoqué par les policiers sur commission rogatoire des juges Cros et Legrand, il maintint certes que la Jamahiriya avait financé Nicolas Sarkozy, mais il contesta formellement la crédibilité du document controversé.

« Sur le fond, assura-t-il, je n'ai jamais assisté à une réunion le 6 octobre 2006 ni à aucune autre date. Je n'ai jamais participé à une réunion lors de laquelle il aurait été convenu un quelconque financement de la campagne électorale de M. Sarkozy. De plus, je tiens à ajouter que jamais la décision de financer la campagne électorale de M. Sarkozy à hauteur de 50 millions n'aurait été prise par une autre personne que le colonel Kadhafi lui-même. Ni Moussa Koussa ni Bachir Saleh n'auraient pu prendre une telle décision. »

Sur la forme, il assura qu'au moins « deux éléments » ne lui paraissaient « pas crédibles » dans le document. « Tout d'abord, expliqua-t-il, la typologie qui est utilisée ne correspond pas à celle habituellement utilisée en Libye. Ainsi, les titres de M. Saleh et de M. Koussa sont écrits dans la bonne typologie mais le contenu de la note n'est pas dans la bonne police de caractère. Enfin, j'ajoute que concernant mon nom, il n'est pas écrit correctement. En Libye mon nom ne s'écrit pas de la façon dont il est écrit dans la note. Ce document est donc pour moi clairement un faux. »

Du Takieddine tout craché. Ainsi, lors de cette même audition du 22 juin 2012, à la question : « Avez-vous des preuves de ce paiement de sommes d'argent de la Libye à destination de la France ? », il répondit : « Personnellement, je n'en ai pas. »

Bref, Ziad Takieddine se livre à son petit jeu préféré : faire miroiter des preuves toujours inaccessibles…

Pour autant, juges comme policiers n'ont d'autre choix que de prendre en compte les déclarations de la girouette Takieddine. Car, aussi bien dans l'affaire de Karachi que dans le dossier libyen, l'homme d'affaires d'origine libanaise est un acteur de premier plan. S'agissant de la Libye, Mediapart, documents inédits à l'appui, a détaillé, à partir de l'été 2011, le rôle d'intermédiaire privilégié entre Paris et Tripoli longtemps dévolu par l'entourage de Nicolas Sarkozy à Ziad Takieddine. La lune de miel franco-libyenne décrétée en 2007, sur fond de juteux contrats, par Nicolas Sarkozy suite à son élection fut orchestrée par son secrétaire général Claude Guéant, dont Ziad Takieddine était en quelque sorte le poisson-pilote au sein de la junte libyenne. Un rapprochement esquissé dès 2005, alors que

Sarkozy était ministre de l'Intérieur et Guéant le directeur de son cabinet.

Le 8 décembre 2010, *Jeune Afrique* résumait: «En France, le dossier libyen est d'abord l'affaire de l'Élysée. Depuis 2008, son secrétaire général, Claude Guéant, s'est rendu quatre fois dans le pays (son dernier voyage remonte à juillet). C'est que, après dix-huit ans de glaciation (conséquence de l'attentat libyen contre le DC-10 de la compagnie UTA en 1989), les relations ont été renouées au plus haut niveau.» «En décembre 2007, ajoutait l'hebdomadaire, Mouammar Kadhafi a été accueilli en grande pompe par Nicolas Sarkozy à Paris après avoir accepté de faire libérer cinq infirmières bulgares et un médecin palestinien.» Une libération, on l'a su depuis, permise notamment par l'intercession de Ziad Takieddine, mandaté par Claude Guéant en personne. L'article soulignait aussi que «côté affaires [...] EADS est à l'offensive sous la houlette de Philippe Bohn»... Tiens, tiens...

Par ailleurs, il est établi que le contre-espionnage, alors dirigé par Bernard Squarcini, joua de toute son influence pour obtenir, entre 2008 et 2011, des titres de séjour en faveur de Moussa Koussa. De la même manière, la DCRI s'activa pour «exfiltrer» en urgence, en avril 2012, Bachir Saleh, alors à Paris, juste après la publication par Mediapart du document contesté. On comprend mieux pourquoi la Sarkozie jugeait le pouvoir capable de manipuler l'ancien interprète de Kadhafi!

Artisan de l'ombre des retrouvailles franco-libyennes, Ziad Takieddine bénéficia des années durant de la confiance totale des sarkozystes, comme il avait obtenu celle des balladuriens – ceci expliquant cela –, une décennie plus tôt. De telle sorte qu'une nouvelle fois Nicolas Sarkozy doit s'en prendre d'abord à lui-même, ou au moins à son entourage le plus proche, s'il se trouve empêtré dans cette histoire. Confier des missions hypersensibles à un personnage aussi sulfureux et incontrôlable que Ziad Takieddine ne relève-t-il pas de l'inconscience ? Question subsidiaire : sous la direction de Nicolas Sarkozy, l'État français n'a-t-il pas été trop loin dans ses relations avec la dictature libyenne ?

« Trois personnes susceptibles de détenir des renseignements sur le financement par la Libye de la campagne présidentielle de Nicolas Sarkozy. »

Une chose est acquise : les soupçons de financement occulte, à défaut d'avoir été étayés de façon convaincante, ont été relayés par de nombreux intervenants. L'examen du contenu de la procédure conduite par les juges Serge Tournaire et René Grouman l'atteste. Mais les magistrats peinent à établir leur niveau de crédibilité. Il en va ainsi de cette femme, ancienne proche du colonel Kadhafi, qui a été autorisée à témoigner « sous X », ce qui signifie que son identité – dont nous avons pu prendre connaissance – ne figure pas dans la procédure. Cette Libyenne dit en effet redouter d'éventuelles représailles.

Le 13 mars 2014, elle révèle aux juges « l'existence de trois personnes susceptibles de détenir des renseignements sur le financement par la Libye de la campagne présidentielle de Nicolas Sarkozy ». Et le témoin anonyme d'évoquer une femme d'affaires de nationalité jordanienne domiciliée à Londres, ainsi que l'ancien ambassadeur de Libye à Paris (entre 1996 et 2000), Ali Treiki.

Ce dernier « n'était plus en France en 2006-2007 mais il est resté très proche du colonel Kadhafi qui le consultait pour les affaires diplomatiques en sa qualité d'expert en matière de politique étrangère », a assuré le témoin-mystère, qui a livré d'autres pistes : « Un autre moyen de transférer de l'argent pourrait être le fonds libyen d'investissement en Afrique. Il s'agit d'un portefeuille créé à la suite de la déclaration de l'Union africaine en 1999 et dirigé par Bachir Saleh, directeur de cabinet du colonel Kadhafi. Ce fonds était doté de 25 milliards de dollars. »

« Enfin, a-t-elle conclu, les fonds auraient également pu être transférés au travers de l'Association nationale pour le pétrole en Libye, qui coopérait notamment avec Total. Cette structure était présidée par Choukri Ghanem qui a été assassiné à Vienne. » Et de livrer le nom d'un Autrichien, partenaire commercial de Choukri Ghanem, susceptible de détenir des informations. Le corps sans vie de l'ancien ministre du Pétrole de Kadhafi (de 2006 à 2011), qui s'était exilé en Autriche, a été découvert dans le Danube, le 29 avril 2012. Une noyade restée à ce jour inexpliquée. Mais, selon nos informations, les juges français détiennent depuis peu ses fichiers informatiques cryptés…

Une semaine après ce témoignage, les juges Tournaire et Grouman en recueillirent un autre, inattendu, puisque émanant d'un journaliste. Auteur d'une enquête très fouillée sur l'affaire libyenne diffusée dans l'émission *Pièces à conviction*, sur France 3 le 29 janvier 2014, Pascal Henry avait décidé d'écrire aux magistrats instructeurs, le 28 février, afin de collaborer aux investigations. « À la suite de cette enquête, je souhaiterais porter à votre connaissance un certain nombre d'éléments qui pourraient, je le pense, éclairer vos investigations. » Devant les juges, le journaliste a donc donné les noms de personnes susceptibles selon lui de faire progresser l'enquête. Notamment celui d'une ressortissante américaine, une certaine Jacky Frazier, supposée proche de la famille Kadhafi. Elle aurait été en contact avec Mohamed Ismael, ancien secrétaire de Saïf el-Islam Kadhafi.

« Jacky Frazier a accepté de poser, par mail, un certain nombre de questions à Mohamed Ismael qui a répondu sans savoir que c'était pour moi », a précisé Pascal Henry.

« Il a indiqué que certains financements politiques étaient passés par Takieddine, par l'intermédiaire de comptes ouverts par Takieddine en Allemagne. Il s'agirait de financements postérieurs à l'élection de Nicolas Sarkozy, entre 2007 et 2011. Je ne crois pas qu'il a donné le nom des banques ; je ne sais pas s'il s'agissait de comptes ouverts au nom de Takieddine ou aux noms de sociétés. Je ne connais pas les montants. En revanche, d'après Mohamed Ismael, c'était bien destiné à Nicolas Sarkozy. Il a également indiqué que les services français connaissaient parfaitement tout ça. J'ai posé la question à Takieddine qui a confirmé les flux financiers par l'Allemagne, mais qui a assuré que c'était pour lui et pas pour un financement politique [...]. J'ai eu cet entretien avec Takieddine en mai 2013, la veille de son incarcération. Je me souviens d'ailleurs avoir vu, avec lui à 9 heures du matin, un personnage que j'avais déjà croisé dans mes enquêtes, M. Noël Dubus. »

Une déclaration qui résume parfaitement le casse-tête dont les juges Tournaire et Grouman sont saisis.

Les accusations sont détaillées, mais aucun élément matériel ne vient les corroborer. Elles entretiennent un sentiment de confusion, aussi, puisque désormais il est question de versements postérieurs à 2007... Sans parler de ces témoins potentiels dont la fiabilité est proche du néant. On a déjà longuement évoqué le cas Takieddine. Mais que dire de ce Noël Dubus, trop bien connu des services de police ? En octobre 2012, il avait été entendu à sa demande par la Division nationale d'investigations financières et fiscales (DNIFF). Selon le résumé de son audition établi par la police, il assura avoir «été chargé par des proches de Bachir Saleh et de Baghdadi al-Mahmoudi [ancien Premier ministre de Kadhafi] de prendre contact avec M. le juge d'instruction Van Ruymbeke car ces derniers auraient des preuves du financement de la campagne électorale 2007 de M. Sarkozy par le régime libyen».

Seul souci, de taille : M. Dubus est un parfait affabulateur.

Impliqué dans des dizaines de procédures (escroqueries, faux et usage de faux, menaces, extorsion de fonds, contrefaçon, appels téléphoniques malveillants...), il se fait passer pour un agent de la DGSE, un conseiller à l'Élysée quand ce n'est pas un officier de police...

« Je n'ai pas relaté d'informations à M. Brisard sur le financement de la campagne de M. Sarkozy. »

Le 8 janvier 2013, la brigade de répression de la délinquance contre la personne (BRDP) concluait à son sujet : «Les différentes investigations menées lors de cette enquête ont permis d'établir que l'ensemble des déclarations de M. Dubus étaient fantaisistes, que les divers documents présentés étaient tous des faux. Notons que des contacts pris avec les divers services de notre administration, il ressort que M. Noël Dubus est un escroc aux renseignements, qui se greffe régulièrement sur les dossiers médiatiques en prétendant pouvoir apporter des éléments permettant de les résoudre.»

Une partie du dossier judiciaire est à l'avenant.

Ainsi, les révélations-rétractations d'un drôle de «consultant en sécurité», Jean-Charles Brisard. Ancien assistant parlementaire du député (UMP) Alain Marsaud, informateur officieux des services secrets français à ses heures, il a déjà été accusé de déformer la réalité... Bref, l'un de ces personnages troubles qui gravitent dans l'univers interlope du renseignement, et dont l'affaire libyenne semble regorger.

Auditionné par la PJ le 25 juin 2012, Jean-Charles Brisard assure avoir recueilli les confidences de... l'ancien neuro-chirurgien de Ziad Takieddine, Didier Grosskopf, qui lui aurait assuré que lors d'une réunion «en Libye à laquelle participaient M. Hortefeux et M. Takieddine, le financement de la campagne de M. Sarkozy par le régime libyen avait été acquis». Soit les faits évoqués par le document produit par Mediapart, sauf que M. Brisard situait la réunion en question le 6 octobre 2005 et non le 6 octobre 2006.

Une bizarrerie de plus.

Sur le fond des accusations, Brisard avoua n'avoir «absolument pas» d'élément concret sur d'éventuelles remises de fonds au profit de Sarkozy. Interrogé deux jours plus tard, Grosskopf démentait de manière véhémente sur procès-verbal: «Je n'ai pas relaté d'informations à M. Brisard sur le financement de la campagne de M. Sarkozy.» Également convoqué par la PJ, l'avocat parisien Me Marcel Ceccaldi, conseil de plusieurs représentants de la Jamahiriya libyenne, aux déclarations souvent déconcertantes, affirma lui que la note était un faux, «le fruit d'une manipulation d'un service étranger désireux de nuire aux intérêts de la France». Conformément à ses déclarations publiques plutôt complexes à décrypter, l'avocat se refusa à confirmer l'existence d'un financement occulte, sans non plus la démentir. «Si le parquet de Paris avait effectué les diligences nécessaires, M. al-Mahmoudi aurait pu confirmer ou infirmer les faits de financement de la campagne de M. Sarkozy en 2007 par le régime libyen », se borna-t-il à déclarer, ajoutant que « M. Kadhafi enregistra[nt] tous les entretiens qu'il avait avec des représentants étrangers, il n'y avait aucune raison de mettre par écrit les décisions qu'il prenait ».

Ces fameux enregistrements, bien réels mais jusqu'ici introuvables, sont la source de nombreux fantasmes, tant ils sont supposés receler de secrets compromettants, comme nous l'avons raconté dans un article publié dans *Le Monde*, le 4 juin 2013, sous le titre : « Les services de renseignement à la recherche des cassettes secrètes de Kadhafi ».

Un autre avocat, Me Slim Ben Othman, se présentant comme le conseil tunisien de l'ancien Premier ministre de Kadhafi, Baghdadi al-Mahmoudi, déclara lui être prêt à témoigner. Le 25 octobre 2011, lors d'une audience devant la cour d'appel de Tunis, il avait relayé les confidences d'al-Mahmoudi qui lui aurait assuré avoir remis « en personne aux envoyés de Sarkozy à Genève une enveloppe de 50 millions d'euros ».

Mais, comme le relate une synthèse de la police en mai 2013, lui aussi, après avoir fait miroiter une piste prometteuse, conduisit à une impasse. Certes, l'avocat, joint par téléphone, « confirmait les propos tenus par son client affirmant que des fonds libyens avaient été retirés en espèces dans une banque de Genève, puis remis le soir même aux émissaires de M. Sarkozy ». Hélas, « après plusieurs contacts téléphoniques, Me Ben Othman précisait que, craignant pour sa vie, il ne souhaitait pas venir en France pour être entendu », déplorent les policiers.

Détenu au secret en Libye, M. al-Mahmoudi a décidément beaucoup d'avocats.

Le 3 mai 2012, Mes Bechir Essid et Mabrouk Kourchid, du barreau de Tunis et se disant eux aussi mandatés par l'ancien Premier ministre, déclarèrent publiquement que Mouammar Kadhafi avait bien versé 50 millions d'euros pour favoriser l'élection de Nicolas Sarkozy. Propos démentis le jour même, depuis Paris, par Me Ceccaldi !

Une telle profusion de témoignages, souvent contradictoires, émanant parfois de purs mythomanes, incite nécessairement à la plus grande prudence. Précisons-le d'emblée : si, comme il le clame, Sarkozy est totalement innocent des faits dont il est publiquement accusé depuis le printemps 2011 et la chute du despote libyen, le scandale est considérable. Car, de toutes les suspicions dont Nicolas Sarkozy est l'objet depuis quelques années, celle-ci est peut-être la plus offensante : imaginez, un ancien chef de l'État français, ayant construit qui plus est sa carrière – au moins médiatiquement – en opposition à un chiraquisme gangréné par les scandales, aurait été « sponsorisé » par l'un des pires tyrans que l'Afrique ait connu...

Dans cette affaire loin d'être élucidée, une certitude : ses développements ont suffisamment inquiété Nicolas Sarkozy pour qu'il s'autorise, une nouvelle fois, à s'affranchir des règles, mobilisant ce « réseau dormant » qui, depuis son départ de l'Élysée en mai 2012, continue de l'informer sur les dossiers les plus sensibles.

Lors de son audition, le 10 octobre 2013, dans le cadre de sa plainte pour « faux, usage de faux et recel » contre Mediapart, Sarkozy eut beau jeu de souligner que s'il avait « la moindre chose à [se] reprocher dans [ses] rapports avec M. Kadhafi », il ne se serait « pas constitué partie civile et n'aurai[t] pas demandé que deux juges enquêtent sur ce document ».

En effet, Sarkozy ne saisit généralement la justice que lorsqu'il se sent parfaitement sûr de lui, comme dans l'affaire Clearstream. Il s'est bien gardé de déposer plainte dans les autres dossiers qui le menacent et où il a parfois été publiquement accusé de faits tout aussi graves.

« Je veux rappeler, ajouta-t-il devant les juges chargés d'instruire sa plainte contre le site internet, que j'ai été l'organisateur et l'animateur de la coalition internationale lors de l'intervention militaire en Libye » et que « l'intervention internationale en Libye, qui a démarré pour protéger Benghazi des folies de ce tyran, a duré dix mois, et si M. Kadhafi, qui était toujours en place durant cette période, avait eu des documents de cette nature, s'agissant d'un virement prétendu de 52 millions d'euros et d'un document de cette nature, on ne comprend pas pourquoi il ne l'aurait pas sorti […]. J'ajoute également que ce document, qui est un faux grossier, fait état d'un virement de 52 millions d'euros, comment serait-il possible que le virement d'une telle somme n'ait laissé aucune trace dans une banque ? » conclut l'ancien président.

Ses proches invoquent parfois un autre argument, qu'il est bien entendu difficile pour l'intéressé d'avancer lui-même : Nicolas Sarkozy étant ami avec quelques-unes des plus grandes fortunes hexagonales (de Vincent Bolloré à Arnaud Lagardère en passant par Serge Dassault ou, bien entendu, Liliane Bettencourt) et même mondiales (les dirigeants du Qatar), s'il avait eu besoin de se procurer discrètement des fonds supplémentaires pour sa campagne, pourquoi aurait-il pris le risque d'aller frapper à la porte d'un tyran, réputé particulièrement incontrôlable qui plus est ?

Alors, où se trouve la vérité ? Le régime de Mouammar Kadhafi a-t-il payé, en 2007, une partie de la campagne présidentielle de Nicolas Sarkozy, ou ce dernier est-il victime d'une manipulation de grande envergure ?

Aujourd'hui, les nombreux enquêteurs qui investiguent sur l'affaire examinent une troisième hypothèse. Elle est évidemment séduisante, car elle permet à la fois d'expliquer le nombre de personnes prêtes à jurer que ce financement occulte a existé, les démentis outragés de Sarkozy et les incohérences manifestes des deux thèses principales.

Le postulat est le suivant : des personnes se disant mandatées par Nicolas Sarkozy auraient, peut-être à l'insu de celui-ci, convaincu le régime de Mouammar Kadhafi de leur confier des fonds destinés à soutenir les ambitions présidentielles de celui qui était alors ministre de l'Intérieur. Le dictateur libyen, qui avait l'habitude de verser des subsides à des dignitaires étrangers, en particulier africains, aurait donné son feu vert, sans se préoccuper des modalités de ces versements. Dans cette hypothèse, l'argent n'aurait pas forcément atterri là où il aurait dû, et aurait pu être conservé par des intermédiaires voire des proches peu scrupuleux de Nicolas Sarkozy.

Si elle était confirmée, cette thèse pourrait innocenter pénalement Nicolas Sarkozy, mais le renverrait une nouvelle fois à sa responsabilité : quand on dirige, on est toujours comptable de son entourage.

X

DÉTOURNEMENT DE FONDS PUBLICS
L'affaire de Karachi

Cette satanée affaire de Karachi, c'est un peu le boulet de Nicolas Sarkozy, quand bien même, jusqu'ici, la justice n'aurait pas réuni d'éléments suffisants pour le mettre en cause pénalement. Mais la menace, représentée notamment par la Cour de justice de la République, demeure. D'autant que bon nombre de proches de l'ex-président sont poursuivis dans ce dossier. Servent-ils de leurres, voire de fusibles ? Ou bien Sarkozy n'a-t-il tout simplement rien à se reprocher ? La vérité pourrait bien se situer entre ces deux extrêmes...

Ça commence à bien faire. Sale automne. Ce jeudi 22 septembre 2011, une nouvelle fois, Nicolas Sarkozy trépigne. Contre les journalistes, qu'il pense voués à sa perte, mais aussi contre cet homme qu'il méprise et redoute à la fois : le juge Renaud Van Ruymbeke. Il se sent traqué, s'interroge. Comment réagir ? En cette rentrée 2011, les révélations, dans le scandale de Karachi, se multiplient. Nicolas

Sarkozy est désormais rattrapé par une sordide affaire de détournement de fonds commis près de vingt ans auparavant, lorsqu'il était ministre du Budget ! La Sarkozie est ébranlée.

L'instruction du volet financier de l'affaire de Karachi, conduite par Renaud Van Ruymbeke et son collègue Roger Le Loire, ne cesse en effet de progresser, et se concentre désormais notamment sur Édouard Balladur, Nicolas Bazire et Thierry Gaubert. Trois intimes du chef de l'État. L'autre aspect, confié au juge antiterroriste Marc Trévidic, concerne les circonstances dans lesquelles onze employés français de la Direction des constructions navales (DCN, rebaptisée depuis DCNS) trouvèrent la mort le 8 mai 2002, lors d'un attentat commis à Karachi, dans le sud du Pakistan. Les victimes travaillaient à l'exécution du contrat Agosta, la livraison de trois sous-marins d'attaque français au régime d'Islamabad. Révélée par le site Mediapart en septembre 2008, l'hypothèse d'un règlement de comptes politico-financier sur fond de commissions non payées, prise au sérieux par la justice, a relancé l'affaire.

Les deux magistrats du pôle financier parisien investiguent donc tous azimuts depuis la fin de l'année 2010 pour savoir si la campagne présidentielle d'Édouard Balladur, en 1995, a pu être financée de manière occulte par des contrats d'armement signés par le gouvernement français entre 1993 et 1995, et, accessoirement, par les fonds secrets de Matignon. À cette époque de cohabitation (François Mitterrand terminait son second mandat à l'Élysée), Édouard Balladur occupait le poste de Premier ministre. Nicolas Sarkozy, lui, détenait le portefeuille du Budget, ministère-clé avec celui de la Défense (confié à François Léotard) pour tout ce qui concerne les marchés d'armement.

Les investigations judiciaires paraissent confirmer, jour après jour, ce qui était devenu une évidence : la campagne Balladur aurait bien été financée illégalement – même si, pour éviter l'écueil de la prescription, les juges requalifieront au terme de leur enquête les faits de « financement illicite de campagne électorale », susceptibles d'être reprochés à Édouard Balladur, en « complicité d'abus de biens sociaux » (les ventes d'armes) et « complicité de détournement de fonds publics » (les fonds spéciaux). Et voici Nicolas Sarkozy sérieusement menacé d'être à son tour éclaboussé par le scandale...

Comment parer à ces accusations, étayées par les découvertes des juges et sans cesse relayées par les médias ? Faire le gros dos en attendant que l'orage passe ? Pas vraiment le genre de la maison. Contre-attaquer fortement ? Voilà qui est plus dans les habitudes de la gouvernance sarkozyste. Le chef de l'État autorise donc son staff à s'exprimer, publiquement. Il va ainsi illustrer, une énième fois, son étonnante aptitude à ouvrir un nouveau front en tentant d'en fermer un premier !

Le jeudi 22 septembre 2011, l'Élysée, fait rarissime s'agissant d'une procédure judiciaire, publie donc un communiqué. Le texte affirme que « le nom du chef de l'État n'apparaît dans aucun des éléments du dossier. Il n'a été cité par aucun témoin ou acteur de ce dossier [...]. À l'époque où il était ministre du Budget, il avait manifesté son hostilité à ce contrat comme cela apparaît dans les pièces de la procédure ».

Quelques lignes d'une stupéfiante maladresse.

D'abord, le fait que le chef de l'État décide de commenter une enquête en cours – dans laquelle il est susceptible d'être mis en cause qui plus est – alors qu'il est institutionnellement garant de l'indépendance de la justice est évidemment très discutable. Surtout, en l'espace de quelques phrases, ce drôle de communiqué réussit l'exploit de commettre ce qu'en tennis on qualifierait de « double faute ». La première, on le verra, est que, contrairement à ce qu'assure le texte, le nom du chef de l'État apparaît très clairement dans le dossier : il est cité à plusieurs reprises dans l'enquête judiciaire, par des protagonistes comme dans une série de documents. Le communiqué se fonde donc sur une affirmation totalement mensongère !

Plus ennuyeux, car pénalement répréhensible, en s'appuyant explicitement sur les « pièces de la procédure » le texte suggère que l'Élysée a eu accès à des éléments couverts par le secret de l'instruction. Cela se fait, couramment, sous Sarkozy comme sous Chirac ou Mitterrand, mais cela ne se dit pas, généralement. Au palais présidentiel, une personne est traditionnellement chargée de surveiller – et éventuellement de déminer – les procédures visant le Président, il s'agit du conseiller justice. En l'occurrence, ce fut d'abord Patrick Ouart (qui avait déjà occupé ce poste à Matignon auprès... d'Édouard Balladur, entre 1993 et 1995), puis, à partir de 2010, Jean-Pierre Picca. Ils ont accès à toutes sortes de documents, dont des procès-verbaux issus des dossiers d'instruction, transmis par les parquets, ou les policiers. Pas forcément très légal, mais tant que cela demeure discret...

Le communiqué résonne donc comme un aveu déconcertant de naïveté, ce qui n'a pas échappé à l'avocat Olivier Morice, conseil de plusieurs familles de victimes de l'attentat de Karachi, parties civiles dans le dossier. Il dépose plainte. Après plusieurs péripéties procédurales, trois juges d'instruction ont finalement été autorisés, en octobre 2013, à enquêter sur une éventuelle « violation du secret de l'instruction » dont Nicolas Sarkozy, à défaut d'en être l'auteur, se serait donc rendu complice.

Il apparaît hautement improbable que Nicolas Sarkozy soit poursuivi dans cette « affaire dans l'affaire ». Outre l'immunité attachée à la fonction présidentielle, le communiqué émanant du service de presse de l'Élysée, c'est sans doute d'abord à Franck Louvrier, alors responsable de la communication élyséenne, qu'il reviendra de s'expliquer. Qu'importe, l'enquête fait peser un nouveau soupçon sur Nicolas Sarkozy, dont ce dernier aurait aisément pu se passer...

L'empressement de son entourage à le dédouaner traduit aussi la fébrilité de l'ancien ministre du Budget dans cette histoire. Elle était déjà apparue au grand jour en juin 2009, lorsqu'il crut bon, depuis Bruxelles, de qualifier publiquement de « fable » l'existence de rétrocommissions – aujourd'hui avérée –, démentant ainsi le juge antiterroriste Marc Trévidic qui la jugeait crédible.

Lors de cette même surréaliste conférence de presse, il ironisa sur les familles des victimes. Pris d'un début de fou rire, il lâcha : « Non, pardon, hein, je ris pas du tout, parce que Karachi, c'est la douleur de familles et de trucs comme ça. »

Là encore, quelle maladresse.

Cette saillie valut au chef de l'État de se mettre définitivement à dos les blessés et les familles des victimes de l'attentat de Karachi, atteints dans leur dignité, et qui ne manqueront aucune occasion les années suivantes de faire payer à Nicolas Sarkozy son ahurissante sortie de route.

Cette inimitable inclination à se créer d'irréductibles ennemis est une spécificité très sarkozyste. Chez les magistrats, notamment. Renaud Van Ruymbeke, par exemple. Ce juge d'instruction, c'est de notoriété publique, est dans le collimateur de l'ancien président de la République. Dans *Sarko m'a tuer*, le magistrat financier expliquait longuement la genèse de cette hostilité. En poursuivant de sa vindicte Renaud Van Ruymbeke tout au long de son quinquennat, Nicolas Sarkozy a assurément commis une nouvelle erreur.

Mieux vaut éviter de blesser l'amour-propre d'un juge d'instruction. Surtout s'il est compétent.

« L'audition du ministre du Budget [...] n'a pu être réalisée, celui-ci relevant du statut de témoin assisté et donc de la compétence de la Cour de justice de la République. »

Renaud Van Ruymbeke a fait payer à son contempteur numéro un son agressivité, à la toute fin de son instruction sur les ventes d'armes controversées. En effet, alors que l'enquête n'a pas permis de réunir d'« indices graves et concordants » justifiant la mise en examen (et donc le renvoi devant la Cour de justice de la République) de Nicolas Sarkozy, ce dernier, contrairement à ce qu'il espérait, n'a pas pour autant été mis définitivement hors de cause.

Dans leur ordonnance de renvoi devant le tribunal correctionnel, signée le 12 juin 2014, Renaud Van Ruymbeke et son collègue Roger Le Loire indiquent en effet, s'agissant de Nicolas Sarkozy, que son cas relève, comme ceux de MM. Balladur et Léotard (susceptibles, eux, d'être mis en examen pour « complicité d'abus de biens sociaux » et « complicité de détournement de fonds publics »), de la Cour de justice de la République (CJR), seule compétente pour enquêter et juger sur des faits concernant des ministres.

En effet, les deux juges estiment que Nicolas Sarkozy devrait être entendu en qualité de témoin assisté. « L'audition du ministre du Budget, dont les collaborateurs ont été entendus sur les conditions dans lesquelles des décisions avaient été prises à l'encontre de la position de la Direction du budget qui avait exprimé ses réticences, et avaient permis l'apposition du visa du contrôleur financier, n'a pu être réalisée, celui-ci relevant du statut de témoin assisté et donc de la compétence de la Cour de justice de la République», écrivent les juges en conclusion de leur ordonnance. Témoin assisté, c'est un statut particulier, à mi-chemin entre témoin simple et mis en examen. Il s'applique en fait à une personne, physique ou morale, contre laquelle la justice a réuni des indices de la commission d'une infraction, mais ces indices ne sont ni «graves» ni «concordants». Bref, le témoin assisté, ni complètement innocent ni vraiment coupable, se trouve dans une de ces zones grises dont le droit français a le secret.

En l'occurrence, une très mauvaise surprise pour le citoyen Sarkozy, persuadé que l'affaire Karachi était derrière lui et que son nom ne figurerait même pas dans l'ordonnance des juges... Selon plusieurs sources judiciaires, les magistrats n'étaient pas totalement obligés de préciser dans leur ordonnance sous quel statut Sarkozy serait susceptible d'être interrogé par la Cour de justice de la République. En effet, la CJR, saisie officiellement des cas Balladur et Léotard, est libre de faire ce qu'elle souhaite : interroger – ou pas – Sarkozy ; en qualité de témoin simple, de témoin assisté... voire de mis en examen, si elle le juge nécessaire. Ce dernier cas de figure relève évidemment de l'hypothèse d'école, la CJR n'étant pas spécialement réputée pour sa sévérité.

Les proches de Nicolas Sarkozy ne tardèrent pas à interpréter l'ordonnance de renvoi comme une pierre jetée dans le jardin de leur patron. Ils s'arrangèrent même pour faire savoir qu'il ne s'en était finalement pas si mal tiré, face à l'« acharnement » du juge Renaud Van Ruymbeke à l'encontre de l'ex-chef de l'État. Pour eux en effet, Van Ruymbeke, désireux de mettre Sarkozy dans le même « sac » que Balladur et Léotard, c'est-à-dire virtuellement mis en examen, en aurait été dissuadé in extremis par une colère du pourtant bonhomme Roger Le Loire !

Mais sur le fond du dossier, l'analyse du juge Van Ruymbeke, qui voit en Nicolas Sarkozy un témoin assisté potentiel – au minimum –, traduit-elle un scandaleux parti pris ? À l'évidence, non.

Un examen objectif de la procédure l'atteste : placer l'ancien ministre du Budget sur le même plan que le Premier ministre ou son collègue de la Défense de l'époque relève de la plus parfaite mauvaise foi – ou de l'antisarkozysme primaire, tout simplement... Mais, de la même manière, considérer qu'il n'a strictement rien à voir avec ce dossier témoigne du même aveuglement, une thèse que même les sarkophiles les plus endurcis, à part peut-être les inénarrables Nadine Morano et Geoffroy Didier, n'oseraient soutenir.

L'affaire, il faut le rappeler, porte sur une série de contrats d'armement conclus entre 1993 et 1995 avec le Pakistan et l'Arabie saoudite, dont la véritable finalité aurait été d'abonder discrètement la campagne présidentielle d'Édouard Balladur. Durant cette période, Nicolas Sarkozy était donc titulaire du portefeuille du Budget.

Un ministère stratégique.

D'ailleurs, les chiraquiens ont toujours soupçonné Sarkozy d'avoir volontairement diligenté, en 1994, des contrôles fiscaux sur des prestataires de l'office HLM de la Ville de Paris afin d'attirer l'attention de la justice sur des marchés publics. Ces derniers étaient utilisés comme

« pompes à fric » pour assouvir les ambitions présidentielles du maire de Paris, Jacques Chirac, le grand rival d'Édouard Balladur, lequel était soutenu par Nicolas Sarkozy...

Autre caractéristique : institutionnellement, comme le ministre de la Défense – François Léotard à l'époque –, celui du Budget joue un rôle décisif dans les ventes d'armes en France. S'agissant des exportations de matériel militaire, la signature de l'hôte de Bercy doit accompagner celle du locataire de l'hôtel de Brienne lors de la conclusion d'un contrat.

Il s'agit de la lettre dite « de garantie de l'État », par laquelle la nation s'engage à se porter financièrement garante de l'entreprise contractante. Les marchés Agosta (la vente de sous-marins au Pakistan pour 825 millions d'euros) ou Sawari II (la cession à l'Arabie saoudite de frégates moyennant 2,8 milliards d'euros), les deux principaux contrats suspects (avec les marchés Mouette, Shola et SLBS, également conclus avec Riyad) signés courant 1994, ont donc été validés en parfaite connaissance de cause par Nicolas Sarkozy.

Cela étant, si l'enquête a révélé que son ami Nicolas Bazire, alors directeur du cabinet d'Édouard Balladur, et Renaud Donnedieu de Vabres, l'homme de confiance de François Léotard, avaient été directement au contact des intermédiaires – notamment Ziad Takieddine – suspectés d'avoir mis en œuvre le processus de redistribution occulte, Nicolas Sarkozy n'a jamais été cité comme ayant participé à ces négociations financières.

Autre argument, mis en avant par les sarkozystes, qui se fondent notamment sur le compte rendu d'une réunion interministérielle du 29 juin 1994 : s'agissant du contrat Agosta, dès le début des négociations avec Islamabad, les fonctionnaires de Bercy firent savoir leur opposition à la conclusion de ce marché. C'est pourquoi le fameux communiqué de l'Élysée du 22 septembre 2011 affirmait à propos de Nicolas Sarkozy : « À l'époque où il était ministre du Budget, il avait manifesté son hostilité à ce contrat comme cela apparaît dans les pièces de la procédure. »

« J'ai jamais été ministre de la Défense, je suis pas au courant des contrats de sous-marins négociés à l'époque avec un président qui s'appelle M. Mitterrand. »

Toutefois, le même raisonnement peut être retourné contre ses auteurs, car le contrat ayant bel et bien, in fine, été signé, cela signifie donc que Sarkozy donna son feu vert contre l'avis de son administration. Par ailleurs, il apparaît en complète contradiction avec ce qu'assurait Nicolas Sarkozy lui-même à des journalistes, en novembre 2010 : « J'ai jamais été ministre de la Défense, je suis pas au courant des contrats de sous-marins négociés à l'époque avec un président qui s'appelle M. Mitterrand [...]. En tant que ministre du Budget, je n'ai jamais eu à en connaître ni de près ni de loin. » Si, comme il le soutenait en 2010, Nicolas Sarkozy n'a « jamais eu à connaître » du contrat Agosta, alors il ne saurait prétendre aujourd'hui s'y être opposé.

Autre point important : l'enquête ayant porté sur l'éventuel financement illégal de la campagne présidentielle malheureuse de Balladur, ses principaux organisateurs sont logiquement considérés comme suspects par la justice. Bien sûr, Sarkozy, comme il le rappelle souvent, n'était ni le trésorier (rôle dévolu à René Galy-Dejean, témoin assisté dans la procédure et finalement épargné par un renvoi en correctionnelle), ni le directeur de la campagne de Balladur (poste confié à Nicolas Bazire, renvoyé à ce titre devant le tribunal), mais son porte-parole.

Dans les faits, chacun sait néanmoins qu'il joua un rôle prépondérant. Aux côtés de Bazire, il était l'un des principaux conseillers du Premier ministre-candidat. Il faisait d'ailleurs partie des quatre hommes siégeant en permanence au comité politique de la campagne. Et le chef de son cabinet, Brice Hortefeux, un intime, s'occupait quant à lui de l'organisation des meetings et notamment de la collecte des espèces auprès des militants.

Pour autant, force est de reconnaître qu'aucune des multiples auditions réalisées par les juges ou les policiers n'a établi que Sarkozy se serait préoccupé des dessous financiers de la campagne. On peut toutefois s'interroger sur le manque de curiosité de l'un des plus proches conseillers du candidat Balladur, par ailleurs ministre du Budget, s'agissant de l'origine des fonds alimentant la campagne.

Aspect tout aussi important de l'affaire, concernant l'implication de Sarkozy : le parcours des commissions suspectes. Pour faire transiter les fonds versés aux intermédiaires à l'occasion du contrat Agosta, la Direction des constructions navales créa, en 1994, une structure opaque, baptisée Heine. Domiciliée au Luxembourg, elle était gérée par un ancien de la DCN, Jean-Marie Boivin. Or, selon une note chronologique saisie par la police judiciaire au siège de la DCN, Nicolas Sarkozy aurait joué un rôle dans la constitution de cette société-écran.

Non signée, cette note manuscrite indiquait qu'en 1994 « EAR fait savoir officiellement à DCA que Nicolas Bazire, directeur du cabinet du Premier ministre Balladur, est d'accord [pour la constitution de Heine] ». EAR, c'est Emmanuel Aris, vice-président de la DCN, et DCA, Dominique Castellan, alors président de DCN

International (DCN-I). À la ligne suivante était indiqué : « Nicolas SARKOZY donne également son accord depuis le ministère des Finances – Bercy. »

Mais aucun élément matériel n'est jamais venu conforter cette affirmation, d'autant plus discutable que provenant d'un document anonyme. De plus, en septembre 2011, M. Aris, questionné par les juges d'instruction, déclara que la mention relative à M. Bazire « ne correspond[ait] pas à la réalité ». « Je ne connais pas M. Bazire, je ne l'ai jamais rencontré et je n'ai jamais entendu dire qu'il ait donné son accord pour la création de Heine », assura-t-il.

Quant au supposé feu vert donné par Sarkozy, le vice-président de la DCN répondit : « Je n'en sais rien. En revanche, DCN-I, société appartenant à 100 % à l'État, devait faire une déclaration préalable avant toute création de filiale à l'étranger, ce qui était le cas de Heine. Cela relevait de la responsabilité de M. Menayas, directeur financier. »

Malgré son extrême fragilité, c'est sur la base de cette note manuscrite qu'en janvier 2010 la police luxembourgeoise, saisie d'une commission rogatoire internationale par les juges français, rédigea un rapport aux conclusions dénuées d'ambiguïté : « Un document [...] fait état de l'historique et du fonctionnement des sociétés Heine et Eurolux [société qui a succédé à Heine]. Selon ce document, les accords sur la création des sociétés semblaient venir directement de M. le Premier ministre Balladur et de M. le ministre des Finances Nicolas Sarkozy », écrivaient les enquêteurs luxembourgeois.

En s'appuyant sur la même source, les policiers du grand-duché ajoutaient même : « En 1995, des références font croire à une forme de rétrocommissions pour payer des campagnes politiques en France. Nous soulignons qu'Édouard Balladur était candidat à l'élection présidentielle en 1995, face à Jacques Chirac, soutenu par une partie du RPR, dont Nicolas Sarkozy et Charles Pasqua. » Pour les proches de Sarkozy, ce rapport au vitriol aurait été téléguidé par le Premier ministre luxembourgeois Jean-Claude Juncker, désireux selon eux de se venger du président français, accusé de l'avoir empêché d'accéder à la présidence du Conseil européen...

Plus embarrassant peut-être pour Nicolas Sarkozy, l'enquête a révélé qu'il avait été destinataire, en 2006, alors qu'il était encore ministre de l'Intérieur, et comme plusieurs de ses collègues du gouvernement, d'une drôle de lettre, rédigée par Jean-Marie Boivin. Congédié par la DCN en 2004, Boivin cherchait à obtenir des compensations financières (8 millions d'euros précisément), sous peine de «faire des révélations». Selon le directeur financier, Gérard-Philippe Menayas, Boivin aurait même fait passer ses messages menaçants à Me Arnaud Claude, l'associé de Sarkozy dans le cabinet d'avocats de l'ancien maire de Neuilly.

Toujours en 2006, M. Boivin aurait été menacé physiquement par deux hommes envoyés par Sarkozy, selon des confidences faites par Boivin à Menayas. Les deux hommes en question ont depuis admis s'être rendus au Luxembourg pour « sonder » les intentions de Boivin, mais ont expliqué qu'ils avaient été mandatés par la DCN, et non par Sarkozy. Un fait reste inexpliqué : à quel titre, plus de dix ans après son départ de Bercy, celui qui était alors ministre de l'Intérieur et candidat annoncé à la présidentielle de 2007 fut-il destinataire des courriers de menaces de Boivin ?

On le voit, le rôle précis joué par Sarkozy dans cette histoire reste à écrire. Dans tous les cas, et c'est peut-être ce qui est le plus frappant dans cette affaire de Karachi :

beaucoup de proches de l'ancien ministre du Budget y sont mis en cause.

Pur hasard ? Difficile à croire.

Pour l'expliquer, on en est réduit aux hypothèses. Deux se dégagent. La première, la plus favorable pour lui, est que, décidément, Nicolas Sarkozy n'a pas de chance avec son entourage : ses fidèles sont si nombreux à être aux prises avec la justice – chaque chapitre de cet ouvrage l'illustre de manière criante. Selon la seconde, moins à son avantage, l'ex-chef de l'État est au contraire remarquablement entouré, ses proches lui servant régulièrement de fusibles, pour lui éviter d'être lui-même rattrapé par la justice.

Dans les deux cas, une certitude, Nicolas Sarkozy ne saurait s'exonérer de ses propres responsabilités : un homme d'État, qu'il le veuille ou non, doit assumer les actes de ses proches. De ce point de vue, la lecture de l'ordonnance de renvoi des juges Van Ruymbeke et Le Loire, synthèse de près de quatre ans d'enquête, est extrêmement instructive. Elle fait la part belle à quelques-uns des astres les plus brillants de la galaxie sarkozyste.

On y trouve le mentor (Édouard Balladur, alors Premier ministre), le complice (Nicolas Bazire, directeur du cabinet puis de la campagne présidentielle de M. Balladur), l'ami de jeunesse (Thierry Gaubert, chef adjoint du cabinet de Nicolas Sarkozy au Budget), le compagnon de route de toujours (Brice Hortefeux, chef de cabinet de Nicolas Sarkozy à Bercy), voire l'homme d'affaires (Ziad Takieddine, l'intermédiaire en armement favori des balladuriens puis des sarkozystes).

Tous n'ont pas joué le même rôle dans cette affaire. Hortefeux, par exemple, n'a pas été mis en cause, n'ayant manifestement rien eu à connaître à l'époque des dessous des marchés d'armement. Nicolas Bazire, en revanche, est un protagoniste important du dossier, du fait de sa double casquette, puisqu'il dirigea à la fois le cabinet et la campagne de M. Balladur, et fut donc au cœur du financement de cette dernière. On le qualifia longtemps de « frère jumeau » de Nicolas Sarkozy, tant leurs carrières respectives épousèrent à leur début des chemins parallèles. Il conteste vivement avoir commis la moindre infraction, ce dont il devra convaincre le tribunal correctionnel de Paris.

Édouard Balladur, à qui Nicolas Sarkozy se rallia dès 1993, devra quant à lui s'expliquer devant la Cour de justice de la République. Il est en effet supposé avoir été le premier bénéficiaire du système de financement illégal mis au point à partir de 1994 à l'aide de son allié François Léotard, alors patron du Parti républicain (PR), financement destiné à assurer son élection l'année suivante. MM. Balladur et Léotard n'ont eu de cesse depuis des années, eux aussi, de clamer leur innocence, qu'ils sont certains de voir établir au grand jour par la CJR.

Le cas de Takieddine est sensiblement différent. S'il n'a jamais figuré personnellement parmi les intimes de Sarkozy, les enquêtes judiciaires et journalistiques ont permis d'établir qu'il avait été, jusqu'à une date très récente, l'intermédiaire officieux de la Sarkozie dans diverses affaires extrêmement sensibles, notamment avec la Libye (voir chapitre IX « Corruption »). Ses liens avec Claude Guéant, éminence grise de l'ancien chef de l'État, attestent s'il en était besoin cette proximité.

Le personnage le plus intéressant est aussi, sans doute, le plus discret.

Il s'agit de Thierry Gaubert. Collaborateur de Nicolas Sarkozy à la mairie de Neuilly-sur-Seine dans les années 1980, il mit ses réseaux au service de ce jeune maire à l'ambition dévorante, organisant des rencontres avec des patrons de presse ou des chefs d'entreprise susceptibles de l'aider à faire décoller sa carrière. Logiquement, il suivit son « patron » à Bercy, au milieu des années 1990.

Les juges ont été grandement aidés dans leurs investigations par… Mme Takieddine elle-même, puis, à un degré moindre, par l'ex-femme de Thierry Gaubert, Hélène de Yougoslavie. La première, une ressortissante britannique nommée Nicola Johnson, a fait payer à l'intermédiaire d'origine libanaise une séparation houleuse. Sans vergogne, elle a livré aux médias et à la justice, sous forme de photos, documents et autres courriels, tous les secrets de son « ex » !

Au printemps 2011, elle révèle ainsi par mail aux enquêteurs que c'est Bazire qui avait introduit Gaubert auprès de son mari, en 1993.

Elle précise même que Thierry Gaubert était le lien entre Ziad Takieddine et le cabinet d'Édouard Balladur, en particulier Nicolas Bazire. Amie d'Hélène Gaubert, elle confie aux policiers, le 8 juin 2011 : « J'ai appris par mon amie Hélène que son mari et Ziad faisaient de fréquents voyages à Genève, à cette époque-là, et qu'ils allaient voir Maurizio Safdié [un banquier suisse] à Genève et qu'ils revenaient avec des valises d'argent numéraire. »

Interrogée à son tour, le 8 septembre 2011, l'ex-Mme Gaubert confirmait tout, précisant même : « Je ne sais pas ensuite où Thierry mettait cet argent. Par contre, Thierry m'a dit qu'il remettait de temps en temps l'argent à Nicolas Bazire. Soit Nicolas Bazire restait dîner, ou bien mon mari lui remettait par un autre moyen. Thierry m'a dit que Nicolas Bazire ne voulait plus voir Ziad Takieddine et qu'il avait peur de Ziad Takieddine et de ces remises d'argent. »

Les déclarations de Mmes Takieddine et Gaubert ont semé la panique en Sarkozie. Comme *Le Monde* le révéla le 23 septembre 2011, Brice Hortefeux (qui avait quitté le ministère de l'Intérieur un peu plus de six mois auparavant), informé de leur teneur grâce à ses réseaux policiers, s'empressa de prévenir son ami Thierry Gaubert que son ex-épouse « balan[çait] tout ». Bien informé, M. Hortefeux ? Pas encore assez, puisqu'il ignorait que cette conversation était enregistrée par les policiers ! Encore une fois, un membre de la garde rapprochée de Nicolas Sarkozy était pris en flagrant délit d'immixtion dans une procédure judiciaire. Décidément une très mauvaise habitude.

Confirmées par plusieurs commissions rogatoires internationales mais aussi par les aveux – tardifs – de Ziad Takieddine, les révélations des deux « ex » permirent ainsi de retracer l'un des circuits empruntés par les balladuriens pour le financement occulte, en 1995, de leur campagne présidentielle, définitivement malheureuse de tous points de vue. Mais les investigations menées en Suisse ont incité les juges à suivre une autre piste : celle de l'enrichissement personnel. Elle menait, une nouvelle fois, à l'incontournable Thierry Gaubert.

« *On doit boucler les comptes, il nous manque 3 millions et quelques.* »

En effet, il apparut que Gaubert avait ouvert un compte à la banque Safdié de Genève le 2 mai 1995, alors que Balladur avait déjà été éliminé de la course présidentielle (il fut devancé au premier tour, le 23 avril, par Lionel Jospin et Jacques Chirac, élu le 7 mai). Et ce compte fut principalement alimenté jusqu'au mois de juillet de la même année. À en croire la justification avancée à l'époque par MM. Gaubert et Bazire auprès de Takieddine, il se serait agi d'équilibrer la balance dépenses-recettes de la campagne Balladur. « La raison était la suivante : "On doit boucler les comptes, il nous manque 3 millions et quelques." Gaubert me disait qu'ils en avaient besoin pour finir la campagne », a déclaré aux juges l'homme d'affaires, manifestement peu convaincu lui-même.

Au total, Gaubert effectua trois dépôts en espèces importants sur son compte Safdié entre mai et juillet 1995 : 340 000 francs suisses et 497 500 francs le 2 mai, 2 288 500 francs le 24 mai, 679 000 francs suisses le 12 juillet. À chaque fois, Takieddine était présent à Genève au même moment, confortant la thèse selon laquelle cet argent provenait des juteux contrats d'armement. Ces derniers ne rapportèrent pas moins de 327 millions d'euros à Ziad Takieddine, Abdul Rahman el-Assir et Ali Ben Mussalam ! Versés alors que les marchés étaient déjà quasiment conclus, ces fonds n'ont pas seulement enrichi les trois intermédiaires…

Les magistrats ont débusqué d'autres comptes détenus par Gaubert, notamment celui ouvert à la banque Pictet de Genève et dont les avoirs furent ensuite, pour des raisons de sécurité, transférés aux Bahamas, en 2001. Soit une coquette somme de 1 385 000 euros, « dont l'origine n'a pu être établie », déplorent les juges, qui ont tenté d'identifier précisément à qui cet argent avait ensuite profité. Une gageure. Gaubert ne s'est guère montré prolixe durant l'instruction, évoquant des dépenses personnelles, des vacances, ou des coups de pouce à des amis. L'enquête a ainsi établi qu'il avait participé à l'achat d'une maison, en Normandie, pour le couple Balladur, en 1996.

Appelé à comparaître devant le tribunal correctionnel, Thierry Gaubert, présumé innocent, y répondra notamment, à en croire l'ordonnance de renvoi rédigée par les juges Van Ruymbeke et Le Loire, d'avoir « sciemment recélé des espèces, à hauteur d'au moins 6,2 millions de francs, qu'il savait provenir du délit d'abus de biens sociaux […], espèces remises en Suisse par Ziad Takieddine aux fins d'être transférées en France, à Nicolas Bazire, directeur de la campagne d'Édouard Balladur ».

Dans la conclusion de leur ordonnance, d'une précision... suisse, les juges insistent à dessein sur les liens unissant MM. Gaubert et Sarkozy. Ils rappellent aussi que « de multiples recoupements effectués sur des documents bancaires suisses et des frais de voyage en Suisse de M. Takieddine ont démontré que M. Gaubert, qui venait du cabinet du ministre du Budget et était rattaché à la cellule trésorerie de la campagne, placée sous la responsabilité de M. Hortefeux, s'était rendu en Suisse effectuer des dépôts en espèces sur un compte offshore dont il était le bénéficiaire et qu'il s'y trouvait en même temps que M. Takieddine venu, lui, retirer des espèces ».

Indéniablement, Thierry Gaubert n'a pas livré tous ses secrets. Les révélera-t-il un jour, par exemple à la barre du tribunal, lorsque l'affaire de Karachi viendra à l'audience ? Rien n'est moins sûr. En Sarkozie, l'homme est réputé fiable. Certes, depuis plusieurs années, Nicolas Sarkozy a pris ses distances avec ce compagnon de route historique, décidément trop sulfureux. Thierry Gaubert était très présent dans notre précédent ouvrage, *French corruption* (Stock, 2013). L'ancien ministre de l'Intérieur, Charles Pasqua, qui connaît le département des Hauts-de-Seine par cœur, y déclarait à propos de Gaubert : « C'est un homme d'argent, il a toujours été très intéressé. Il était dans tout un tas de circuits, et était en effet très lié à Nicolas Sarkozy. Des relations financières ? Disons que Gaubert a dû contribuer à son train de vie… » Autre excellent connaisseur du « 92 », l'ancien conseiller général de Clichy-la-Garenne, Didier Schuller, confirmait : « L'autre homme important [avec Patrick Balkany et Brice Hortefeux] pour Sarkozy s'agissant des histoires de fric, c'est Thierry Gaubert. »

Dans *Sarko m'a tuer*, la magistrate de Nanterre Isabelle Prévost-Desprez ne disait pas autre chose. Évoquant l'affaire dite du « 1 % logement » (dans laquelle M. Gaubert fut condamné par le tribunal correctionnel de Nanterre, en 2012) et le rôle du ministère public, alors dirigé par Philippe Courroye, intime de Nicolas Sarkozy, elle déclarait : « Le parquet de Nanterre, je l'ai vu à la manœuvre à plusieurs reprises pour protéger Sarkozy. Par exemple dans l'affaire du "1 % logement" avec Thierry Gaubert. »

Gaubert, Bazire, Balladur… On touche là au cœur de la Sarkozie.

En novembre 2013, nous eûmes l'occasion d'interroger directement Nicolas Sarkozy (voir épilogue) sur cette épidémie de mises en examen touchant ses proches dans cette affaire. Voici sa réponse : « Gaubert, je ne l'ai pas vu depuis 1996 ! Je m'étais aperçu de certaines choses à son sujet. Quant à Bazire, je suis sûr qu'il n'a rien fait de répréhensible dans l'affaire de Karachi. » Tel ne fut pas le cas, selon lui, de François Léotard, pour qui l'ex-président eut des mots très durs et même diffamatoires, raison pour laquelle nous ne les reproduisons pas ici.

« Pour revenir à Karachi, reprit-il, je n'ai rien à voir dans cette histoire, il serait temps de s'en rendre compte. C'est d'autant plus incroyable qu'on essaie de me mêler à cette affaire que, ces ventes d'armes, je m'y étais opposé devant Balladur ! Mais bon, Van Ruymbeke, c'est son affaire, son obsession depuis seize ans. Ah, mon entourage, il a bon dos. D'abord ça veut dire quoi mon entourage ? Quand

Cahuzac se fait attraper, on dit que c'est une affaire personnelle, que Hollande n'est pas concerné, ce qui est faux. Quand Boris Boillon [ambassadeur, ancien conseiller de Nicolas Sarkozy à l'Élysée] est arrêté avec une grosse somme d'argent, en revanche, je suis quasiment complice ! » Toujours ces démentis outragés, cette exagération, cette paranoïa galopante. Alimentés, peut-être, sans doute même, par de vrais émois, d'authentiques blessures. Dans cette histoire, l'ex-chef de l'État peut s'estimer injustement mis en cause car, après tout, deux juges, et non des moindres, aidés d'escouades de policiers, ont enquêté dans tous les recoins, sans parvenir à réunir de charges contre lui.

Reste le nombre étonnant de proches de Nicolas Sarkozy, eux directement poursuivis.

Ainsi, il faut bien se rendre à l'évidence : l'affaire de Karachi, à défaut d'être une affaire Sarkozy, est bien une affaire sarkozyste.

XI

ABUS DE FAIBLESSE
L'affaire Bettencourt

L'affaire Bettencourt n'aurait jamais dû prospérer. Ce séisme, dont les multiples répliques ont parasité la seconde partie du quinquennat de l'ancien maire de Neuilly – et le poursuivent encore –, était aisément évitable. Il n'a pu se développer que par l'entêtement d'un homme, Nicolas Sarkozy lui-même, et le zèle de quelques-uns de ses proches, mus par la dévotion absolue, l'ambition personnelle, ou les deux à la fois. Chronique d'un suicide politico-judiciaire.

Tout-puissant procureur de Nanterre, nommé en 2007 à ce poste car «sarkocompatible», Philippe Courroye, la mise parfaite comme à l'accoutumée, franchit les grilles de l'Élysée, la démarche sûre, ce 12 juin 2010. Les lieux lui sont devenus familiers. Surtout depuis que Nicolas Sarkozy est président de la République. Courroye est cultivé, d'une grande intelligence, ambitieux, sans scrupule excessif; très efficace, à sa façon. Donc en phase avec le sarkozysme. Il aime les cénacles, ces dîners entre puissants où l'on cultive ses réseaux. Alors, l'Élysée, pour un simple procureur, c'est le top. Accéder directement au bureau présidentiel, quitte à passer parfois par une entrée discrète située au fond du parc, c'est s'assurer un avenir lumineux.

Mais en ce samedi 12 juin 2010, l'heure est grave. Deux jours plus tôt, les enregistrements clandestins opérés au domicile des Bettencourt par le majordome Pascal Bonnefoy ont été remis à la brigade financière. On y entend les petits secrets d'alcôve, des considérations bien peu à l'avantage des Bettencourt et de leur entourage, mais surtout, on y apprend que le conflit judiciaire entre Liliane Bettencourt et sa fille Françoise Meyers Bettencourt est suivi de près à l'Élysée.

Si l'on en croit les enregistrements, Courroye s'est vu attribuer un rôle dans cette triste commedia dell'arte, celui du magistrat suffisamment obéissant pour classer l'enquête sans suite et contenter Liliane Bettencourt. Ou plutôt ceux qui prétendent représenter la vieille dame. Chargé d'une enquête préliminaire pour « abus de faiblesse » au préjudice de la milliardaire, il finira par conclure à l'absence de charges. Exactement ce que souhaitait l'entourage de l'héritière de L'Oréal, laquelle pouvait dès lors tranquillement rester assise sur son tas d'or. Et laisser les aigrefins stratégiquement positionnés dans son sillage profiter de ses liasses de billets.

Que se disent Sarkozy et Courroye le 12 juin 2010 ? On imagine mal qu'il n'ait pas été question de l'affaire Bettencourt. Nicolas Sarkozy a reçu Liliane Bettencourt dans son bureau, il sait ce qui se passe au sein de la richissime famille. Du reste, rien ne lui échappe dans les Hauts-de-Seine, encore moins dans une ville dont il a été si longtemps le maire (de 1983 à 2002), Neuilly-sur-Seine. En outre, il doit beaucoup aux Bettencourt, on le verra plus tard.

Philippe Courroye a été interrogé au sujet de ces rencontres à répétition, et ce sont ses pairs, trois magistrats bordelais chargés in fine d'enquêter sur les dossiers Bettencourt, qui s'y emploient, le 2 octobre 2012. Sommé d'expliquer la nature de ses relations avec Sarkozy, il répond : « Je connais Nicolas Sarkozy depuis une douzaine d'années, j'ai fait sa connaissance à titre privé par des relations communes. À l'époque il était maire de Neuilly, il n'avait aucune fonction ministérielle. Je le vois depuis une ou trois fois par an pour évoquer des sujets généraux ou institutionnels. Ce sont des rencontres privées. Les personnalités politiques ont l'habitude de rencontrer des professionnels de la santé, de l'éducation ou de la justice. Je le rencontre là où il se trouve, c'est-à-dire dans les différents ministères qu'il a occupés ou bien chez des relations ou bien dans les domiciles qu'il a occupés. Je ne dirais pas que nous avons des relations amicales mais personnelles. Pour moi, l'amitié correspond à la définition d'Aristote, "une seule âme en deux corps", ce qui n'est pas le cas de figure. »

Les références littéraires de l'ex-procureur Courroye (il a été muté en août 2012 à la cour d'appel de Paris, après la défaite de Nicolas Sarkozy) n'ont guère ému les juges d'instruction bordelais, qui lui ont fait observer ceci : « Nous avons constaté que différents événements ou certaines phases de "l'affaire Bettencourt" se superposaient ou concordaient avec des contacts ou des réunions (tels qu'ils ressortent de l'examen des agendas des uns ou des autres) que vous avez eus avec les personnes précitées. Y a-t-il des corrélations ? Vos relations ou vos réunions avec ces personnes ont-elles concerné "l'affaire Bettencourt" ou des aspects de cette affaire ? »

La proximité entre Nicolas Sarkozy et Philippe Courroye – et les espoirs qu'elle suscitait dans l'esprit des proches de Liliane Bettencourt – ressort des enregistrements clandestins, mais aussi des agendas et courriels de l'ancien chef de l'État. De précieux documents qui attestent l'existence de nombreux rendez-vous secrets entre d'une part Nicolas Sarkozy ou ses conseillers justice à l'Élysée (Patrick Ouart puis Jean-Pierre Picca) et d'autre part Philippe Courroye, le tout à des moments clés de l'affaire. Les juges ont recensé au moins huit tête-à-tête avec le seul Président entre septembre 2008 et mars 2011.

« Vous n'imaginez pas M. Nicolas Sarkozy ou M. Ouart m'interroger sur des affaires que je pouvais traiter. »

Et donc ce 12 juin 2010.

« Je tiens à dire qu'il n'a jamais été question de cette affaire dans mes rencontres avec M. Sarkozy, M. Ouart ou M. Picca », a protesté le magistrat. Et d'ajouter, vibrant d'indignation : « Vous n'imaginez pas M. Nicolas Sarkozy ou M. Ouart m'interroger sur des affaires que je pouvais traiter. Vous m'imaginez encore moins moi-même répondant à des questions sur ces affaires ou prenant des "instructions". Le penser serait outrageant ».

Manifestement, c'est pourtant exactement ce que pensaient les juges d'instruction – et ils n'étaient pas les seuls.

D'ailleurs, au terme de l'interrogatoire de leur collègue, les juges notèrent : « Ne serait-ce que sur un plan humain, il est étonnant que Nicolas Sarkozy ne vous pose aucune question sur l'affaire. Cette affaire est dans tous les journaux, c'est devenu un véritable feuilleton. Il semblerait normal que par une curiosité naturelle il pose des questions à la personne qui suit cette affaire au premier plan… »

Il n'existe jamais de trace écrite relatant le contenu de telles rencontres. Les dénégations sont facilement « outragées ». On en restera donc au stade des supputations, des déductions. Au bon sens tout simplement. On constatera simplement que le procureur de Nanterre, à la suite de cette réunion, fera tout son possible pour discréditer l'auteur des enregistrements clandestins, sans parler de l'enfer judiciaire qu'il fera vivre à la comptable Claire Thibout, coupable d'avoir accusé le camp Bettencourt, via Éric Woerth, d'avoir financé illégalement la campagne présidentielle de Nicolas Sarkozy.

Dans tous les cas, au-delà des questions déontologiques qu'ils soulèvent s'agissant du comportement de Philippe Courroye, ces multiples rendez-vous constituent autant d'erreurs manifestes imputables à Nicolas Sarkozy. S'il prétend éviter les soupçons de manipulation de la justice, un président de la République évite tant que faire se peut de recevoir – souvent en catimini qui plus est – un procureur chargé d'enquêter sur une affaire sensible, a fortiori lorsque la procédure en question est susceptible de le mettre en cause !

L'affaire Bettencourt, c'est d'abord cela, un incroyable concentré des méthodes sarkozystes, souvent éloignées de la morale, et parfois de la loi.

Tout avait commencé dans l'univers feutré des nantis de l'Ouest parisien. Une dispute familiale en forme de huis clos, avec pour cadre un splendide hôtel particulier de Neuilly-sur-Seine. Au départ donc, un désaccord tristement banal, une fille craignant que l'argent de sa vieille maman, qui ne dispose plus de toutes ses facultés, ne profite à des courtisans. Moins ordinaire : les biens en question se comptent en milliards d'euros. Bienvenue chez les Bettencourt, l'une des premières fortunes mondiales, fondateurs de L'Oréal. Au début de l'année 2008, Françoise Meyers Bettencourt, fille unique de Liliane et André Bettencourt (décédé quelques semaines auparavant), et mise à l'écart par l'entourage de sa mère, n'y tient plus.

Elle décide de déposer plainte pour « abus de faiblesse ». Les faits se déroulant à Neuilly-sur-Seine, le parquet compétent est celui des Hauts-de-Seine, basé au tribunal de Nanterre.

Tout sauf un détail.

Contre l'avis du Conseil supérieur de la magistrature (CSM), Nicolas Sarkozy y a imposé à sa tête, en 2007, un homme en qui il a toute confiance, l'ancien juge d'instruction Philippe Courroye, donc. Pas question de laisser la direction de ce parquet super-sensible à n'importe qui... Début 2009, le parquet de Nanterre change de position brutalement. Initialement favorable aux arguments de Françoise Meyers, le ministère public fait désormais savoir que l'enquête préliminaire ouverte suite à sa plainte devrait être classée sans suite. On apprendra plus tard qu'entre-temps, le gestionnaire de fortune de Liliane Bettencourt, Patrice de Maistre, cible principale – avec le dandy François-Marie Banier – de la fille, était allé plaider sa cause à l'Élysée, accompagné de la milliardaire.

La suite, Isabelle Prévost-Desprez, alors présidente de la 15e chambre du tribunal correctionnel de Nanterre, l'a racontée en détail dans *Sarko m'a tuer*. « À une époque, expliquait-elle notamment, le parquet avait adopté une position inverse dans cette histoire [...]. Ça, c'était au début, quand le parquet voulait renvoyer Banier devant le tribunal, avant que Liliane Bettencourt aille se plaindre à Sarkozy, à l'Élysée... »

Nicolas Sarkozy ne pouvait apparemment rien refuser à Liliane Bettencourt. En acceptant de s'immiscer, dès 2009, dans cette affaire au départ purement familiale, l'ancien maire de Neuilly-sur-Seine a commis la première d'une longue série d'erreurs.

Et quelle erreur ! Car, sans le savoir, le chef de l'État vient de déclencher un mécanisme infernal. Comprenant que le parquet de Nanterre, manifestement désireux de ne pas contrarier l'hôte de l'Élysée, s'apprête à classer sa plainte, Françoise Meyers va le contourner. Pas de chance pour Nicolas Sarkozy et Philippe Courroye, l'avocat de la fille Bettencourt est l'un des plus redoutés pénalistes de l'Hexagone.

Un éternel havane aux lèvres, l'œil espiègle derrière ses petites lunettes rondes, Me Olivier Metzner – disparu brutalement en mars 2013 à 63 ans – va mener une opération brillante. Jouant des rapports exécrables entretenus par Philippe Courroye et Isabelle Prévost-Desprez, il va saisir directement, à l'été 2009, la 15e chambre du tribunal en citation directe, ouvrant la voie à ce procès dont le parquet ne voulait absolument pas.

Et dire que tout cela aurait pu être évité...

Il aurait suffi que le parquet de Nanterre reste sur sa ligne initiale et décide de poursuivre les quelques personnes suspectées de profiter un peu trop des largesses de la vieille milliardaire et l'on n'aurait sans doute jamais accolé le nom de Nicolas Sarkozy à l'« affaire Bettencourt ». Le maître d'hôtel ne se serait probablement pas servi de son dictaphone-espion.

Me Metzner n'aurait pas été contraint de déclarer la guerre à la Sarkozie.

Car, et c'est un aspect souvent ignoré de cette affaire, il ne faut pas croire que le conseil de Françoise Bettencourt Meyers, notable parmi les notables, défenseur d'une bonne partie du CAC 40, se soit découvert une âme de dangereux révolutionnaire sur ses vieux jours. D'autant qu'en l'occurrence ses richissimes clients, Françoise Bettencourt et son mari Jean-Pierre Meyers, en bons représentants de la très haute bourgeoisie, n'ont jamais souhaité que cette histoire se transforme en affaire d'État. Pas bon pour les affaires, ni pour la réputation.

L'étiquette a ses codes. Dans ces milieux, on règle ses comptes entre soi, on ne déballe rien sur la place publique. Une anecdote au moins en atteste.

Nous sommes au cœur de l'été 2010, le scandale Bettencourt bat son plein, le vaudeville familial a été balayé par les accusations de financement occulte, visant notamment Nicolas Sarkozy. L'un des auteurs de ces lignes avait rendez-vous avec Me Metzner, dans ses superbes bureaux parisiens du 100, rue de l'Université. Au menu de la conversation, ce jour-là, ces fameuses histoires d'enveloppes d'argent liquide que les Bettencourt avaient pris l'habitude de distribuer.

« Il y a une chose que vous ne pourrez pas écrire car il ne le dira jamais, ni à un journaliste ni devant la justice, mais sachez que Jean-Pierre Meyers connaît la vérité », expliqua posément Me Metzner, noyé derrière les volutes de son énorme cigare. « Il était très proche d'André Bettencourt, celui qui avait la haute main sur les financements divers. Et Jean-Pierre Meyers m'a dit ce qu'André Bettencourt lui avait confié avant son décès s'agissant des bénéficiaires réguliers d'enveloppes en espèces. »

Nous l'avons prié de préciser son propos. Il nous cita alors quelques hommes politiques célèbres. Un nom retint particulièrement notre attention. Nous avons bien entendu demandé à Me Metzner de nous mettre en relation avec Jean-Pierre Meyers. Son témoignage, quoique indirect, pouvait être totalement explosif.

Entre deux de ces impressionnantes quintes de toux dont il était coutumier, l'avocat déclina fermement la proposition dans un sourire matois. « C'est inutile, il ne dira jamais rien, ni à vous ni à personne. Il m'a bien fait comprendre à quel point les développements de l'affaire lui déplaisaient fortement. La tournure politique prise par cette histoire lui cause beaucoup de désagréments. Dans cet univers-là, ce genre de polémiques, c'est extrêmement mal vu. D'ailleurs, vous verrez, lorsque la justice nous aura donné raison, que Françoise et son mari auront obtenu le départ des vautours qui en veulent à la fortune familiale, vous n'entendrez plus parler de rien, les choses rentreront dans l'ordre. »

L'expérimenté avocat ne s'était pas trompé. Au contraire de Nicolas Sarkozy, longtemps persuadé d'être la cible d'un complot politique instrumentalisé par son pire ennemi (du moins à l'époque, car les deux hommes se sont assez mystérieusement réconciliés depuis), Dominique de Villepin. Villepin, poursuivi – notamment par Sarkozy – dans l'affaire Clearstream, fut en effet défendu, avec succès, par Me Metzner.

Il est frappant de constater à quel point, souvent, lorsque l'on tente à tout prix de rattraper une erreur, on en commet de nouvelles.

Ce cercle vicieux, Nicolas Sarkozy et son ami Philippe Courroye vont l'illustrer jusqu'à la caricature. En effet, une fois l'incendie déclenché par la mise en ligne, le 16 juin 2010 par le site Mediapart, des enregistrements clandestins réalisés par Pascal Bonnefoy, le procureur de Nanterre, en voulant l'éteindre dans l'urgence, va bien involontairement contribuer à sa propagation. Du point de vue du chef du parquet, la seule manière de contenir le sinistre est d'éviter que des juges d'instruction, c'est-à-dire des magistrats indépendants, s'emparent des nombreux faits délictueux (blanchiment, fraude fiscale, financements occultes, etc.) mis au jour par les enregistrements. Il se refusera donc obstinément à ouvrir la moindre information judiciaire, soutenu par sa ministre Michèle Alliot-Marie, garde des Sceaux – et, en l'occurrence, des secrets les plus inavouables de l'affaire Bettencourt... Ainsi le procureur Courroye se contentera de déclencher une simple enquête préliminaire, placée sous son très étroit contrôle.

Le résultat de cette fausse bonne idée sera catastrophique : fin 2010, la Cour de cassation décide de dépayser de force le dossier dans une autre juridiction, celle de Bordeaux en l'espèce, où trois juges d'instruction sont chargés d'instruire pas moins d'une demi-douzaine d'informations judiciaires ! En faisant ouvrir par son parquet une instruction, le procureur de Nanterre aurait pu conserver un minimum de contrôle sur la procédure (les juges d'instruction, par exemple, ne peuvent instruire sur des faits nouveaux qu'avec l'autorisation du parquet), à laquelle il aurait par ailleurs eu toujours accès.

Autre funeste impair, commis par plusieurs fidèles de Nicolas Sarkozy : s'en prendre aux messagers en espérant faire oublier le message. Un grand classique. En l'occurrence, il fut décidé de déclarer la guerre aux journalistes dont le grand tort était de publier des informations compromettantes pour le Président dans cette affaire. C'est ainsi que Philippe Courroye, encore lui, crut bon de demander à la police d'examiner les « fadets » (les relevés détaillés des communications d'un téléphone) de journalistes du *Monde* dans l'espoir d'identifier leurs informateurs. Sur ordre ? La procédure ouverte à la suite de la plainte du *Monde* n'a pas permis de l'établir.

Dans tous les cas, une atteinte évidente au secret des sources, qui a entraîné la mise au placard du magistrat, dont la réputation est durablement entachée par cette histoire. Autre fidèle de Nicolas Sarkozy, Bernard Squarcini, alors patron du contre-espionnage, commit le même délit, sans doute à la demande de l'Élysée, ce qui lui a aussi valu de perdre son poste et, surtout, d'être condamné à 8 000 euros d'amende en avril 2014.

Accessoirement, les attaques répétées – voire parfois les injures – contre la presse, orchestrées par les premiers soutiens de Nicolas Sarkozy (Nadine Morano, Xavier Bertrand...) au plus fort de la tempête, ont eu l'inverse de l'effet attendu. Loin d'effrayer les journalistes, elles ont au contraire renforcé leur détermination. Tout comme l'étrange épidémie de cambriolages dont les auteurs de ces lignes, parmi d'autres reporters en pointe sur l'affaire, furent victimes en 2010 : ordinateurs et GPS dérobés, fichiers personnels envolés... comme s'il fallait à tout prix intimider et suivre à la trace ces enquêteurs indociles. Les plaintes déposées n'ont jamais débouché sur quoi que ce soit.

Et s'il n'y avait eu que les journalistes.

Que dire du traitement subi, au début de l'affaire, par les témoins à même de confirmer l'existence de financements politiques occultes ? Là encore, la stratégie d'intimidation s'est révélée contre-productive. On se souvient du sort réservé à l'ancienne comptable des Bettencourt, Claire Thibout, traitée par les policiers, sur instruction du parquet de Nanterre, comme une criminelle, au motif qu'elle révéla l'implication d'Éric Woerth et suggéra celle de Nicolas Sarkozy comme bénéficiaire d'enveloppes en espèces.

Dans un premier temps, certes, la manœuvre fut assez efficace. Dans un entretien choc accordé en novembre 2010 à Mediapart, Dominique Gautier, ex-chauffeur des Bettencourt, révéla par exemple avoir recueilli au début de l'année 2007 les confidences d'une ancienne gouvernante, Nicole Berger, morte en septembre 2008, qui lui aurait affirmé que M. Sarkozy était « venu demander de l'argent aux Bettencourt ». Interrogé sur la raison pour laquelle il n'avait pas livré ce témoignage sur procès-verbal, il répondit : « Ah non, je n'en ai pas parlé aux policiers ! Quand on voit à quelle sauce a été mangée Mme Thibout maintenant, j'ai pas envie de passer par là. »

Isabelle Prévost-Desprez ne racontait pas autre chose. Conduisant, à la suite de la plainte de Me Metzner, un supplément d'information destiné en réalité à faire procéder aux auditions que le parquet de Nanterre se refusait à effectuer, la présidente de la 15e chambre, interrogée par nos soins, ne put que constater : « Les témoins me demandaient avec crainte : "Dites, on ne va pas voir l'autre ?" L'autre, c'était Courroye. Donc, les témoins avaient peur de parler sur P-V à propos de Nicolas Sarkozy. »

« Le parquet a multiplié les obstacles tout le long de la procédure devant le tribunal. »

Isabelle Prévost-Desprez a depuis eu l'occasion de décrire, dans un cadre plus formel, le climat hallucinant qui régnait alors au tribunal de Nanterre. Le 12 mars 2012, elle s'est confiée sur procès-verbal à la juge parisienne Sylvia Zimmermann, chargée d'instruire l'affaire des « fadets » visant Philippe Courroye, et dans laquelle elle s'est constituée partie civile. En demandant les relevés téléphoniques des journalistes du *Monde* trop bien informés, le procureur de Nanterre pouvait en effet espérer faire d'une pierre deux coups, et établir que son ennemie intime était l'informatrice du quotidien du soir.

Dans ce P-V, dont le contenu est resté inédit jusqu'ici, Mme Prévost-Desprez révèle notamment : « J'ai pu apprendre [en juillet 2009] que le procureur de Nanterre a diligenté une enquête officieuse pour savoir si c'était moi qui avais comploté avec Me Metzner pour que l'affaire vienne devant ma chambre. Tout cela était en réalité du bruit pour rien puisque l'abus de faiblesse est de la compétence de la 15e chambre.» Et de préciser: «Alors que le parquet a multiplié les obstacles tout le long de la procédure devant le tribunal, [le procureur] ne m'a jamais, à aucun moment, réclamé la communication du dossier du supplément d'information.» Mme Prévost-Desprez explique encore: «Je pense que j'ai été la cible réelle de toutes ces investigations – demandes de fadets, demandes de contenus de SMS – dans la mesure où l'objectif était de me dessaisir du supplément d'information afin d'une part que j'arrête les investigations et d'autre part que cette affaire ne soit pas jugée en audience publique. L'autre raison était et est toujours de me discréditer et de porter atteinte à mon intégrité et mon indépendance.»

La magistrate va jusqu'à évoquer des «menaces faites par un membre du parquet de Nanterre qui avait eu [s]on jugement de divorce», de «pressions dans [s]a vie professionnelle mais aussi personnelle», avant de confier son sentiment d'être surveillée «par des écoutes téléphoniques».

C'est sans doute cette ambiance délétère, et surtout cette sensation d'être la cible d'une vendetta menée par des sarkozystes, qui la poussèrent à nous rapporter (dans *Sarko m'a tuer*) une anecdote qui allait faire scandale, à savoir qu'une infirmière de Liliane Bettencourt avait révélé à sa greffière une scène choc: «J'ai vu des remises d'espèces à Sarkozy, mais je ne pouvais pas le dire sur procès-verbal.» Peut-être effrayée par le retentissement donné à cette petite phrase, l'infirmière, une certaine Henriette Youpatchou, refusa de confirmer l'épisode.

Pour les témoins susceptibles de détenir les secrets les plus inavouables de la maison Bettencourt, la désignation de trois juges d'instruction opiniâtres, à Bordeaux, allait changer la donne. Toute la frustration accumulée finit par se déverser dans le cabinet du juge Jean-Michel Gentil, secondé par ses collègues Cécile Ramonatxo et Valérie Noël. Les trois magistrats recueillirent patiemment les confessions de nombreux anciens employés des Bettencourt qui, mis en confiance cette fois, firent des confidences plutôt embarrassantes pour Nicolas Sarkozy. C'est d'ailleurs sur la base de ces divers témoignages, pouvant laisser croire que celui qui aspirait alors à la fonction suprême serait venu toucher de l'argent liquide avant la présidentielle de 2007, que les trois juges le mirent en examen pour « abus de faiblesse », en mars 2013.

Cette mise en examen, c'est peu dire qu'elle a déplu à Nicolas Sarkozy. Elle l'a tout bonnement scandalisé, lui qui se croyait hors de cause depuis novembre 2012. Suite à sa première audition, les juges lui avaient en effet octroyé le statut de témoin assisté, beaucoup plus flatteur bien entendu que celui de mis en examen, dont il fut donc gratifié quatre mois plus tard. Pourtant, là encore, nul doute que ce changement de statut doit pour une bonne part à l'attitude de l'ex-président et de son conseil.

En effet, lors de cette première audition, Sarkozy ne chercha pas à dissimuler son agacement, voire son dédain, pour les magistrats qu'il avait face à lui. Nicolas Sarkozy a une grande qualité qui est aussi, parfois, un énorme défaut : il peine à cacher ses sentiments.

À cela s'ajoute l'hostilité de principe qu'il a toujours manifestée à l'endroit de la magistrature, et tout particulièrement des juges d'instruction dont il a tenté, en vain, d'obtenir la suppression lors de son quinquennat. Dans un entretien au « Kärcher », pour reprendre la terminologie sarkozyste, l'ancien avocat général Philippe Bilger confia à *Marianne*, en juillet 2014 : « Pendant les cinq années où il a exercé, Nicolas Sarkozy a affiché un mépris de l'État de droit et de la magistrature […]. Sarkozy a une détestation du magistrat. Il ne l'a jamais aimé, tout comme la justice », concluait même M. Bilger, qui avait pourtant appelé à voter Sarkozy, en 2007.

On ne le saura sans doute jamais, mais de nombreux observateurs du petit univers de la magistrature bordelaise sont convaincus que Nicolas Sarkozy aurait pu éviter l'infamie d'une mise en examen pour « abus de faiblesse » s'il avait adopté une attitude plus conciliante avec ses juges lors de leur première rencontre.

Cette mise en examen, signifiée le jeudi 21 mars 2013 dans la soirée, fut l'occasion pour les « sarkolâtres » de s'en prendre avec une violence inouïe aux magistrats, coupables à leurs yeux d'un authentique crime de lèse-majesté. Comme souvent, le plus excessif fut Henri Guaino, qui accusa Jean-Michel Gentil d'avoir – notamment – « déshonoré la justice ». La sortie ne devait rien au hasard. Dans son ouvrage *Chronique d'une revanche annoncée* (éditions du Moment, 2014), la journaliste Christelle Bertrand, bonne connaisseuse de la Sarkozie, raconte notamment à propos de cet épisode : « Le juge Gentil est devenu l'homme à abattre. Dès le dimanche, des éléments de langage sont donnés aux porte-voix les plus proches : Henri Guaino, Brice Hortefeux, Nadine Morano. Cette dernière compare l'affaire Sarkozy à celle d'Outreau. Pour Henri Guaino, "le juge Gentil a sali la France". Quant à Brice Hortefeux, il déclare qu'"un magistrat doit instruire à charge et à décharge". Tous ont pour mission de faire craquer le juge. »

La journaliste écrit encore : « De son côté, Me Herzog active ses réseaux. Des dizaines de petites mains et de ténors du barreau enquêtent, cherchent tout ce qu'ils peuvent trouver de compromettant contre le juge. Les contacts de Claude Guéant sont aussi sollicités. Une stratégie concertée. » C'est ainsi que furent découverts les liens d'amitié unissant le juge Gentil au médecin qui fut chargé de réaliser une expertise déterminante de Liliane Bettencourt. Livrée aux médias, l'information, destinée à déstabiliser le magistrat, permit d'allumer un contre-feu d'envergure.

Faut-il y voir un rapport de cause à effet ? Toujours est-il que, six mois plus tard, le 7 octobre 2013, Sarkozy obtint le non-lieu tant espéré. On n'entendit plus aucun de ses proches critiquer publiquement le juge Gentil, dont les méthodes étaient pourtant considérées par eux, quelques mois plus tôt, comme déshonorantes pour l'institution judiciaire.

« Dis-moi, juste une petite nouvelle. M. Gentil, ça y est, il est à la transparence. »

En privé, toutefois, les sarkozystes, qui ont la rancune tenace, ne cesseront jamais de considérer Jean-Michel Gentil comme un ennemi. Et continueront à s'intéresser de près à son sort. Restée inédite jusqu'alors, une conversation au moins témoigne de tout cela.

Il s'agit d'un échange téléphonique entre Thierry Herzog et son ami Gilbert Azibert, avocat général à la Cour de cassation, capté le 3 mars 2014, dans le cadre d'une autre procédure (voir chapitre « Trafic d'influence »).

– Dis-moi, juste une petite nouvelle. M. Gentil, ça y est, il est à la transparence, commence Azibert, en évoquant le document de la chancellerie sur lequel figurent les projets de nominations de magistrats.

– À Lille, confirme Me Herzog.

Effectivement, Jean-Michel Gentil a été promu en mars 2014 premier vice-président chargé de l'instruction au tribunal de grande instance de Lille.
– Oui. C'est bien, glisse ironiquement Me Herzog, qui demande si l'épouse du juge Gentil, également magistrate, a bénéficié du même type d'avancement.
Elle est évoquée en termes injurieux, mais il nous aurait paru injuste de détailler plus avant ce passage, chacun pouvant, dans le cadre d'une conversation privée, employer des expressions qui dépassent sa pensée.
– Et madame, comme avocat général. Donc tous les deux hors hiérarchie, confirme en tout cas Azibert.
– Avocat général à Douai ? [...] Oh la vache, s'exclame Me Herzog.
– Pas mal hein ? observe Azibert.
– Pas mal ouais. Ça paye hein ? conclut Thierry Herzog.
Manifestement, l'avocat de Nicolas Sarkozy semble convaincu que le pouvoir socialiste a souhaité récompenser le juge Gentil.
Une chose est certaine, la guérilla menée contre Jean-Michel Gentil et les deux juges co-saisies avec lui de l'affaire Bettencourt allait laisser des traces. Terriblement choqués par le traitement réservé à leurs collègues, de nombreux magistrats, dans tous les tribunaux du pays, en conçurent une vive rancune à l'encontre de l'ex-président de la République. Innocent ou coupable, il n'est jamais bon, lorsque l'on est cité dans autant de procédures, de se mettre les magistrats à dos.
On en oublierait presque l'essentiel, le fond de l'affaire, à savoir les soupçons de financement illicite, voire d'enrichissement personnel, visant Sarkozy. Là encore, si l'ancien maire de Neuilly doit vivre avec ce soupçon, malgré son non-lieu, il peut s'en prendre surtout à lui-même.

D'abord parce que les rapports qu'il a entretenus avec la famille Bettencourt posent question. Ensuite parce que faire du trésorier de son parti et de sa campagne présidentielle – Éric Woerth – son ministre du Budget, ouvrait immanquablement la voie à toutes les suspicions.

Un document jamais dévoilé atteste tout cela.

Car l'affaire Bettencourt n'a pas livré tous ses secrets. Si la principale procédure, ouverte pour « abus de faiblesse » – ce dossier sera jugé à partir du 26 janvier 2015 devant le tribunal correctionnel de Bordeaux –, a été largement mise sur la place publique, une autre, tout aussi sensible politiquement, n'a jamais vu son contenu dévoilé. Peut-être parce que aucun de ses protagonistes n'y avait intérêt...

Cette procédure connexe, ouverte pour « trafic d'influence » et « financement illicite de parti politique ou de campagne électorale », a abouti aux mises en cause de l'ancien ministre du Budget de Nicolas Sarkozy, Éric Woerth, et de l'ex-gestionnaire de fortune de Liliane Bettencourt, Patrice de Maistre. Renvoyés en correctionnelle à l'issue de l'enquête, les deux hommes seront jugés les 23, 24 et 25 mars 2015, toujours à Bordeaux. Ils restent bien entendu présumés innocents, et leurs défenseurs estiment disposer d'arguments suffisants pour convaincre le tribunal qu'il n'y a pas matière à les condamner.

Ils comparaîtront sur le banc des prévenus pour le seul délit de « trafic d'influence » (Éric Woerth est soupçonné d'avoir obtenu la Légion d'honneur pour de Maistre en échange de l'obtention d'un emploi pour son épouse), ayant bénéficié d'un non-lieu pour les faits de financement politique occulte.

Jamais rendue publique, l'ordonnance de renvoi devant le tribunal correctionnel, signée le 2 juillet 2013 par les juges Jean-Michel Gentil, Cécile Ramonatxo et Valérie Noël, synthétise en soixante-six pages deux ans et demi d'enquête. Les trois magistrats, saisis de tous les volets de l'affaire Bettencourt, y décryptent un système de financement suspect, celui de l'UMP de Nicolas Sarkozy. Tout y est, les enquêteurs ont pu reconstituer, dates, virements, rencontres secrètes à l'appui, le mécanisme d'un processus apparemment illégal. Manquent les preuves définitives pour traduire les responsables en correctionnelle.

L'un des chapitres les plus passionnants est évidemment celui intitulé : « La suspicion d'utilisation d'espèces par André et Liliane Bettencourt à des fins politiques ». Si les anciens employés des Bettencourt ont cité les noms de nombreuses personnalités comme hôtes réguliers de l'hôtel particulier de Neuilly-sur-Seine où le richissime couple a élu domicile, aucune preuve matérielle de versement d'argent liquide n'a pu être rapportée précisément. Il y a bien sûr ces visites suspectes de Nicolas Sarkozy, début 2007, qui convainquirent un moment les trois magistrats qu'elles avaient eu pour objet des remises de fonds. Elles provoquèrent, on l'a dit, la mise en examen de Sarkozy dans le volet « abus de faiblesse », au mois de mars 2013. Mais la fragilité des charges lui permit donc quelques mois plus tard d'obtenir un non-lieu logique.

« Elle réitérait ses affirmations concernant la demande de Patrice de Maistre de lui remettre 150 000 euros "pour donner à M. Woerth". »

Toutefois, l'ordonnance de renvoi du dossier ouvert pour « trafic d'influence » et « financement illicite de parti politique ou de campagne électorale » comporte de longs développements sur les soupçons pesant sur Nicolas Sarkozy, que les trois juges d'instruction se sont manifestement fait un grand plaisir de détailler. Les magistrats évoquant d'abord le témoin-clé de l'affaire, à savoir Claire Thibout.

Entendue dans cette procédure le 14 septembre 2011, l'ancienne comptable, résument les juges, a confirmé « ses précédentes déclarations, précisant avoir fait le lien entre les personnalités politiques et la remise d'argent lorsque, après ces visites, André Bettencourt lui réclamait des fonds alors qu'elle venait de lui en remettre. Elle réitérait ses affirmations concernant la demande de Patrice de Maistre de lui remettre 150 000 euros "pour donner à M. Woerth" et le déroulement de cette remise, le 18 janvier 2007, à Liliane Bettencourt ».

Les juges ont été jusqu'à présenter à Claire Thibout un document important, saisi lors de l'enquête : l'un des cahiers du confident de la milliardaire, François-Marie Banier, sur lequel figurait une mention, à la date du 26 avril 2007, traduisant les propos que venait de lui tenir Liliane Bettencourt : « De Maistre m'a dit que Sarkozy avait encore demandé de l'argent, j'ai dit oui. » À la suite de quoi les juges posèrent la question suivante à la comptable : « Avez-vous connaissance d'une remise d'argent directement effectuée par M. et Mme Bettencourt à Nicolas Sarkozy qui pourrait correspondre au fait que nous venons d'indiquer ? » « J'ai eu vent de cela », confirma Mme Thibout, avant de préciser toutefois : « On ne m'a pas demandé de remettre de l'argent à M. Nicolas Sarkozy. »

Une déclaration en parfaite cohérence avec la position de l'ancienne comptable depuis le début de l'affaire, à savoir qu'elle n'a jamais été le témoin direct des remises de fonds aux politiques, dont elle a en revanche très souvent entendu parler dans la maison Bettencourt, où cette pratique relevait semble-t-il du secret le mieux partagé.

Autre témoin de choix pour les magistrats instructeurs, leur collègue de Nanterre Isabelle Prévost-Desprez. Interrogée une semaine après Claire Thibout, le 20 septembre 2011, «elle déclarait, écrivent les juges, avoir subi et subir encore de nombreuses pressions du parquet de Nanterre, de sa hiérarchie, et s'être aperçue que "c'était la peur qui dirigeait ses collègues". Elle ajoutait que les témoins qu'elle avait entendus étaient choqués de l'attitude du parquet de Nanterre [...] que cela lui faisait penser "à un dossier de criminalité organisée"». Particulièrement féroce à l'endroit du procureur Courroye, les magistrats ajoutent : «On ne pouvait que rapprocher ces déclarations du contenu d'une partie de la mission d'expertise comptable ordonnée par le parquet de Nanterre qui, étonnamment, portait davantage sur des faits éventuels concernant les témoins entendus dans la procédure, que sur les faits révélés dont Liliane Bettencourt aurait été victime.» En d'autres termes, le parquet de Nanterre, pour les raisons que l'on sait, se serait échiné à décrédibiliser les témoins plutôt que d'essayer d'étayer leurs déclarations.

Crânement, Isabelle Prévost-Desprez confirma aux juges lors de son audition «que sa greffière lui avait bien fait part des propos tenus par Mme Youpatchou, lorsqu'elle avait reconduit cette dernière à l'ascenseur, à savoir qu'elle avait vu des remises d'espèces à Sarkozy». Entendue à deux reprises, l'infirmière, notent les juges, «contesta avoir fait des révélations à la greffière de Mme Isabelle Prévost-Desprez. En revanche, elle expliquait avoir eu connaissance d'une visite [en 2007] de Nicolas Sarkozy chez Liliane Bettencourt, constatant l'inscription sur un "planning" affiché dans la cuisine d'un rendez-vous libellé "M. Nicolas", elle s'en était étonnée en pensant que cela concernait Nicolas Meyers [petit-fils de Mme Bettencourt]. Le majordome Pascal Bonnefoy lui avait répondu qu'il s'agissait en fait de Nicolas Sarkozy ». Interrogée à son tour, l'ancienne secrétaire de direction d'André Bettencourt, Chantal Trovel, livra elle aussi un témoignage fort intéressant, le 26 octobre 2011 : « Elle désignait les personnalités politiques qui venaient régulièrement voir André Bettencourt et ne citait pas Nicolas Sarkozy, résume l'ordonnance. Elle confirmait avoir fait le lien entre ces visites et la préparation d'enveloppes, mais n'avoir jamais assisté à une telle remise [...]. Elle confirmait l'anecdote racontée par Henriette Youpatchou à cause du prénom "Nicolas" et n'avoir eu connaissance de la visite de Nicolas Sarkozy que le lundi suivant. Elle précisait que Nicolas Sarkozy était toujours ministre de l'Intérieur. »

L'ordonnance des magistrats s'attarde également sur des éléments de contexte révélateurs s'agissant des liens financiers unissant les Bettencourt à Sarkozy. Il ressort ainsi qu'entre 2003 et 2010 le couple de milliardaires a effectué, en toute légalité, six donations au profit de l'UMP, pour un montant total de 32 500 euros. À quoi s'ajoutent deux donations, effectuées par Liliane et André Bettencourt le 4 octobre 2006, de 7 500 euros (somme maximale autorisée par la loi) en faveur de l'Association de soutien de l'action de Nicolas Sarkozy (ASANS), ainsi qu'une donation de Mme Bettencourt, en mars 2010, de 7 500 euros, au profit de l'Association de soutien à l'action d'Éric Woerth.

Et lors d'une perquisition effectuée au siège de l'UMP le 7 mars 2011, les enquêteurs saisirent, dans les caves, un courrier adressé le 19 mars 2007 par Nicolas Sarkozy à André Bettencourt, en réponse à une lettre de ce dernier du 19 janvier 2007. Dans cette missive, rapportent les juges, « André Bettencourt adressait à Monsieur le ministre Sarkozy, président de l'UMP, ses félicitations pour son discours d'investiture du 14 janvier 2007 et lui disait combien il voulait lui témoigner son soutien et sa fidélité, son amitié ».

L'ensemble de ces éléments permet de mieux comprendre le raisonnement des trois juges d'instruction : les richissimes Bettencourt étaient très proches de celui qui fut longtemps leur maire, Nicolas Sarkozy, qu'ils ont financé – au moins légalement – tant qu'ils ont pu ; le couple avait l'habitude de remettre des enveloppes en espèces aux hommes politiques – surtout de droite – qui leur rendaient visite ; Sarkozy a été vu pendant la campagne présidentielle de 2007 chez les Bettencourt ; divers documents et témoignages évoquent, indirectement, des remises d'argent liquide à Sarkozy. Conclusion : Nicolas Sarkozy a forcément perçu des fonds occultes des Bettencourt. CQFD ?

Sauf qu'une série de déductions ne constitue pas une preuve, et c'est heureux. La justice courrait à sa perte si elle se fondait sur des syllogismes. Juridiquement, des soupçons ne sont pas des charges. Par ailleurs, Nicolas Sarkozy a sans doute été sauvé par... la prescription. En effet, dans l'ordonnance de renvoi rédigée dans le volet « abus de faiblesse », les juges concluaient : « Il existe des charges suffisantes à l'encontre de Nicolas Sarkozy d'avoir le 24 février 2007 sollicité un soutien financier illégal d'André et Liliane Bettencourt. » Mais, comme l'a expliqué le journaliste Fabrice Arfi en octobre 2014 dans son ouvrage *Le Sens des affaires* (Calmann-Lévy), l'ex-chef de l'État a sans doute échappé à des poursuites pour financement politique illicite au seul motif que « les faits, remontant à 2007, étaient prescrits en 2010 au moment de l'ouverture des enquêtes judiciaires, suite aux révélations de Mediapart – la prescription n'est que de trois ans dans ce cas ».

Pour toutes ces raisons, l'ancien chef de l'État ne comparaîtra donc pas dans l'affaire Bettencourt. Toutefois, son ombre planera sur les deux procès prévus début 2015. Car, sur le banc des prévenus, figurera au premier rang le fidèle Éric Woerth, celui qu'il avait bombardé trésorier de l'UMP dès 2002, puis nommé ministre du Budget après son élection en mai 2007. Un cumul de fonctions pouvant nourrir toutes les suspicions, mais Nicolas Sarkozy l'avait voulu ainsi, alors… Il dut toutefois se rendre à l'évidence : Éric Woerth fut contraint, le 30 juillet 2010, alors que le scandale Bettencourt battait son plein, de démissionner de son poste de trésorier de l'UMP.

Éric Woerth, ou le fusible parfait. Sur des dizaines de pages, l'ordonnance de renvoi détaille dans quelles conditions Patrice de Maistre remit, au nom des Bettencourt, début 2007, d'importantes sommes en espèces au maire de Chantilly. Mais les juges concluent que « les investigations réalisées n'ont pas permis d'établir ni la destination de ces fonds, ni leur acceptation à une date quelconque par un parti politique, par une association de soutien à l'action d'un homme politique ou par une association de financement de cette action ».

Ainsi, les infractions de financement illicite de parti politique et/ou de campagne électorale ne sont pas caractérisées. Ce qui n'empêchera pas Éric Woerth de comparaître pour « recel » des sommes perçues de Patrice de Maistre dans le volet abus de faiblesse, puisque les magistrats, on l'a compris, tiennent pour acquis qu'il a bel et bien récupéré de l'argent occulte. De telle sorte que Nicolas Sarkozy reste sous la menace d'éventuelles révélations susceptibles de surgir lors des deux procès Bettencourt, prévus en janvier et mars 2015.

L'ancien président a toujours pu compter sur la loyauté de ses fidèles. Jusqu'à quand ?

ÉPILOGUE

Un journaliste est censé s'effacer derrière les faits qu'il révèle. À titre exceptionnel, l'espace de quelques pages, par souci de transparence, nous allons pourtant déroger à cette règle.

Il fallait bien raconter la scène originelle, celle qui nous a définitivement convaincus d'écrire ce livre. Et en profiter pour dissiper une interrogation, voire un malentendu, sur notre anti-sarkozysme supposé. Nous avons écrit des centaines d'articles sur Nicolas Sarkozy, dont notre journal, *Le Monde,* a abondamment chroniqué les ennuis judiciaires ces dernières années, publié des livres décortiquant son système, répondu à des centaines d'interviews le concernant...

C'est un fait, l'homme intéresse, il exerce même une certaine fascination, et nous n'avons pas tout à fait échappé à ce phénomène.

Tout au long de notre carrière, il nous est arrivé de le rencontrer, à l'occasion d'un déplacement ministériel en Corse, dans l'optique d'un entretien consacré au sport, et même au tout début de son fulgurant parcours, dans son bureau de (jeune) maire de Neuilly-sur-Seine... Mais cela se révéla impossible une fois l'ambitieux ministre de l'Intérieur installé à l'Élysée, même si sa « garde rapprochée », elle, continua à nous voir, et parfois à nous alimenter en informations.

Du coup, à partir du printemps 2007, jamais nous n'avons pu approcher Nicolas Sarkozy dans le cadre de notre cœur de métier : les affaires politico-financières, qui, ce n'est sans doute pas un hasard, l'éclaboussent depuis son accession à la présidence de la République. Ce n'est pas faute d'avoir demandé : pas un article où nous ne le sollicitions, à minima par SMS, pour réagir à de nouvelles révélations ou accusations. À chaque fois, le silence comme unique réponse.

En général, il préfère laisser ses « porte-flingues », les Nadine Morano, Xavier Bertrand – qui a depuis pris ses distances –, Henri Guaino, Geoffroy Didier et autres Brice Hortefeux, monter à l'assaut des plateaux des chaînes d'info, nous traitant sur tous les tons de « fascistes » ou de « gauchistes » voire, dans le meilleur des cas, de « militants ».

Surtout, on nous rapportait régulièrement des scènes, des phrases, ses explosions de colère à notre endroit... Comme ce jour où celui qui était encore chef de l'État entraîna dans un salon de l'Élysée Xavier Niel, fondateur de Free, mais surtout, en l'occurrence, actionnaire principal du *Monde*, rencontré à l'occasion d'une remise de décoration. Faisant allusion aux articles du *Monde* sur les « affaires » le concernant, il lâcha à Xavier Niel : « C'est dangereux ce que fait *Le Monde*, vous savez. Il y a de quoi se retrouver avec des couteaux plantés dans le dos sur un bout de trottoir... »

Ou plus récemment, lorsqu'il explosa devant des représentants de Canal +, leur reprochant de nous convier

régulièrement au *Grand Journal*, et nous traitant, encore une fois, d'«idéologues».
Mais jamais rien que nous puissions constater de visu. Jusqu'à ce lundi 18 novembre 2013, à 14h30. Singulier face-à-face.
Le rendez-vous avec Nicolas Sarkozy avait été fixé trois semaines plus tôt. Il faisait suite à plusieurs conversations avec Thierry Herzog, conseil mais surtout ami fidèle de l'ancien président. Nous entretenions de longue date d'excellentes relations avec cet avocat tout à la fois tenace, affable et attachant. Il était conscient, lui, que l'attitude du plus célèbre de ses clients à notre égard était totalement contre-productive.
Après une longue période de «glaciation», due à nos écrits jugés inamicaux, nous étions parvenus à renouer avec Me Herzog, au début de l'année 2013, des relations que l'on qualifierait de «constructives» en langage diplomatique. Il nous semblait tout simplement aberrant de continuer à chroniquer les mésaventures judiciaires de Nicolas Sarkozy sans jamais pouvoir recueillir son point de vue, soit auprès de ses proches, et notamment de son avocat et ami, soit en nous entretenant directement avec lui.
Avons-nous été convaincants ? Apparemment, la Sarkozie s'était surtout montrée ravie – et stupéfaite – de découvrir dans *Le Monde* du 10 avril 2013, sous notre plume, un long article sur l'affaire Bettencourt indiquant que les charges pesant sur l'ancien président, mis en examen trois semaines plus tôt, étaient «ténues». En réalité, sans chercher à dédouaner ou accabler Nicolas Sarkozy, nous n'avions fait qu'expertiser le plus objectivement possible le dossier judiciaire, et en avions tiré les conclusions qui s'imposaient à nos yeux, à savoir qu'en bonne logique il

devait obtenir un non-lieu – que les juges lui accordèrent d'ailleurs six mois plus tard.

Sans doute cet article provoqua-t-il un malentendu parmi l'entourage de l'ex-chef de l'État, persuadé en quelque sorte qu'après une longue période d'anti-sarkozysme obtus nous étions revenus à de meilleurs sentiments ! Et ce alors que nous n'avions évidemment en rien changé notre approche, que nous étions restés ce que nous n'avons jamais cessé d'être : des journalistes qui tentent d'informer le plus honnêtement possible, sur la base de faits recoupés et non de partis pris idéologiques.

En tout cas, il s'ensuivit plusieurs mois de presque félicité, qui se poursuivit d'ailleurs au-delà de cette rencontre du 18 novembre 2013. Car les hasards de l'actualité politico-judiciaire nous valurent de « récidiver », cette fois dans le cadre du dossier libyen. Là encore, une page publiée dans *Le Monde*, le 11 décembre 2013, faisant état des doutes planant sur l'authenticité d'un document accusateur pour Nicolas Sarkozy, fut mise à notre crédit par les sarkozystes. Pourtant, une nouvelle fois, nous nous étions bornés à restituer les avancées d'une enquête judiciaire.

Entre-temps, Me Herzog avait donc fini par réussir l'impossible : convaincre Nicolas Sarkozy de nous recevoir ! À une seule condition : rien ne devait filtrer de cet entretien dans les colonnes du *Monde*.

Cela s'est passé ainsi.

À 14 h 15, ce lundi 18 novembre 2013, nous arrivons au 77, rue de Miromesnil, dans le VIIIe arrondissement de Paris, pas bien loin du très chic parc Monceau. Nous entrons dans un appartement cossu, reconverti en locaux d'apparat. C'est ici que Nicolas Sarkozy reçoit des députés par palanquées, prépare ses plans com, prévoit l'avenir, dédaigne le passé... On y croise des jeunes femmes affairées, des hommes politiques d'avant, des futurs cadors, des gardes du corps à l'œil fureteur, un Michel Gaudin discret, qui pointe une tête hors de son bureau de directeur de cabinet... Le parquet grince, ça sent l'encaustique et la dévotion. On croise des regards pas franchement chaleureux. Et, malgré la présence de Thierry Herzog, improbable « casque bleu », on se sent vaguement mal à l'aise.

On a publié deux ans plus tôt *Sarko m'a tuer*, véritable brûlot, sans compter nos révélations à jets continus, régulièrement annoncées à la une du *Monde*. Fausses factures, financement illicite, conflits d'intérêts, abus de faiblesse... Il n'y a qu'à se baisser, quasiment tous les membres de l'entourage de Sarkozy sont visés, perquisitionnés, gardés à vue, mis en examen...

Mais quel Sarkozy va-t-on voir ?

Le violent, concentré de virilité et d'autorité, ou le doucereux, celui qui vous enveloppe de sa chaleur, répond mielleusement aux interrogations par d'autres questions, en vous donnant du « monsieur » ? A-t-il vraiment changé, au-delà de sa fameuse barbe de trois jours – désormais rasée –, lui que l'on dit apaisé, serein ? À cette époque, il ne s'est pas encore épanché sur ses désirs de reconquête politique, il n'a pas assimilé les méthodes de la justice française aux pratiques des services secrets est-allemands. Enfin, il n'a pas encore accusé publiquement François Hollande de manipuler des juges forcément haineux et désireux de l'anéantir.

À 14h30 pile, nous voici donc dans son antre. Une vaste pièce surchargée de bibelots et autres souvenirs de l'époque où il régnait sur la France. En quittant l'Élysée, Carla Bruni a conservé tous les cadeaux qu'on lui avait offerts, en tant que « première dame ».

Véronique Waché, son attachée de presse, est là. Thierry Herzog aussi bien sûr. Tous les deux se placent légèrement en retrait, comme deux coaches quittant le ring juste avant le début du combat. Nicolas Sarkozy, le visage fermé, s'approche. Il nous serre la main, froidement, et s'assied face à nous, dans un canapé, à trois mètres de distance. Il nous toise. Puis prend la parole. Il attaque fort. Cash, comme à son habitude. L'homme a pas mal de défauts, sans doute, mais il est franc.

« Vous avez lu *Anna Karenine* ? Moi j'en ai conclu que le pardon était plus fort que la vengeance. C'est comme le type qui déteste son ex-femme : ça veut dire qu'il n'a pas tourné la page. En fait, la meilleure façon de se venger c'est de pardonner. Tout mon entourage m'a déconseillé de vous recevoir, c'est ma décision personnelle. Je voulais savoir comment des journalistes aussi aguerris et intelligents que vous pouvaient écrire des articles ou des livres aussi partiaux, avec des informations aussi fausses. »

On encaisse, sans mot dire.

La parole est à la défense. C'est la règle du jeu. On a voulu le rencontrer, on est servis.

« J'aurais d'ailleurs dû vous voir avant. Je dégage une telle chaleur que, quelque part, ça me nuit, les gens se font une image fausse de moi », concède-t-il tout de même.

Mais quand on a le malheur, histoire d'essayer de détendre un peu l'atmosphère, de lui rappeler cette première rencontre à la mairie de Neuilly, près de vingt-cinq ans auparavant, il ne manque pas l'occasion de nous clouer au mur. « Vous me connaissez depuis 1989 ? Je ne savais pas que vous développiez une telle haine à mon endroit depuis si longtemps ! » cingle-t-il, le visage déformé par un mauvais rictus, mais visiblement très satisfait de sa repartie.

Très calmement, on tente de plaider notre cause, d'expliquer que nous ne participons pas à une croisade contre lui… Peine perdue. « Ah bon, ironise-t-il, alors comme ça, vous n'avez pas de parti pris, vous n'êtes pas anti-sarkozystes ? Eh bien, qu'est-ce que ce serait si vous l'étiez ! Et puis, que vous le vouliez ou non, votre journal est militant, lui, il est engagé à gauche, il a appelé à voter Hollande, il ne m'aime pas. Je ne vous en tiens pas rigueur, je constate, c'est tout. Mais je ne veux pas être dans la haine, c'est un sentiment néfaste. »

Il conclut sa tirade par un drôle d'aveu : « J'aurais pu il y a quelque temps vous croiser dans la rue et avoir envie de vous sauter à la gorge, mais ça sert à quoi, ce genre de réaction ? » Quasiment mot pour mot ce qu'il avait lancé à Xavier Niel.

Dans nos souvenirs, on ne l'a plus interrompu. On l'a laissé parler. Cela semblait lui procurer un réel plaisir. Il les tenait enfin, ses deux « persécuteurs »… Il y a eu d'autres phrases, plus violentes, mais on n'a pas pu les reconstituer fidèlement. Alors, on les garde pour nous.

Nous aurions pu lui répondre vertement, nous draper dans notre vertu de journalistes outragés, partir en claquant la porte. Il n'en a rien été. Nous étions dans l'observation. Le constat journalistique. Et, surtout, nous estimions qu'il était parfaitement dans son droit. C'était son heure. Nous n'étions pas là pour nous excuser, évidemment, mais nous devions accepter sa colère.

Et puis, sommes-nous si irréprochables ? N'avons-nous pas, parfois, été un peu trop loin, frappé trop fort ? Peut-être. Nous ne sommes pas parfaits. Il faut essayer de rester humble dans ce métier. Ou au moins fair-play.

Alors, on a laissé passer l'orage, ce qui a paru le décontenancer. On a même souri, parfois, et cela a eu l'air de l'agacer. Ce n'était pas le but. On s'est surtout dit que l'homme n'avait pas changé. Des tics nerveux par dizaines, une jambe qui bat la chamade, les yeux plantés dans les vôtres, cette fausse courtoisie qui lui sert de garde-fou quand il a envie d'écharper son interlocuteur, ce charisme incontestable, cette folle énergie qu'il dégage, enfin, et qui le rend si différent, si vulnérable à ses propres emportements, à son aréopage de courtisans empressés, aussi.

Ce jour-là, nous avons tout de même tenté de lui démontrer notre bonne foi, mais, à ses yeux, nos arguments n'étaient guère convaincants. Il savait. Ou plutôt ne démordrait pas de ce qu'il pensait savoir. En l'occurrence qu'il ne pourrait jamais nous faire totalement confiance. Tout juste pourrait-on, éventuellement, lui servir de relais médiatique de poids, si ses affaires judiciaires le nécessitaient. C'est du moins ce qu'il a suggéré.

Il a continué à parler de lui, de ses démêlés avec les juges. Outré. Avec des accents de sincérité. Surtout quand il a abordé le sujet du financement éventuel par la Libye de Mouammar Kadhafi de sa campagne présidentielle de 2007.

Il est intarissable sur le sujet.

« Cette histoire libyenne, c'est du délire, a-t-il asséné. Vous imaginez, j'aurais touché 52 millions de Kadhafi, et sous forme de virement bien sûr, pour mieux laisser des traces ?!... Et ensuite je lui déclare la guerre ? Non mais franchement, vous pensez que je suis complètement idiot ? J'attaque Kadhafi et pendant des mois, alors qu'il a des documents compromettants sur moi, il ne les sort pas ? Mais enfin, cela n'a aucun sens. Je suis consterné que l'on puisse donner du crédit à des montages pareils. Je ne comprends pas ce que fait le parquet dans cette histoire. Quel jeu joue le procureur ? Faut pas oublier que je suis avocat, et pas par équivalence... En tout cas, ce genre d'histoires, comme Clearstream, ça ne me donne vraiment pas envie de refaire de la politique. Car la politique, hélas, c'est ça, aussi. »

Son indignation était-elle surjouée ? Impossible de le savoir, les grands politiques sont d'abord de formidables acteurs. Mais cela n'exclut pas les élans de sincérité.

Nous étions prêts à relayer ses propos dans *Le Monde*, à publier, à la période de son choix, un immense entretien sur le thème des «affaires»... Il ne l'a pas souhaité. Il gardait le silence, à l'époque. Et puis, il voulait sans doute nous «mettre à l'épreuve», attendre de voir, peut-être, si nos écrits allaient changer de tonalité, qui sait... Nous lui avons même proposé d'aller plus loin, de répondre en longueur dans le cadre d'un livre ! La proposition l'a déconcerté. Il a peut-être pensé à une provocation. Cela n'en était pas une.

Nous étions avec lui depuis près d'une heure. La tension était retombée. Il avait pu déverser sa bile à loisir. Il paraissait finalement plutôt satisfait de notre attitude pragmatique.

Mais la défiance restait de mise.

On s'apprêtait à prendre congé de l'ancien président, quand il a soudain repris son antienne, à propos de ces médias qui, selon lui, l'accablaient. De ces journalistes, tous de gauche, forcément, et résolus à lui faire la peau. Il a alors lâché : « La presse est tellement sympa avec Hollande... » On a tenté d'objecter que le « Hollande bashing » valait bien le « Sarko bashing », parfois. Peine perdue. « Ah, vous, vous trouvez que la presse est dure avec lui ? Mais imaginez ce que vous écririez si c'était moi aux affaires dans la même situation, ce serait dix fois pire ! »

Il a repris, sur le thème des dossiers judiciaires l'impliquant, notamment l'affaire Tapie, et la transmission par l'Élysée, à la demande des juges, des archives en rapport avec cette histoire : « Ce que Hollande a fait, dans l'histoire Tapie, c'est honteux ! Mes archives m'appartiennent, pas à lui. Il se permet, avec son gendarme, de venir fouiller dans mes archives personnelles, c'est incroyable ! Croyez-moi, vous avez aimé les gendarmes de l'Élysée sous Mitterrand, avec Prouteau, vous allez adorer ceux de Hollande qui fouillent dans mes dossiers... C'est digne de Poutine, ça ! »

Intarissable désormais, il a enchaîné, nous entraînant sur un terrain plutôt inattendu. « Vous vous rappelez les rumeurs sur Benjamin Biolay et Carla, ou Chantal Jouanno et moi ? Tout ce qui a été écrit ? Et lui, Hollande, qui sort trois fois par semaine de l'Élysée en scooter pour aller voir sa bonne amie... Que font les journalistes ? Rien, bien sûr. »

Une sortie étonnante, faite devant témoins.

Nous sommes le 18 novembre 2013. Soit à peine deux mois avant la fameuse une du magazine people *Closer*, le 10 janvier 2014, lançant « l'affaire Julie Gayet » : en vedette, le scooter d'un président Hollande accusé d'infidélités conjugales, et bientôt plongé dans un marasme personnel, sous le regard goguenard du monde entier. À l'époque, on se doutait que Nicolas Sarkozy avait conservé de bonnes sources au palais présidentiel, mais de là à emprunter cette pente particulièrement glissante... On s'est quittés là-dessus.

Mais deux mois plus tard, ses drôles de paroles ont résonné dans nos esprits suspicieux – déformation professionnelle oblige. L'affaire Julie Gayet a éclaté, et Sarkozy savait donc, bien avant, tous les détails de l'intrigue. Y compris pour le scooter. A-t-il joué une mauvaise partition en sous-main ? Impossible à affirmer, d'autant que la liaison cachée du Président était un secret assez mal gardé semble-t-il.

Dans l'entourage de François Hollande, évidemment, on y voit l'œuvre de réseaux sarkozystes. Sans preuve.

Nous n'avons jamais revu Nicolas Sarkozy.

Les efforts de « réconciliation » entrepris par son avocat ont été anéantis, quelques mois plus tard, le 7 mars 2014 précisément, par la révélation à la une du *Monde*, sous notre plume, de l'affaire de « corruption » et de « trafic d'influence » à la Cour de cassation, impliquant les deux hommes. L'article de trop, sans doute.

Aux yeux des sarkozystes, nous ne faisions plus seulement preuve de parti pris, mais aussi de duplicité.

La contre-attaque, évidemment violente et empreinte d'une extraordinaire mauvaise foi, ne tarda pas. Il nous revint aux oreilles que nous étions redevenus deux cibles à abattre. Par tous les moyens.

Dès le 16 mars, *Le Journal du dimanche* publia le calendrier de nos rencontres avec François Hollande, reproduisant même en fac-similé un extrait de l'agenda personnel du locataire de l'Élysée !

L'objectif était limpide : laisser accroire que l'actuel président de la République manipulait des journalistes, forcément complaisants – et accessoirement utilisait les procédures judiciaires en cours pour déstabiliser ses rivaux. De fait, nous avions rencontré François Hollande le vendredi 7 mars à… 19 heures, soit douze heures après que nos révélations avaient été publiées sur le site du monde.fr. Un rendez-vous prévu de longue date, et tout sauf secret puisque nous préparons un ouvrage au long cours sur le quinquennat du successeur de Nicolas Sarkozy, projet rendu public dès son origine, et que, dans ce cadre, nous l'interviewons à l'Élysée en moyenne une fois par mois depuis son élection, en mai 2012.

C'est d'ailleurs ce même *JDD* qui avait annoncé, dans son édition du 1er juillet 2012, que nous préparions un livre d'enquête sur le quinquennat de François Hollande afin, disait l'article, de « raconter les coulisses d'une présidence qui se veut normale, de voir s'il prend le contre-pied de Nicolas Sarkozy ».

L'article eut au moins le mérite de confirmer l'existence de « taupes » au sein même de l'Élysée, mais surtout de nous informer sur l'état d'esprit de Nicolas Sarkozy à notre égard : la défiance avait cédé à la colère, pour ne pas dire à la haine.

Vint le tour de *Valeurs actuelles*, l'hebdomadaire de la droite « décomplexée », terme pudique derrière lequel aime s'abriter cette droite extrême vers laquelle, sous l'influence de son conseiller Patrick Buisson, Nicolas Sarkozy se rapprocha au terme de son mandat, dans l'espoir de se faire réélire. C'est d'ailleurs ce journal que Nicolas Sarkozy choisira, le 7 août 2014, pour annoncer en exclusivité dans quelles conditions il envisageait d'effectuer son retour.

Dans un très long article publié le 21 mars 2014, sous un titre tout en sobriété que n'aurait pas renié *Minute* (« Hollande, Valls, Taubira et la mafia socialiste »), le magazine nous accusa peu ou prou d'être les relais d'un prétendu « cabinet noir » basé à l'Élysée ! L'outrance du propos fit qu'il ne rencontra guère d'écho, mais il avait à l'évidence valeur d'avertissement.

Il ne fut guère entendu : nous ne fîmes même qu'aggraver notre cas quelques mois plus tard, le 12 juillet 2014 précisément, en révélant, dans la même affaire, des extraits d'écoutes téléphoniques, peu à l'avantage de l'ex-chef de l'État. Sans préjuger aucunement de son éventuelle culpabilité, seule leur publication permettait de comprendre pourquoi ce dernier avait été mis en examen dix jours auparavant.

Initiative impardonnable.

Depuis, nous sommes purement et simplement « black listés ». En quarantaine. Interdits de séjour en Sarkozie.

Sollicité par téléphone pour donner son point de vue sur ces écoutes, mi-juillet, l'avocat de Thierry Herzog, Me Paul-Albert Iweins, pourtant alors omniprésent dans les médias, et qui nous avait toujours fait bon accueil, lâcha : « Je n'ai pas le droit de vous parler », avant de raccrocher brutalement. Le message était clair. La fatwa explicite. Même Me Herzog, désormais définitivement aux abonnés absents, appliqua les mesures de boycott. À notre grand regret.

On reçut ensuite plusieurs mises en garde : des sarkozystes, nous rapporta-t-on, activaient leurs réseaux, médiatiques, policiers, judiciaires, dans l'espoir de dénicher une information susceptible de nous déstabiliser, un point faible, un angle d'attaque. Ou une rumeur à colporter, comme celle, assez surréaliste, nous accusant d'avoir informé... Nicolas Sarkozy de ses mises sur écoute (voir chapitre « Trafic d'influence ») !

Étonnante ironie, nous rejoignions ainsi la cohorte des bannis du sarkozysme, dont nous avions nous-mêmes raconté les déboires, en 2011, dans *Sarko m'a tuer*.

Un long article publié par le magazine *Le Point*, le 11 juillet 2014, acheva de lever nos derniers doutes. Les journalistes Saïd Mahrane et Emmanuel Berretta, généralement bien informés, y relataient sur cinq pages « les drôles de vacances de Nicolas Sarkozy ». Évoquant les relations de l'ex-président avec la presse, ils écrivaient, s'appuyant sur des confidences recueillies auprès de l'intéressé : « Il s'imagine encore traqué par des journaux, dont *Le Monde* et ses deux journalistes Gérard Davet et Fabrice Lhomme, qu'il soupçonne des pires intentions. »

Nul doute – hélas – que cette phrase reflète fidèlement l'état d'esprit de Nicolas Sarkozy à notre endroit. C'est pourtant bien mal nous connaître. Nous n'avons qu'une seule réelle « intention » : exercer notre métier avec honnêteté et exigence, sans concession ni acharnement, dans la droite ligne des valeurs défendues par *Le Monde* depuis toujours. Ni sarkozystes, ni anti-sarkozystes ; journalistes, tout simplement.

Le 16 octobre 2014, *Valeurs actuelles* reprit l'offensive nous visant. Avec une violence inédite, accrue. Un article (non signé) nous fut consacré, dans lequel l'hebdomadaire piétinant le secret des sources retraçait nos divers rendez-vous, à l'Élysée, à la chancellerie, au pôle financier. Aussi invraisemblable que cela puisse paraître, nous avions donc été suivis ! Venimeux, l'article en forme de dénonciation anonyme évoquait même la protection policière dont nous bénéficiions depuis le début du mois de septembre, à la suite de menaces de mort circonstanciées reçues à nos domiciles respectifs, et dont les commanditaires n'ont, à ce jour, pas été identifiés. *Valeurs actuelles* expliquait doctement à ses lecteurs que ces mesures étaient abusives, allant jusqu'à prétendre que nous étions protégés par huit policiers et que cela coûtait 400 000 euros aux contribuables. Affirmations totalement délirantes. Yves de Kerdrel, directeur général de *Valeurs actuelles*, y alla même d'un tweet calomnieux, le 14 octobre, annonçant : « Revoilà le cabinet noir contre #Sarkozy avec ses deux valets : les pseudo journalistes Davet et Lhomme. » La gravité de ces attaques ne laissa d'autre choix au *Monde* que de saisir la justice, d'une part pour des faits d'espionnage, et d'autre part pour diffamation et injures.

Alors, en cet automne 2014, on a compris. Admis que Nicolas Sarkozy ne changerait pas. Jamais. Féru de littérature sur le tard, il est toujours « l'homme pressé » si bien décrit par Paul Morand en 1941, avec cette certitude psalmodiée par le héros : « Changer ? Pourquoi changerais-je, puisque l'erreur n'est pas chez moi… »

Non, il n'y a rien à faire, l'homme est toujours le même : sa folle énergie le dessert, paradoxalement, et, surtout, sa rancune est inextinguible. On a même le sentiment qu'elle fait office de carburant chez cet homme qui puise sa formidable énergie dans l'adversité.

En réalité, il faut se résoudre à intégrer le fait qu'il obéit à un système de pensée parfaitement binaire : celui qui ne le suit pas aveuglément est forcément acharné à le démolir...

Dans un entretien accordé à *Marianne*, publié en juillet 2014, le haut magistrat Philippe Bilger, pourtant soutien de Nicolas Sarkozy en 2007, disait : « J'ai aimé l'homme politique qui voulait tomber les corporatismes et prônait l'ouverture, mais tout s'est effondré. Son ego a perverti les aspects les plus honorables de son programme. »

Pour tenter de pénétrer un peu plus les ressorts de sa pensée, nous nous sommes plongés dans la retranscription, patiemment élaborée par notre collègue Emeline Cazi, des enregistrements opérés – à l'insu du chef de l'État – par le génie noir de Nicolas Sarkozy, Patrick Buisson. Des libres propos totalement authentifiés. On y entend le président de la République et sa garde rapprochée, en 2011, en pleine discussion, à la Lanterne, la résidence versaillaise dévolue aux Premiers ministres, et annexée par le chef de l'État.

Un morceau d'anthologie sarkozyste, goujaterie et cynisme mêlés, sur fond, là encore, de professionnalisme exacerbé. Un Sarkozy sans frein, en petit comité : « Quand il n'y a pas de résultat, je vire, quand il y a un problème, je vire. Point. C'est l'occasion qui fait le larron... »

Alors, oui, il nous fallait écrire ce livre, et narrer pour le conclure cette drôle d'entrevue avec Nicolas Sarkozy.

Afin de souligner à quel point, définitivement, cet homme n'a qu'un adversaire – ou plutôt un ennemi – à sa mesure : lui-même.

La Sarkozie en examen

Outre l'ancien chef de l'État lui-même, ils sont nombreux dans son proche entourage à être aux prises avec la justice dans le cadre de dossiers politico-financiers. Ils contestent tous les accusations portées à leur encontre. Perquisitionnés, placés sur écoute, gardés à vue, témoins assistés, mis en examen, condamnés... Inventaire – non exhaustif –, sachant que chacun est considéré comme présumé innocent tant qu'il n'a pas été jugé définitivement coupable.

Nicolas Sarkozy : S'il a bénéficié d'un non-lieu le 7 octobre 2013 dans l'affaire Bettencourt après avoir été mis en examen pour « abus de faiblesse » six mois plus tôt, et s'il est sous la menace de nombreuses autres procédures, détaillées dans cet ouvrage, il est pour l'heure poursuivi dans une seule affaire. Il a en effet été mis en examen le 1er juillet 2014 pour « corruption active », « trafic d'influence actif » et « recel de violation du secret professionnel ». Il aurait tenté d'obtenir des renseignements confidentiels ainsi qu'une décision favorable de la Cour de cassation, saisie du dossier Bettencourt.

Thierry Herzog: Il est l'avocat de toujours, mais surtout l'ami indéfectible de Nicolas Sarkozy, qui lui témoigne une confiance aveugle et une fidélité totale. Lui aussi a été mis en examen, le 1er juillet 2014, pour « corruption active », « trafic d'influence actif » et « recel de violation du secret professionnel ». Comme son célèbre client, il est soupçonné d'avoir obtenu des informations sur les travaux de la Cour de cassation sur laquelle il aurait tenté d'influer via le magistrat Gilbert Azibert.

Gilbert Azibert: Très lié à Thierry Herzog, ce haut magistrat était l'un des relais de la Sarkozie dans la justice. Il a été mis en examen le 1er juillet 2014 pour « corruption passive », « trafic d'influence passif » et « violation du secret professionnel » pour avoir, en sa qualité d'avocat général à la Cour de cassation, divulgué des renseignements confidentiels à MM. Herzog et Sarkozy, et tenté d'influer début 2014 sur la procédure Bettencourt, alors examinée par la Cour de cassation. L'enquête est suspendue depuis le 23 septembre 2014.

Claude Guéant: Le plus proche collaborateur de Nicolas Sarkozy, qu'il a rencontré en 1986 lors de sa nomination comme secrétaire général de la préfecture des Hauts-de-Seine. D'abord propulsé par Charles Pasqua, qui en fait le directeur général de la Police nationale (DGPN) en 1994, il se place ensuite dans le sillage de Sarkozy, dont il devient l'éminence grise. Ministre, Sarkozy fait de Guéant le directeur de son cabinet aussi bien à l'Intérieur (2002-2004 puis 2005-2007) qu'aux Finances (2004). Élu président de la République, il le nomme secrétaire général de l'Élysée (2007-2011), puis ministre de l'Intérieur (2011-2012). Surnommé « le Cardinal », il est mis en cause dans de nombreuses affaires, mais pour l'heure ni mis en examen ni condamné. Dans le dossier libyen, il a été mis sur écoute et perquisitionné, en 2013. À cette occasion, les policiers ont découvert un virement suspect de 500 000 euros que Guéant a tenté de justifier en invoquant la vente d'un tableau à un mystérieux acheteur malaisien. Guéant a également été placé en garde à vue, en mai 2014, pour son rôle dans l'arbitrage qui a favorisé Bernard Tapie dans son conflit avec le Crédit lyonnais. La justice s'interroge par ailleurs sur le rôle qu'il aurait pu jouer dans une affaire d'emploi fictif. En l'occurrence, l'embauche en 2008, au sein du cabinet de l'ex-ministre du Logement Christine Boutin, de Philippe Pemezec, maire UMP du Plessis-Robinson (Hauts-de-Seine). Une information judiciaire pour « détournement de fonds publics, complicité et recel » a été ouverte sur ces faits le 10 mai 2013 par le parquet de Nanterre. Le même parquet a ordonné, le 6 novembre 2013, une enquête préliminaire sur l'affaire dite Ecomouv'. Les policiers cherchent à vérifier si une infraction a été commise lors de l'attribution par le gouvernement de François Fillon de la collecte de l'écotaxe à la société Ecomouv', à l'époque où Claude Guéant était secrétaire général de l'Élysée. Les enquêteurs soupçonnent que l'appel d'offres pour ce contrat ait été vicié et s'interrogent sur le rôle joué par Guéant. Ce dernier a été interrogé, le 26 novembre 2013, par les policiers de la brigade de répression de la délinquance économique (BRDE).

La procédure la plus menaçante reste l'enquête préliminaire pour « détournement de fonds publics » visant les conditions dans lesquelles, entre 2002 et 2004, alors qu'il dirigeait le cabinet de Sarkozy place Beauvau, il a perçu près de 300 000 euros de primes en liquide qui ne lui étaient pas destinées. Placé en garde à vue en décembre 2013, il est susceptible d'être renvoyé directement devant le tribunal correctionnel de Paris par le parquet, qui n'avait pas encore, en octobre 2014, pris position.

Enfin, dernier dossier en date risquant d'éclabousser l'ancien secrétaire général de l'Élysée, le « Kazakhgate ». Sous son autorité, la présidence de la République française est suspectée d'avoir, entre 2009 et 2011, fait pression sur le Sénat belge afin de blanchir des hommes d'affaires kazakhs en échange de la signature de juteux contrats avec le Kazakhstan. Marchés qui auraient donné lieu au versement, en France, de rétrocommissions. Les juges ont déjà interrogé l'assistante de Claude Guéant, Nathalie Gonzalez-Prado, et s'intéressent notamment à deux anciens conseillers de Nicolas Sarkozy à l'Élysée : Jean-François Étienne des Rosaies (placé en garde à vue en septembre 2014) et Damien Loras.

Michel Gaudin : L'autre éminence grise de Nicolas Sarkozy, dont il est devenu le directeur du cabinet depuis son départ de l'Élysée. Longtemps représentant de la Sarkozie dans la police, où il occupa d'éminentes fonctions, dont celles, entre 2002 et 2007, de directeur général de la Police nationale – comme son « double » Claude Guéant avant lui – et de préfet de police de Paris (2007-2012). C'est à ce titre qu'il a été mis en cause dans l'affaire dite de l'IGS (Inspection générale des services). Placée sous son autorité, la « police des polices » est soupçonnée d'avoir truqué, en 2007, une procédure pour nuire à des hauts fonctionnaires jugés trop à gauche. Michel Gaudin a été interrogé dans ce dossier en qualité de témoin assisté, le 15 décembre 2011. Deux ans plus tard, le 17 décembre 2013, il a été placé en garde à vue, cette fois dans l'affaire des primes en liquide du ministère de l'Intérieur, indûment perçues par Claude Guéant entre 2002 et 2004. Enfin, Michel Gaudin a également été placé sur écoute, en 2013, dans l'affaire libyenne.

Christine Lagarde : Obscure ministre déléguée au Commerce extérieur de Jacques Chirac entre 2005 et 2007 – point de départ de la carrière politique de cette avocate d'affaires –, elle a connu une ascension météorique grâce à

Nicolas Sarkozy, qui l'a propulsée ministre de l'Économie et des Finances dès juin 2007, puis à la tête du fonds monétaire international (FMI) en juin 2011. Elle en voue une reconnaissance totale à l'ex-chef de l'État. Elle est mise en examen par la commission d'instruction de la Cour de justice de la République depuis le 27 août 2011 pour «négligence» dans le cadre de l'affaire Tapie, pour avoir cautionné, en tant que ministre de l'Économie, une procédure d'arbitrage qualifiée de «simulacre» par la justice.

Édouard Balladur: Mentor de Nicolas Sarkozy, qui fut son ministre du Budget entre 1993 et 1995, puis le porte-parole de sa campagne présidentielle. C'est justement en son ancienne qualité de Premier ministre qu'il a été renvoyé, le 6 février 2014, par les juges de l'affaire de Karachi, Renaud Van Ruymbeke et Roger Le Loire, devant la commission d'instruction de la Cour de justice de la République. En effet, seule la CJR, qui s'est déclarée compétente le 23 juin, peut enquêter et juger d'anciens ministres. Il est reproché à Édouard Balladur d'avoir favorisé, à l'occasion de contrats d'armement, le versement de commissions indues à des intermédiaires qui auraient en contrepartie contribué au financement occulte de ses activités politiques.

Nicolas Bazire: Longtemps qualifié de «frère jumeau» de Nicolas Sarkozy, dont il fut le témoin de mariage, l'actuel numéro deux de LVMH dirigea le cabinet d'Édouard Balladur à Matignon entre 1993 et 1995, poste qu'il cumula en 1995 avec celui de directeur de la campagne présidentielle du Premier ministre. C'est à ce double titre qu'il a été renvoyé le 12 juin 2014 devant le tribunal correctionnel de Paris pour «complicité et recel d'abus de biens sociaux» par les juges de l'affaire de Karachi, Renaud Van Ruymbeke et Roger Le Loire. Comme Balladur, il est soupçonné d'avoir œuvré, dans le cadre de ventes d'armes, en faveur d'intermédiaires qui auraient ensuite participé au financement illicite de la campagne malheureuse de Balladur.

Thierry Gaubert: Membre très influent du « clan des Hauts-de-Seine », il a longtemps été extrêmement proche de Nicolas Sarkozy. Ce dernier, à peine élu maire de Neuilly-sur-Seine, en 1983, le nomma secrétaire général de mairie, puis, une fois nommé ministre du Budget, en 1993, le fit venir à Bercy où il occupa, de 1994 à 1995, le poste de chef de cabinet adjoint. Il a été renvoyé le 12 juin 2014 devant le tribunal correctionnel de Paris pour « recel d'abus de biens sociaux » dans l'affaire de Karachi. L'enquête a établi qu'il avait été le destinataire de plus de 6 millions de francs issus des rétrocommissions. Il avait par ailleurs été reconnu coupable d'« abus de confiance » et d'« abus de biens sociaux » dans le cadre d'une affaire de détournement de fonds issus du 1 % logement par le tribunal correctionnel de Nanterre, qui l'a condamné le 3 mai 2012 à dix mois de prison avec sursis et 10 000 euros d'amende.

Christian Estrosi: Le maire (UMP) de Nice est un soutien fidèle de Nicolas Sarkozy. Il est visé depuis mai 2013 par une enquête préliminaire déclenchée par le parquet de Nice à la suite d'une plainte pour « prise illégale d'intérêts et concussion » déposée par l'association Anticor et une élue d'opposition socialiste de Nice. Les plaignants dénoncent les conditions de financement d'un rassemblement de l'Association des amis de Nicolas Sarkozy en 2012 dans cette ville. L'Association des amis de Nicolas Sarkozy, dont Estrosi est le secrétaire général, avait tenu un rassemblement les 24 et 25 août 2012 dans le jardin public des Arènes, sur la colline de Cimiez. Selon Anticor, Christian Estrosi n'avait pas le droit, en sa qualité de maire, de mettre gratuitement à disposition de l'association une partie du domaine public.

Boris Boillon: Très lié à Claude Guéant, il a été, entre 2007 et 2009, conseiller à l'Élysée pour l'Afrique du Nord, le Proche et le Moyen-Orient auprès de Nicolas Sarkozy (dont il avait été le conseiller diplomatique au ministère de l'Intérieur), avant d'être nommé ambassadeur de France en Irak (2009-2011) puis en Tunisie (2011-2012). Reconverti depuis dans le privé, il a été interpellé le 31 juillet 2013 à la gare du Nord, alors qu'il s'apprêtait à partir pour Bruxelles, porteur de 350 000 euros en grosses coupures ainsi que de 40 000 dollars en espèces. Cette découverte a provoqué l'ouverture d'une enquête préliminaire par le parquet de Paris pour « manquement à l'obligation déclarative » et « blanchiment ».

Éric Cesari: L'homme de confiance de l'ancien chef de l'État à l'UMP, où il était d'ailleurs surnommé « l'œil de Sarkozy ». Membre fondateur de l'Association des amis de Nicolas Sarkozy, ce Corse discret et réputé fiable a débuté sa carrière, dans les Hauts-de-Seine, dans le sillage de Charles Pasqua, avant de prendre naturellement la roue de Nicolas Sarkozy dont il fut notamment le directeur du cabinet, au conseil général du « 92 » entre 2006 et 2007. Après l'élection de son mentor à la présidence de la République, ce dernier le plaça, à l'UMP, au poste stratégique de directeur général. Il y est resté jusqu'en juin 2014, emporté par la tornade Bygmalion qui lui vaut depuis le 4 octobre 2014 une mise en examen pour « faux et usage de faux » et « abus de confiance ». Les juges le suspectent d'avoir participé au système de fausse facturation mis en place en 2012 dans le cadre de la seconde campagne présidentielle de Nicolas Sarkozy, ce qu'il réfute catégoriquement.

Isabelle et Patrick Balkany : Le maire de Levallois-Perret et son épouse figurent de longue date parmi les plus fidèles compagnons de Nicolas Sarkozy. Patrick Balkany cumule, depuis plusieurs décennies, les déboires judiciaires. En mai 1996, il a par exemple été condamné (décision confirmée en appel le 30 janvier 1997) par le tribunal de Nanterre à quinze mois de prison avec sursis, 200 000 francs d'amende et deux ans d'inéligibilité pour « prise illégale d'intérêts », pour avoir obtenu d'employés municipaux qu'ils s'occupent de son appartement de Levallois-Perret, et de sa résidence secondaire près de Giverny. Son épouse, vice-présidente du conseil général des Hauts-de-Seine et conseillère municipale de Levallois-Perret a été condamnée pour les mêmes faits. Plus anecdotique, en 2003, Patrick Balkany a été condamné, toujours à Nanterre, à 1 500 euros d'amende (peine confirmée en appel en mars 2004) pour « images vexatoires et empreintes de mépris visant à abaisser et ridiculiser [...] de façon publique » une élue communiste de sa ville. Le couple est par ailleurs visé par une enquête préliminaire conduite par le parquet de Nanterre et concernant la mise à disposition de policiers municipaux. Dernière procédure en date, celle ouverte par le parquet de Paris en décembre 2013 pour « blanchiment de fraude fiscale » suite aux révélations parues dans notre précédent ouvrage, *French corruption* (Stock, 2013). La justice s'intéresse notamment à des villas situées à Saint-Martin et à Marrakech, et à des avoirs que les deux élus sont suspectés d'avoir dissimulé au fisc français. Les juges Renaud Van Ruymbeke et Patricia Simon ont mis en examen, le 22 mai 2014, Isabelle Balkany pour « blanchiment de fraude fiscale », avant de convoquer son mari le 21 octobre, aux fins de mise en examen pour « blanchiment de fraude fiscale », « corruption » et « blanchiment de corruption ».

Charles Pasqua : Nicolas Sarkozy fut longtemps le protégé du « baron » de ce que l'on appelle « le clan des Hauts-de-Seine ». Charles Pasqua a été impliqué dans de nombreuses affaires politico-financières et a obtenu plusieurs relaxes. Il a en revanche été condamné définitivement dans trois dossiers. Dans le premier, la Cour de cassation a confirmé en avril 2010 sa condamnation à dix-huit mois de prison avec sursis pour « financement illégal d'une campagne électorale » (il avait reçu illicitement des fonds d'hommes d'affaires corses à l'occasion des européennes de 1999). La juridiction suprême a également confirmé en juillet 2010 sa condamnation à un an de prison avec sursis prononcée en mai 2010 par la Cour de justice de la République pour « complicité et recel d'abus de biens sociaux », dans l'affaire des détournements de fonds au préjudice de la Sofremi, société sous tutelle du ministère de l'Intérieur qu'il dirigeait alors (1993-1995). Il a aussi été condamné en janvier 2013 à deux ans de prison avec sursis, 150 000 euros d'amende et deux ans d'inéligibilité par le tribunal correctionnel de Versailles dans l'affaire de la fondation d'art Hamon, dans laquelle il était poursuivi pour « détournement de fonds publics » en son ancienne qualité de président du conseil général des Hauts-de-Seine, jugement dont M. Pasqua a fait appel. Enfin, le sénateur des Hauts-de-Seine a été condamné en mai 2014 à 5 000 euros d'amende par le tribunal correctionnel de Paris pour avoir menti dans sa déclaration de patrimoine, en 2011. Là encore, il a fait appel.

Philippe Courroye : L'un des soutiens les plus constants de Nicolas Sarkozy dans la magistrature. Les deux hommes s'apprécient énormément depuis le début des années 2000, alors que Philippe Courroye était un juge d'instruction très en vue, et ont fini par nouer de solides relations d'amitié. Malgré son annulation, pour des raisons procédurales, par la cour d'appel de Paris le 22 mars 2012, la mise en examen du magistrat pour « collecte illicite de données à caractère personnel » et « violation du secret des correspondances », intervenue le 17 janvier 2012, pourrait lui être resignifiée. Il lui est reproché d'avoir saisi, en 2010, alors qu'il dirigeait le parquet de Nanterre, les relevés de communications téléphoniques de deux journalistes du *Monde* (l'affaire des « fadets ») afin d'identifier leurs sources dans l'affaire Bettencourt. Il a été épinglé le 28 janvier 2014 pour ces faits par le Conseil supérieur de la magistrature (CSM), qui a notamment estimé qu'il « ne disposait pas des qualités requises pour diriger un parquet ». Dès juillet 2012, il avait été contraint par la chancellerie de quitter son poste de procureur puis muté d'office à la cour d'appel de Paris comme avocat général.

Bernard Squarcini : Nicolas Sarkozy a sympathisé, lors de son premier passage au ministère de l'Intérieur (2002-2004), avec celui qui était alors directeur central adjoint des Renseignements généraux (DCRG). Il l'a promu directeur de la Sécurité du territoire (DST) en 2007, puis en 2008 directeur central du Renseignement intérieur (DCRI), fusion de la DST et de la DCRG. Bernard Squarcini a été condamné le 8 avril 2014 par le tribunal correctionnel de Paris, dans l'autre affaire des « fadets » du *Monde*, à 8 000 euros d'amende pour « collecte de données personnelles par un moyen frauduleux, déloyal ou illicite ». Lui aussi avait examiné en 2010, à la demande du directeur général de la Police nationale Frédéric Péchenard (ami d'enfance de Nicolas Sarkozy), supérieur hiérarchique du patron de la DCRI, les relevés téléphoniques d'un journaliste du *Monde* afin d'identifier ses sources dans l'affaire Bettencourt.

Annexe 1
Garde à vue de Nicolas Sarkozy le 1er juillet 2014

Voici l'intégralité des déclarations de Nicolas Sarkozy au cours de ses neuf heures de garde à vue, le 1er juillet 2014, dans les locaux de la police judiciaire, à Nanterre, dans le cadre de l'affaire Azibert, juste avant sa présentation aux juges Simon et Thépaut.

Je veux dire que la mesure de garde à vue retenue contre moi porte atteinte à mes droits pour la raison simple et spécifique qu'elle sera connue de la presse instantanément. Deuxièmement, je ne suis pas un justiciable au-dessus des autres, je dois répondre aux questions qu'on va me poser. Je ne me suis jamais soustrait à mes obligations. Quand Mme Dufau m'a téléphoné pour fixer la date et l'heure, j'ai répondu oui sans discuter ou demander quoi que ce soit. Quand M. Gentil a voulu m'interroger dans l'affaire Bettencourt, j'ai eu droit à vingt-deux heures d'interrogatoire. Me mettre en garde à vue correspond à la volonté de m'humilier publiquement. Mais je ne suis pas un justiciable en dessous des autres. J'ai le droit à une justice impartiale. Je demande que soient annexés à la procédure les deux documents suivants : Le premier est une lettre à en-tête du Syndicat de la magistrature qui m'a été adressée le 2 mai 2012 par le président du syndicat Mathieu Bonduelle qui engage son institution. Ce texte du 2 mai 2012 est un tissu d'injures contre moi. Je suis notamment accusé de haïr les juges, de « honnir » la justice, d'avoir affaibli l'autorité judiciaire, et même d'attiser la haine de la justice ! Le texte du Syndicat de la magistrature se termine par un appel en conscience à voter contre moi. Nous sommes à quatre jours de la présidentielle de 2012. Je voudrais joindre un deuxième document qui est un article de Mediapart, six jours plus tard, le 8 mai 2012. Cet article parle d'une magistrate au tribunal de Bobigny qui s'exprime entre guillemets et qui dit « nous [les magistrats de Bobigny] aspirons tous à retrouver du calme, de la sérénité et de la confiance [grâce à l'élection de François Hollande] ». Cette magistrate s'appelle Claire Thépaut. Il est indiqué « juge d'instruction et adhérente du Syndicat de la magistrature ». Interrogée par Mediapart, qui a publié les écoutes entre mon avocat et moi. Mme Thépaut connaît donc Mediapart. Troisième remarque, je me suis il y a quelques jours constitué partie civile dans l'affaire dite du « mur des cons », affaire pour laquelle la présidente du Syndicat de la magistrature a été mise en examen. Je vous rappelle que la cible centrale du « mur des cons », c'est moi, puisque ma tête, sur ce mur dit « des cons », est en quelque sorte la « tête de gondole ». J'émets donc les plus extrêmes réserves sur l'impartialité d'une magistrate qui doit enquêter à charge, certes, mais aussi à décharge sur moi et qui est membre du Syndicat de la magistrature. J'ajoute qu'on me prive de la présence de mon avocat, Me Thierry Herzog, puisqu'il est en garde à vue en même temps que moi. Une atteinte de plus aux droits de la défense.

Vous êtes soupçonné d'avoir sollicité l'influence de Gilbert Azibert par l'intermédiaire de Thierry Herzog pour tenter d'influer sur une décision de la chambre criminelle de la Cour de cassation ou, à tout le moins, pour tenter d'obtenir des informations confidentielles. Avez-vous des déclarations spontanées à faire concernant ces faits ?
Je conteste de la façon la plus formelle cette accusation.

Quelle est la nature de vos relations avec Me Thierry Herzog ?
Me Thierry Herzog est mon avocat depuis trente ans, peut-être plus. Nous avons prêté serment ensemble en 1981. Nous sommes devenus amis et il a été mon avocat pour tous les dossiers que j'ai eus à traiter. Encore aujourd'hui, il est mon avocat dans le dossier des écoutes Patrick Buisson, où il a plaidé pour moi devant le tribunal et devant la cour d'appel. Il était mon avocat dans l'affaire dite « Bettencourt ». Il est mon avocat dans la constitution de partie civile sur ma plainte en faux et usage de faux contre Mediapart chez le juge Cros. Il est mon avocat dans la constitution de partie civile dans l'affaire du mur des cons. Il a été mon avocat lorsque, président de la République, j'ai été victime de détournement de mes comptes bancaires. Il est mon avocat et mon ami.

Quelle est la nature de vos relations avec Gilbert Azibert ?
J'ai entendu parler de Gilbert Azibert sans le connaître à l'époque où il était secrétaire général du ministère de la Justice. J'en ai entendu parler parce que la garde des Sceaux, Rachida Dati, ne souhaitait pas l'avoir comme directeur de cabinet, si mes souvenirs sont exacts. Il est devenu secrétaire général du ministère de la Justice mais je ne l'avais pas rencontré. Je l'ai vu, je ne peux pas vous le garantir mais dans mon souvenir,

deux fois, plus une troisième particulière. Je l'ai vu une première fois. Je pense que ce devait être aux alentours du mois de mai 2013, il y avait à ce déjeuner mon directeur de cabinet Michel Gaudin, ma collaboratrice qui anime mes groupes de travail, Véronique Waché, Patrick Ouart et Thierry Herzog. Je me souviens très bien de ce déjeuner puisque c'est là que j'ai décidé que nous aurions un petit groupe qui travaillerait sur les questions d'organisation de la justice. J'ai vingt ou vingt-cinq anciens collaborateurs ou amis qui animent des réseaux d'experts, y compris pour la police à laquelle j'attache un grand prix. Et l'initiative de ce déjeuner était celle de Patrick Ouart qui est ami avec M. Azibert. Le sujet, entre autres, était : à la suite des travaux de la commission Léger, fallait-il ou non créer une Cour constitutionnelle en fusionnant la Cour de cassation et le Conseil constitutionnel, et dans ce cas-là que faire du Conseil d'État. Deuxième chose, remplacer le juge d'instruction par un juge de l'instruction, et comme j'avais échoué à mettre en place cette réforme, je voulais voir comment on pouvait avoir un juge de l'instruction qui arbitre tous les éléments de l'instruction, et non pas un juge d'instruction qui est une heure à charge et une heure à décharge. Troisième sujet qui me préoccupait, que fait-on du lien entre le parquet et le garde des Sceaux. Ce sont des sujets qui m'intéressent. J'ai d'ailleurs évolué et au final je pense qu'il faudrait rompre ce lien.

Je pense, sans en être certain, que j'ai dû revoir une fois M. Azibert. Je situe cela à l'automne 2013, C'était un rendez-vous assez court et qui m'avait interloqué parce qu'il est venu pour me dire qu'il avait eu des problèmes de santé et qu'il était en retard sur les documents et les papiers sur lesquels il devait travailler pour alimenter ma réflexion sur l'institution judiciaire. Enfin, je l'ai revu une troisième fois. C'était à Bordeaux, au concert de ma femme, où il est venu avec son fils. Je situe cela en décembre. Je me souviens puisqu'à ce concert le maire de Bordeaux est venu avec sa femme dans la loge et Thierry Herzog avait donné mon portable à M. Azibert pour que celui-ci puisse de la salle de concert m'appeler dans la loge de ma femme pour venir avec son fils nous saluer. Je m'en souviens parce que nous étions avec M. Juppé, sa femme, trois amis, M. Azibert et son fils. Nous avons fait des photos avec lui. Voilà en tout et pour tout les contacts que j'ai eus avec M. zibert. Je pense ne jamais l'avoir eu au téléphone en dehors de l'occasion dont je viens de vous parler.

Que savez-vous des fonctions actuellement exercées par Gilbert Azibert ?

Franchement, je sais, comme ancien étudiant en droit, qu'il est un spécialiste de la procédure civile puisque son nom fait référence. Je sais qu'il est avocat général à la Cour de cassation.

Une carte à en-tête de votre actuel secrétariat situé rue de Miromesnil a été retrouvée au domicile parisien de Gilbert Azibert. Comment l'expliquez-vous ?

C'est très simple. Le déjeuner dont je vous ai parlé, que je situe aux environs de mai 2013, a eu lieu à mes bureaux rue de Miromesnil. Lorsque je fais un déjeuner de travail, il y a sur la table du papier à en-tête, des cartes et des stylos. C'est la raison pour laquelle il doit avoir cette carte. Je n'ai aucune carte de visite. J'ai du papier à en-tête, ou des fiches cartonnées, mais ce n'est pas une carte de visite au sens strict. Je pense que c'est à cette occasion qu'il a pu obtenir cette carte puisque le second rendez-vous avait eu lieu dans mon bureau.

Pouvez-vous nous lister les téléphones que vous avez utilisés et sur quelle période, depuis 2012 ?

J'ai deux téléphones dont je ne connais pas les numéros d'appel par cœur. J'ai un téléphone genre Nokia, que je garde depuis longtemps, et j'ai un iPhone parce que ma femme veut nous envoyer des photos de notre fille. Ces téléphones sont enregistrés à mon nom. J'ai utilisé un troisième téléphone à partir de juillet 2012, qui m'a été fourni par mon avocat, Thierry Herzog. Il craignait, à juste titre d'ailleurs, des écoutes. Et donc dès juillet 2012, il m'a donné ce troisième téléphone par lequel nous avions l'habitude de correspondre pour ce qui concernait les nombreux dossiers en cours et notre stratégie de défense. Il m'a donné le premier en juillet 2012. Par ailleurs, il le changeait quand le compte téléphonique était périmé. Il en prenait un autre. Je n'ai jamais connu l'identité qui était donnée et j'ai appris le nom de Bismuth en lisant la presse.

Combien de téléphones différents Me Herzog vous a-t-il remis depuis mai 2012 ?
Je dirais peut-être trois, peut-être quatre.

Combien de temps ces téléphones fonctionnaient-ils ?
Je crois qu'il y avait 100 euros de crédit, de cet ordre-là. À ma connaissance, ce n'est pas un délit de recevoir de son avocat un téléphone. Je peux même vous dire que je ne l'ai même pas remboursé.

Pourquoi les téléphones étaient-ils remplacés plutôt que de recréditer les cartes ?
Je pense que M. Herzog connaît mon peu d'appétence pour la manipulation technique...

Quel était l'objet de votre pourvoi devant la Cour de cassation ?
Remettons en place le contexte. Je suis attrait dans cette affaire Bettencourt, avec une violence judiciaire et médiatique immense, en pleine campagne présidentielle. Voici que j'aurais abusé d'une vieille dame. Au motif que, le 6 février 2007, je serais venu à son domicile, et je l'aurais convaincue

de me donner de l'argent. L'accusation repose sur un élément extrêmement ténu. Un maître d'hôtel de Mme Bettencourt m'aurait vu avec une cravate noire, et un autre, six ans après, s'est souvenu que j'aurais porté un col roulé, noir. Sur ces fondements, M. Gentil et ses deux collègues sont convaincus que je ne suis pas venu une fois mais deux fois. Je subis quatre perquisitions, douze heures d'interrogatoires, plus dix heures d'interrogatoires et confrontations. Je suis mis en examen. Je me rends deux fois à Bordeaux. À un moment donné, nous avons engagé une action en nullité devant la chambre de l'instruction qui ne m'a pas donné satisfaction. Et finalement, en septembre 2013, M. Gentil et ses deux collègues me donnent un non-lieu. Il faut deux ans et demi de harcèlement médiatique pour obtenir un non-lieu dont naturellement personne ne parle. Lorsque M. Gentil saisit mes agendas, je défends le principe que ce sont les agendas du président de la République, nous allons devant le juge des libertés, et ce juge dit «M. Gentil, vous conservez les pages sur le rendez-vous de février 2007, le reste, vous les rendez à M. Sarkozy». Quelques mois après, je découvre l'intégralité de mon agenda dans *L'Express* et j'apprends que M. Gentil a envoyé mes agendas à un certain nombre de ses collègues, notamment en charge des dossiers Kadhafi, en violation de ce qui avait été prévu devant le juge des libertés. C'est à ce moment-là que je me résous à faire, quelques jours avant mon non-lieu, un pourvoi en cassation, mais cantonné sur la seule question de la séparation des pouvoirs : est-ce qu'on peut saisir l'agenda du président de la République ? Mais l'enjeu pour moi, c'est un enjeu de principe. Dans ma vie quotidienne, dans ma vie de justiciable, cela ne changeait strictement rien. Mon non-lieu n'était pas conditionné aux agendas. Sur l'affaire Bettencourt, cela ne changeait rien. Pour les autres affaires, Kadhafi ou Tapie... Prenez l'affaire Tapie au moment de l'arbitrage, je suis président de la République. Si l'arbitrage est bon, ou s'il n'est pas bon, de toute manière, c'est en tant que président de la République que je dois en rendre compte, donc on ne peut pas m'entendre en tant que justiciable normal. Donc le pourvoi en cassation cantonné sur la question des agendas n'a pour moi dans mon quotidien de justiciable aucune espèce d'importance. Si ce n'est le problème de principe : l'agenda du président de la République est-il privé ou n'est-il pas détachable de la fonction. Mais dans le dossier Tapie, quelle que soit l'issue de la décision de la Cour de cassation, cela ne change rien au fait que j'étais président de la République au moment de l'arbitrage et qu'un président de la République ès qualités ne peut pas rendre compte devant un juge d'instruction. En définitive, la Cour de cassation refuse de se prononcer puisqu'en fait, elle prend un biais en disant au final : « Nicolas Sarkozy a un non-lieu, donc il n'a pas d'intérêt à agir. » Ce qui est juridiquement inexact puisque au moment du pourvoi, je n'avais pas eu mon non-lieu. Or la recevabilité du pourvoi s'apprécie à la date du pourvoi. Or j'ai formé mon pourvoi quelques jours avant mon non-lieu. L'enjeu du pourvoi est pour moi une question de principe, mais extrêmement limité en ce qui concerne ma situation de justiciable.

Confirmez-vous que le principal enjeu de ce pourvoi était de ne pas avoir une décision de rejet ?
Je voulais que la Cour de cassation statue. Y a-t-il une séparation des pouvoirs en France ? Des juges d'instruction peuvent-ils juger d'un acte d'un président de la République dans ses fonctions ? Mon souhait était qu'ils reconnaissent que ces agendas n'étaient pas détachables de la fonction. Me Spinosi est mon avocat à la Cour de cassation. Si la Cour de cassation statue, elle ne peut que statuer sur le fait que les agendas du président de la République ne sont pas détachables de la fonction. Donc pour moi, la question ne s'est jamais

posée. Donc pour répondre à votre question, je n'ai jamais envisagé que la Cour de cassation réponde « non ».

Selon les interceptions téléphoniques réalisées, Thierry Herzog vous a tenu les propos suivants : « Le seul truc pour nous, ce serait le rejet qui serait catastrophique, mais l'irrecevabilité n'a aucune importance entre guillemets. » Cela signifie donc que ce que vous souhaitiez absolument éviter était la reconnaissance de la validité de la saisie des agendas. Toute décision autre (annulation de la saisie ou irrecevabilité du pourvoi) vous était favorable. Confirmez-vous cette analyse ?

Sur le rejet catastrophique, ce ne sont pas mes mots. J'ai une déclaration à faire concernant les interceptions. Je conteste formellement la légalité des interceptions qui ne sont ni plus ni moins qu'un scandale. Je m'explique : ces interceptions, de ce que j'en sais par la presse, sont engagées dans un dossier où je suis partie civile. On désigne deux juges sur le même dossier. Deuxièmement, on décide en septembre 2013 de mettre l'ancien chef d'État sur écoutes, pour des faits présumés de corruption commis en 2007. On pensait que Kadhafi allait me téléphoner ? Ces interceptions ont été prolongées sans qu'il n'y ait aucun élément sur le dossier Kadhafi qui le justifie. On écoute des conversations entre un avocat et son client. Lorsque quelqu'un est en prison et qu'il appelle son avocat, le dispositif d'écoute s'arrête immédiatement. Le secret des conversations entre un avocat et son client est un principe fondamental du droit français. Pendant plusieurs mois, on m'écoute, comme un filet qu'on lance à la mer, espérant me piéger. Or je ne suis pas un trafiquant de drogue, mon casier judiciaire est vierge, je présente toutes les garanties de représentation, et on m'écoute pendant des mois, c'est scandaleux. Je conteste la validité de ces écoutes et donc je ne répondrai à aucune question sur ces écoutes. Concernant votre question : s'agissant de la décision du rejet de la Cour de cassation, je n'y croyais pas. Je n'avais donc pas à la redouter. Concernant la non-recevabilité, elle ne me faisait aucun grief puisqu'elle ne tranchait pas la question au fond. J'aurais tout loisir, à l'occasion d'un autre dossier, de demander à la Cour de cassation de statuer, ce qu'elle serait dans ce cas de figure obligée de faire. Je vous ai ainsi démontré que la décision rendue par la Cour de cassation n'était en aucun cas un enjeu majeur pour moi.

Avez-vous pris connaissance du rapport du conseiller-rapporteur communiqué à Me Herzog par Me Spinosi ?

Je ne l'ai pas lu. Me Spinosi me l'a envoyé par fax, ou à mon bureau, mais je ne l'ai pas lu. Mais comme vous le savez, c'est la procédure de la Cour de cassation qui prévoit que tous les avocats partie à la procédure reçoivent ce rapport. Cette information est, à ma connaissance, ouverte sur la pensée fausse que c'est M. Azibert qui fournit ce document à Me Herzog.

Combien de documents Me Spinosi a-t-il transmis à Me Herzog, ou à vous-même ?

Deux me semble-t-il. Je pense qu'il y avait l'avis du parquet, et, dans mon souvenir, un document assez neutre, qui n'avait pas de conclusion, qui était émis par le rapporteur. Ces informations sont communiquées par Me Spinosi à Me Herzog.

Quelle analyse vos conseils ont-ils faite du document assez neutre émis par le conseiller-rapporteur, dont vous venez de nous parler, document réputé d'une neutralité parfaite ?

On m'a dit que c'était la tradition. Je ne devais pas me préoccuper de cela plus que ça. Le rapporteur faisait un rapport neutre, que cela n'avait pas une importance quelconque.

Que précisait le conseiller-rapporteur dans ce document transmis par Mᵉ Spinosi concernant la recevabilité de votre pourvoi ?

Je ne m'en souviens pas.

Que précisait le conseiller-rapporteur dans ce document concernant la validité de la saisie de vos agendas ?

Dans mon souvenir, il ne précisait rien.

Avez-vous eu connaissance à un moment quelconque de l'opinion du conseiller-rapporteur s'agissant de la recevabilité de votre pourvoi ?

Je sais que Mᵉ Spinosi, comme Thierry Herzog, étaient très optimistes sur la recevabilité de mon pourvoi et donc, sur les chances de l'emporter. Je me souviens que, d'expérience, j'étais plus méfiant. Mais je ne me souviens pas du détail des éléments de la procédure, de ce qu'ils m'ont dit ou pas. Je peux vous parler de l'ambiance. C'est qu'ils étaient tous les deux relativement optimistes.

Cet optimisme de vos avocats était-il en lien avec la connaissance de l'opinion du conseiller-rapporteur sur les moyens soulevés par votre pourvoi ?

Il faut leur demander. Je n'en sais rien. Moi j'ai toujours pensé que sur ce dossier, juridiquement, ils ne pouvaient pas me donner tort. Il n'y a pas de vie privée du président de la République, il n'y a donc pas d'agenda privé. Ma petite expérience m'a dit que pour ne pas me donner raison la Cour opterait pour l'irrecevabilité.

Avez-vous eu connaissance à un moment quelconque de l'opinion du conseiller-rapporteur s'agissant de la validité de la saisie de vos agendas, notamment par rapport aux dispositions de l'article 67 de la Constitution ?
Non. Je n'ai pas le souvenir d'une certitude que le conseiller-rapporteur était pour ou contre. Je me souviens que l'avocat général était contre cette validité. Ce document émis par l'avocat général est public, sauf à me tromper. Mais j'avais en souvenir de l'action formée concernant la suspicion sur M. Gentil, que je n'avais pas signée, pour qui l'avocat général était favorable à la demande, et pourtant la Cour de cassation n'a pas suivi l'avis de l'avocat général.

Avez-vous eu accès, par quelque moyen que ce soit, et à un moment quelconque de la procédure, à l'avis du conseiller-rapporteur qui est censé être couvert par le secret du délibéré ?
Je ne sais pas. Je n'en ai aucun souvenir. Tout ce que je peux vous dire est que j'ai le souvenir que Me Spinosi et Me Herzog étaient optimistes. Je me souviens que l'avocat général nous était favorable. Le reste, je ne me souviens pas. De toute manière je n'y attachais aucune importance pour les raisons que je vous ai déjà indiquées.

Quelles démarches, selon les éléments en votre connaissance, Thierry Herzog a-t-il mises en œuvre vis-à-vis de Gilbert Azibert relatives à votre pourvoi dans l'affaire dite Bettencourt ?
Thierry Herzog m'a dit qu'il connaissait bien Gilbert Azibert depuis vingt-cinq, trente ans, qu'il était un grand spécialiste de la procédure. Et qu'il souhaitait recueillir son avis sur les documents rédigés par Me Spinosi. Honnêtement, je trouvais que c'était plutôt une bonne idée que Thierry Herzog s'assure, auprès d'un spécialiste de la procédure, qu'il n'y avait pas d'erreur juridique et que les démarches engagées pour ce pourvoi allaient dans le bon sens.

À votre connaissance, en quels termes Thierry Herzog a-t-il évoqué avec Gilbert Azibert votre pourvoi ? Dans l'affirmative, veuillez préciser ce qui lui a été demandé et à quel moment ?
Je ne sais pas. Il m'avait indiqué qu'ils étaient amis, que Gilbert Azibert était un spécialiste de la procédure, que c'était un homme dont les idées politiques étaient plutôt proches des miennes. Et j'ai trouvé que l'idée de demander à un spécialiste ce qu'il pensait du travail de Me Spinosi était bonne. Concernant la datation, je ne sais plus. J'ai formé le pourvoi fin septembre. Ces discussions doivent remonter à octobre je pense.

Lors de la perquisition réalisée au domicile parisien de Gilbert Azibert, l'arrêt n° 671 de la chambre de l'instruction de la cour d'appel de Bordeaux du 24 septembre 2013 portant sur le dossier dit «Bettencourt» a été saisi. Selon les premières déclarations de Gilbert Azibert, ce document lui aurait été communiqué par Thierry Herzog. Saviez-vous que votre avocat communiquait des pièces de cette procédure en cours d'instruction à des tiers ?
Non.

Pour quelles raisons votre avocat a-t-il communiqué un arrêt de la chambre de l'instruction portant sur une affaire toujours en cours à un tiers ?
Je n'en sais strictement rien. J'imagine qu'il voulait avoir l'analyse juridique de Gilbert Azibert avant que nous ne déposions un pourvoi en cassation. J'imagine que c'est cela, c'est la seule raison que je vois.

Thierry Herzog ou Patrice Spinosi [vos avocats], ne disposent-ils pas des connaissances suffisantes pour analyser

cet arrêt sans qu'il soit nécessaire de demander des avis à des magistrats de la 2ᵉ chambre civile de la Cour de cassation ?

À l'évidence Mᵉ Spinosi en dispose. Mᵉ Herzog n'est pas avocat à la Cour de cassation. Que Thierry Herzog souhaite, auprès d'un de ses amis, avoir un conseil juridique sur une matière juridique qu'il ne maîtrise pas, je trouve cela plutôt rassurant pour un avocat de faire cela. Cela ne veut pas dire que je ne faisais pas confiance en Mᵉ Spinosi. Et M. Azibert est un spécialiste.

Avez-vous directement recueilli l'avis de Gilbert Azibert sur ce dossier, dans l'affirmative, dans quelles circonstances ?

Jamais.

Avez-vous eu connaissance de démarches de Gilbert Azibert auprès de membres de la Cour de cassation, démarches en lien avec votre pourvoi ?

Je pense, en tout cas dans mon souvenir, que Thierry Herzog a fait état d'informations d'ambiance qu'aurait recueillies M. Azibert incitant à l'optimisme pour notre pourvoi. Je pense que Thierry Herzog a dû me le dire. Pour vous dire la chose, je n'y attachais qu'une importance très relative, instruit que j'étais de toutes les informations optimistes qui m'avaient été données tout au long des précédentes procédures et qui s'étaient toujours terminées de façon négative. Mon avocat m'a souvent dit « tu verras, on va gagner ». J'ai très souvent été déçu, sauf pour le non-lieu bien évidemment. En fait, dans ce cas précis, ce n'était pas une décision d'un magistrat devant trancher sur celle d'un autre magistrat. Car il est toujours difficile lorsque des magistrats doivent statuer sur une décision prise par un autre magistrat de les faire désavouer leur collègue. Pour mon non-lieu, c'était une décision en conscience des trois magistrats. Mais pour en revenir à votre question, Thierry

Herzog m'a vraisemblablement informé de ces informations d'ambiance, mais je ne m'y intéressais pas réellement, j'ignorais l'origine de ces informations.

Il y a un certain nombre de conversations entre Thierry Herzog et vous dans lesquelles il vous rend compte de démarches faites par Gilbert Azibert auprès de magistrats de la Cour de cassation et dont on peut déduire qu'il a discuté avec eux pour les influencer. Qu'avez-vous su de ces démarches ?

Je ne crois pas une minute à cette thèse. Je connais trop l'indépendance des magistrats vis-à-vis de leurs propres collègues. Influencer qui ? Les magistrats de la chambre criminelle ? Tout le monde sait qu'ils sont dix. Il va influencer dix magistrats de la chambre criminelle ? Pour un enjeu aussi médiocre ? À la chambre criminelle, les seules influences concernant mon affaire sont venues des magistrats de la Cour de cassation qui siègent également à la Cour de justice de la République, qui souhaitaient que la saisie de mes agendas ne soit pas annulée. Les seules influences politiques qu'il y ait eu, ce sont celles-ci. La presse s'en était même fait l'écho. Je trouve même incroyable, pour tout dire, en termes de droit, qu'un magistrat ayant eu à connaître de mes agendas dans le cadre de ses fonctions au sein de la Cour de justice de la République, c'est-à-dire qu'il les a acceptés à l'examen de la Cour de justice de la République, puisse délibérer en tant que membre de la chambre criminelle de la Cour de cassation. Pour le moins, il aurait dû se déporter. On ne peut pas être juge et partie. Voilà les seules influences qui ont existé. Pour le reste, je ne sais rien des démarches qu'aurait engagées M. Azibert. Je vais vous dire trois choses : La première, c'est que je doute qu'il les ait faites. Mon expérience de la vie et des hommes montre qu'il y a souvent un réel décalage entre ce qu'ils disent et ce qu'ils font. Deuxième chose que j'ai à vous dire, c'est qu'à aucun moment je n'ai demandé à M. Azibert d'avoir une quelconque démarche d'influence auprès de qui que ce soit. Troisième chose, je vous demande de réfléchir à qui je suis et à ce qu'a été ma carrière. Si j'avais besoin d'informations ou d'influence, ferais-je appel à M. Azibert, qui est du parquet civil, alors que je suis devant le siège pénal ? Croyez-vous que je ne pouvais pas téléphoner au premier président de la Cour de cassation, Vincent Lamanda, que je connais depuis vingt-cinq ans, alors qu'il était premier président de la cour d'appel de Versailles et que j'étais maire de Neuilly ? Croyez-vous que je n'aurais pas pu téléphoner à M. Marin, procureur général près la Cour de cassation, que j'ai nommé ? Je n'avais nul besoin de l'influence de M. Azibert qui, en l'occurrence, n'en avait pas, comme l'a démontré le résultat final. Dois-je me réjouir pour ma défense d'avoir perdu devant la Cour de cassation ? Vous voyez bien que la thèse que vous me présentez ne répond à aucune logique, et au fond, est une insulte à mon intelligence. Par ailleurs, je respecte trop l'institution Cour de cassation, M. Lamanda et M. Marin pour avoir fait la moindre démarche auprès d'eux. Alors reste une question. Pourquoi aurais-je utilisé l'influence présumée d'un homme que j'ai vu trois fois dans ma vie alors que je n'ai pas utilisé mes relations auprès d'hommes que je connais depuis des années et qui sont au sommet de l'institution ? Me croit-on stupide à ce point ? M'imagine-t-on si maladroit ? Je vais donc aller chercher un conseiller à la Cour de cassation, qui part à la retraite, que j'ai vu trois fois, alors que je m'interdis d'appeler les plus hautes autorités de la Cour de cassation avec qui j'ai un lien personnel. Est-ce que cela ne vous frappe pas ?

Nous vous donnons connaissance de cette retranscription (communication n° 77 du 10 février 2014 à 08h58). Pourquoi Gilbert Azibert évoque-t-il avec Thierry Herzog les rencontres qu'il peut avoir avec des conseillers qui siègent dans la formation examinant votre pourvoi ?

Je ne crois absolument pas que Gilbert Azibert ait fait des démarches. Thierry Herzog veut, à la veille de l'audience, me rassurer sur l'ambiance à la Cour de cassation. Il me dit que tout va bien, alors que ce n'est pas vrai. Si ces démarches étaient avérées, pourquoi sont-elles révélées à ce point inexactes ? La meilleure façon de vous démontrer que ces démarches n'ont pas été réalisées, c'est que tout sera démenti. Thierry Herzog me dit que tout allait bien. Mon avocat a voulu me rassurer, me faire plaisir. Je ne sais pas ce que Gilbert Azibert a dit à Thierry Herzog. Les propos rassurants que me tenait Thierry Herzog à la mi-février seront démentis à la mi-mars.

Pourquoi n'intervenez-vous pas auprès de Thierry Herzog pour que Gilbert Azibert cesse ces « démarches » rapportées par votre avocat ?
Je ne veux pas me justifier sur des écoutes entre moi et mon avocat. Mais je ne suis pas en contact avec M. Azibert. Mon avocat essaye de me rassurer en me disant que tout va bien. Comme il n'a aucun contact lui-même à la Cour de cassation, et qu'il a son ami Azibert qui lui dit que tout va bien, alors qu'entre parenthèses tout va mal. Mais que voulez-vous que je fasse ? Je ne sais pas qui il voit. Je ne vous souhaite pas de procès, mais quand vous avez un procès, vous souhaitez le gagner ou tout au moins avoir les informations d'ambiance sur l'évolution de l'affaire qui vous concerne.

Il apparaît selon cette conversation que Gilbert Azibert irait au contact d'un conseiller qui siège dans la formation qui examine votre pourvoi. Pourquoi vous n'empêchez pas de telles démarches ?
Tout ceci m'apparaît parfaitement fumeux. Je rappelle qu'il s'agit d'une conversation entre un avocat et son client et je vois surtout dans cette conversation la volonté de Thierry Herzog de me donner des bonnes nouvelles et en aucun cas

la description d'une démarche précise d'influence sur qui que ce soit.

Le soir de l'audience, vous appelez Patrice Spinosi. Vous rappelez-vous de cet échange ?
Non.

Suite à la communication avec Me Spinosi, vous rappelez Thierry Herzog pour l'informer d'un élément « intéressant » que vous venez d'apprendre : le délibéré se fait dans la continuité. Sur la base de cette information, vous indiquez qu'il serait opportun, à la lumière de cet élément, d'appeler Gilbert. Pour quelle raison est-il si intéressant que cela d'appeler Gilbert alors que le délibéré était en cours ?
Je n'ai aucun souvenir de cela. Je voulais qu'il appelle Gilbert pour avoir les impressions d'audience. Mon avocat me dit que ça s'est très bien passé. Ils délibèrent dans la foulée, c'est qu'ils y attachent une certaine importance. Je demande donc à Thierry Herzog de contacter Gilbert pour connaître ses impressions de l'audience. Je vous en apporte la preuve. Me Spinosi me dit que ça s'est très bien passé. Je l'ai félicité de sa prestation. Il m'indique que le délibéré est dans la continuité. Comment voulez-vous qu'une personne extérieure puisse influencer un délibéré qui est dans la continuité, c'est-à-dire qui est en train de se dérouler. Toute influence était absolument impossible dans ces conditions.

Techniquement, le délibéré débute à l'issue de l'audience et se termine le jour du rendu de l'arrêt. La décision est prise durant ce temps qui pour votre dossier a duré du 11 février au 11 mars. De plus, il semblerait que le débat entre les magistrats examinant le dossier Bettencourt ait été prolongé jusqu'au lendemain. Il était donc possible pour Gilbert Azibert d'entrer en contact avec des magistrats traitant de votre pourvoi. Qu'en pensez-vous ?

Franchement, je n'en sais rien, je ne lui ai rien demandé, il ne m'a rien dit, et pour moi, cela me paraît tout à fait invraisemblable qu'on puisse influencer l'avis de dix magistrats siégeant ensemble. Cela n'a aucun sens, surtout sur une question de principe qui, encore une fois, n'avait aucun impact sur ma situation de justiciable.

Dans la continuité de la conversation précédente, Thierry Herzog vous informe qu'il a fini par avoir Gilbert et que ce dernier « ira à la chasse demain ». Que signifie « aller à la chasse » dans ce contexte ?

À l'évidence, c'est la chasse aux informations et cela fait référence aux impressions d'audience.

Dans cette même conversation, Thierry Herzog rapporte les propos de Gilbert qui en aurait « un troisième » qu'il devait voir le lendemain, « pour savoir, avant qu'ils délibèrent ». Gilbert devait voir un troisième quoi ? Avant quel délibéré si ce n'est celui de la Cour de cassation qui occupait chacune des conversations interceptées sur les lignes Bismuth ?

Vous me posez les mêmes questions. Je ferai donc les mêmes réponses en ajoutant que c'est un viol du secret des conversations entre un avocat et son client.

Dans la conversation, en réponse à la question d'avoir des nouvelles sur la Cour de cassation, Thierry Herzog répond : « Non non, mais euh... Je pense que dès que Gilbert aura quelque chose, il me... il me rappelle. » Comment Gilbert pourrait communiquer légalement des informations sur l'état du pourvoi le 1er février alors que le délibéré doit être rendu le 11 mars ?

Je n'ai aucune idée. Mais là encore ce sont des informations d'ambiance. Dans tous les palais, dans toutes les cours, il y a une ambiance, un contexte. Le fond de ma conviction, c'est qu'en vérité M. Azibert n'avait que très peu d'informations. D'ailleurs ma conviction s'en trouve confortée par l'écart violent entre les propos optimistes qu'il tenait à mon avocat et ce que fut la décision de la Cour.

Le 22 février 2014, vous demandez encore des nouvelles de la cassation à Thierry Herzog qui répond une nouvelle fois par la négative, justifiant cela par l'absence de Gilbert. Comment expliquez-vous systématiquement ramener toutes vos interrogations relatives à ce pourvoi à Gilbert Azibert?
Pas du tout. Les retranscriptions que vous faites se rapportent à cela, mais vous avez sélectionné tout ce qui concerne Gilbert Azibert, cela donne le sentiment que je suis focalisé là-dessus, mais si vous reprenez toutes les conversations, vous vous rendrez compte que nous avions bien d'autres conversations avec Thierry Herzog, M. Azibert n'étant qu'une infime partie de nos échanges.

Dans cette conversation du 22 février 2014 (n° 130), Thierry Herzog vous précise que Gilbert Azibert a vu « un autre conseiller qu'il n'avait pas vu avant ». Pourquoi Gilbert Azibert se vante-t-il auprès de Thierry Herzog d'avoir contacté tous ces magistrats?
Demandez-lui.

Pourquoi et comment vous êtes-vous procuré la puce correspondant au 07 77... enregistrée au nom de Paul Bismuth?
Je vous confirme les déclarations précédentes à ce sujet.

L'utilisation de cette ligne téléphonique était-elle liée au fait que vos lignes officielles étaient sous surveillance ?
 Non. Nous avions recours au téléphone dédié à Mᵉ Herzog depuis juillet 2012.

Quand avez-vous eu connaissance que vos lignes officielles étaient sous surveillance ?
 J'en ai eu connaissance au moment où Mme Taubira a menti en brandissant un document qui était celui du rapport fait par le procureur général sur le contenu des écoutes dites « Sarkozy ». Avant, je n'avais que des bruits. Lorsque… je crois que c'est en décembre 2013 que les écoutes Hortefeux ont été publiées dans *Le Monde*. À ce moment-là, je n'avais pas besoin d'être grand clerc pour me douter qu'il y avait des écoutes. Et toute la presse, y compris MM. Davet et Lhomme, si bien informés, disait à mon avocat que je faisais l'objet d'écoutes.

Le téléphone au nom de Paul Bismuth que vous utilisiez pour communiquer avec Thierry Herzog vous servait-il à contacter d'autres interlocuteurs ?
 Quasiment jamais.

Quasiment jamais, cela signifie donc qu'il ne s'agissait pas d'une ligne exclusivement dédiée aux conversations entre vous et votre avocat ?
 À ma connaissance, elle est exclusivement dédiée. À 99 %, ou peut-être 100 %.

L'analyse des fadets de votre ligne fait apparaître des communications avec d'autres interlocuteurs que Mᵉ Herzog. Le confirmez-vous ?
 Cette ligne me servait essentiellement à contacter Mᵉ Herzog.

Quand avez-vous cessé d'utiliser le téléphone au nom de Paul Bismuth ?
Au moment où il y a eu la perquisition chez Me Herzog puisque son téléphone a été saisi.

Quand avez-vous eu connaissance que votre ligne Bismuth était sous surveillance ?
Quand il y a eu la perquisition chez Herzog. Comment aurais-je pu le savoir ?

Pourquoi tenez-vous des conversations sur les lignes Bismuth pour préparer les conversations que vous avez sur la ligne officielle ?
Parce que je me doute qu'on est écoutés sur la ligne officielle.

Quelqu'un vous a-t-il informé des écoutes judiciaires de vos téléphones ?
Non, personne. Le bruit qui circulait était que j'étais sur écoute, et depuis longtemps. Ce bruit circulait dans les rédactions.

Concernant la connaissance de l'écoute de votre ligne Bismuth, très étrangement, dans les heures qui suivent le retour de Thierry Herzog de son voyage précipité à Monaco, le 26 février au matin, vous évoquez Gilbert Azibert avec lui, pour la première fois sur votre ligne officielle que vous savez sur écoute de longue date. Comment expliquez-vous avoir évoqué ce jour-là un sujet que vous aviez pris soin de n'évoquer que sur les lignes Bismuth jusque-là ?
C'est très simple. Connaissez-vous la maîtrise qu'il faut lorsqu'on apprend qu'on est écouté depuis neuf mois ? La vigilance n'est pas la même. Il y a un moment où on se relâche... Si j'avais su que Bismuth était écouté, vous pensez

que je ne l'aurais pas su avant ? Si j'avais eu un informateur, il n'aurait certainement pas attendu un mois pour m'informer. Donc je n'ai eu aucun informateur et par ailleurs, prononcer le nom de M. Azibert ne m'apparaissait pas constitutif d'un délit, quel qu'il fût.

Cette première évocation de Gilbert Azibert sur votre ligne officielle n'a-t-elle pas de lien avec la visite monégasque impromptue que vous rend votre avocat dans la nuit du 25 au 26 février ?

En aucun cas. Dans la nuit ? C'est absurde, c'était en fin d'après-midi. Et ensuite, nous avons dîné ensemble avec ma femme et lui. À mon souvenir, il doit arriver vers 17-18 heures et il est reparti chez lui à Nice à 22 heures, après qu'il ait dîné avec nous. Où est la nuit ?

Quelle était la raison de ce voyage précipité à Monaco pour Me Herzog ?

C'est très simple. Même si je n'ai pas à me justifier de quand je vois mon avocat, à moins que ce soit un délit de voir son avocat. Serais-je le seul justiciable à ne pas pouvoir voir son avocat, où et quand je veux ? Mais je vais malgré tout vous répondre. Ce jour-là Thierry Herzog m'a dit avoir déjeuné avec un journaliste d'un hebdomadaire, *Le Point* me semble-t-il. Ce journaliste lui a annoncé que les « écoutes Buisson » allaient sortir et que dans ces écoutes, certaines concernaient des enregistrements privés de mon épouse. Mon avocat souhaitait donc nous voir, mon épouse et moi, pour décider de ce que nous devrions faire si ces écoutes étaient publiées. Son avis était clair, il souhaitait attaquer juridiquement Patrick Buisson. C'est d'ailleurs ce que nous avons fait dans les jours qui ont suivi. Cette discussion devait avoir lieu avec ma femme et moi, et nécessitait que nous en discutions. Cette discussion était d'autant moins un problème que, comme vous le savez,

Thierry Herzog habite Nice, et qu'entre Nice et Monaco, en février, il y a à peine un quart d'heure de voiture. Donc il est venu. Nous avons parlé de l'action judiciaire à engager, nous avons eu l'accord de ma femme, il a dîné avec nous et il a regagné son domicile de Nice. Je précise que ce voyage à Monaco n'avait rien d'impromptu pour moi puisqu'il avait fait l'objet d'une réservation pour une thalassothérapie à l'hôtel de Paris durant huit jours pour ma femme, ma fille et moi, un mois auparavant.

Cela correspond à la date de l'ouverture de la présente information. N'y a-t-il là qu'une coïncidence ?
Comment voulez-vous que je sache qu'une information judiciaire est ouverte ? Si j'en crois les informations que vous venez de me donner, la décision d'ouverture d'une information judiciaire me concernant a été prise le 25 dans la matinée mais n'a été formalisée que le 26. Comment voulez-vous que mon avocat qui a pris son billet pour venir me rejoindre à Monaco en fin de matinée le 25 ait pu être informé en quelque sorte en direct de la décision de principe de l'ouverture d'une information judiciaire contre X. C'est absurde. Personne de sensé ne peut croire une seconde que le cabinet du garde des Sceaux, le cabinet du ministre de l'Intérieur, que le parquet financier aient pu avoir la moindre fuite à l'endroit de mon avocat. Non pas le jour même, mais la veille de l'ouverture formelle de cette information ! J'affirme que ni mon avocat ni moi n'étions au courant de cette ouverture. J'affirme qu'il n'est pas venu à Monaco pour me parler de cela mais bien pour me parler de ma stratégie de défense s'agissant des fuites « Buisson ». Enfin, vous écoutiez mes téléphones. Vous écoutiez les téléphones de mon avocat. J'étais à Monaco depuis déjà quatre jours. Comment voulez-vous que je sois informé de ce qui se passe au même moment à Paris, c'est-à-dire à mille kilomètres de là ? J'apporte donc le démenti le plus formel à votre question. Vous m'informez que

nous allons faire une pause. Je n'ai rien d'autre à déclarer pour le moment.

Aviez-vous connaissance des projets de réorientation de la carrière professionnelle de Gilbert Azibert vers la principauté de Monaco ?

Absolument pas jusqu'au moment où je me suis rendu à Monaco, où j'ai dit à Thierry Herzog que j'envisageais de passer des vacances à Monaco. Je ne me souviens pas de la conversation exacte mais quand Thierry Herzog a su que j'allais à Monaco, il m'a alors fait part de la candidature, ancienne, de Gilbert Azibert à un poste dont je n'ai pas compris la nature précise. C'était quelque temps avant mon déplacement à Monaco.

Êtes-vous en mesure de nous communiquer les noms des personnes qui quittaient leurs fonctions au sein du Conseil d'État à Monaco en mars 2014 ?

Je n'en ai aucune idée, ni de près ni de loin. Je ne sais pas si M. Azibert postulait pour le Conseil d'État ou la Cour de cassation. Thierry Herzog m'avait dit qu'il voulait un poste sur Monaco. La question était de savoir où en était sa candidature.

Savez-vous quand la décision a été prise et par qui, concernant la nomination en question ?

Pas du tout. J'ignorais la nature exacte du poste envisagé par Gilbert Azibert et j'ignorais par qui la décision devait être prise à Monaco.

Vous a-t-il été demandé de faire jouer vos relations afin d'appuyer la demande de Gilbert Azibert pour obtenir le poste qu'il souhaitait ?

Thierry Herzog, si mon souvenir est exact, m'a demandé de voir où en était sa candidature et si dans ce cas, il était possible d'obtenir des renseignements sur ses chances d'obtention du poste. C'est le souvenir que j'en ai, mais je ne peux pas vous préciser quand a eu lieu cette demande.

Pourquoi demandez-vous à Thierry Herzog le 22 février 2014 sur la ligne Bismuth de ne pas évoquer sur la ligne officielle, que vous savez tous les deux sur écoute, le fait que vous vous rendez à Monaco ?
Je ne voulais pas que mon séjour à l'hôtel de Paris à Monaco soit connu des autorités politiques françaises, du ministère de l'Intérieur et de la place Vendôme. Je ne voulais pas qu'instantanément se déclenche une campagne « Sarkozy va passer une semaine à l'hôtel de Paris à Monaco ». Ceci dit, cela s'est avéré totalement inefficace dans la mesure où j'ai pris, avec ma famille, un petit hélicoptère pour aller du cap Nègre à Monaco. À l'arrivée, un personnel de l'héliport de Monaco nous a pris en photo, et nous faisions la une de *Voici* la semaine suivante.

Cette précaution n'a donc pas de lien avec un coup de pouce sollicité par Gilbert Azibert par l'intermédiaire de Thierry Herzog ?
Est-ce que vous croyez que je prends huit jours à l'hôtel de Paris avec mon épouse et ma fille pour faire donner un coup de pouce à M. Azibert ? Ce serait une démarche bien étrange et surtout bien longue pour un « coup de pouce ».

Thierry Herzog vous a-t-il demandé de faire jouer vos relations afin d'appuyer la demande de Gilbert Azibert pour succéder aux membres du Conseil d'État qui quittaient leurs fonctions en mars 2014 ?
Non. J'ai gardé le souvenir d'une conversation où il me demandait de me renseigner pour savoir où ça en était de la demande de Gilbert Azibert.

Nous vous donnons lecture de la conversation n° 57 interceptée sur la ligne Bismuth. S'agit-il de la conversation dont vous venez de nous parler ?

Vraisemblablement. C'est quinze jours avant mon déplacement à Monaco. C'est donc la preuve que le déplacement n'était pas organisé dans le but d'aider M. Azibert. Mais c'est lorsque Thierry apprend que je vais à Monaco qu'il me parle des souhaits de Gilbert Azibert. Dans cette conversation, Gilbert Azibert me fait demander, via Thierry Herzog, là où en est sa candidature. J'ai appris par la suite qu'au moment où Thierry Herzog m'en parle Gilbert Azibert avait déjà déposé sa candidature. Je réponds à Thierry Herzog que cela ne pose aucun problème, s'agissant de quelqu'un dont mon propre avocat utilise les conseils sur une procédure pendante devant la Cour de cassation. J'ajoute que Thierry qui est un ami très proche m'a cent fois demandé pour des gens qu'il aime ou qu'il connaît si je pouvais les aider. C'est une démarche qui m'est apparue d'une banalité extrême. Et je lui réponds, comme souvent avec Thierry Herzog : « Bien sûr, ne t'inquiète pas, je le ferai. » Puis j'arrive à Monaco. Deux jours après mon arrivée, j'appelle le ministre d'État qui s'appelle Michel Roger pour lui dire deux choses : félicitation parce qu'il a été confirmé peu de temps auparavant par le prince. La seconde, je lui ai dit que Carla et moi étions à Monaco pour la semaine et que si le prince était là, nous serions heureux de le rencontrer. Je vous précise que mon épouse est une ancienne résidente monégasque, à l'époque où elle était mannequin. Elle connaît très bien le prince. Et moi, compte tenu de mes anciennes fonctions, je connais très bien le prince. Donc j'ai appelé Michel Roger au téléphone. Comme je n'ai pas son téléphone, j'ai demandé au directeur de l'hôtel de Paris : « Pouvez-vous dire à Michel Roger que je souhaite lui parler. » Donc ça se passe ni sur le Bismuth, ni sur le portable normal. La communication a été passée par l'intermédiaire du téléphone de l'hôtel. Michel Roger me rappelle tout de suite. Je le félicite et je lui demande si le prince est là, précisant que Carla et le prince se tutoient. M. Roger me répond que malheureusement le prince est en Californie. « Il me charge de vous transmettre ses amitiés, me dit M. Roger, mais vous ne pourrez pas le voir. » Je le remercie, lui demande de transmettre mon amical souvenir au prince et je raccroche. Dans ces conditions, comment vouliez-vous que je puisse parler de Gilbert Azibert ? À ce moment-là, je ne parle pas d'Azibert, non parce que je crains d'être accusé de trafic d'influence, mais parce que la conversation, dans sa brièveté, ne s'y prête en aucun cas. J'ajoute que j'aurais été bien en peine de présenter à mon interlocuteur la fonction qu'il envisageait. Si nous avions eu un déjeuner d'une heure et demie, peut-être que l'occasion se serait présentée, en l'occurrence, c'était inenvisageable. Vous pouvez demander à l'hôtel de Paris, faire les fadets, la communication a duré quatre minutes, peut-être cinq. Je ne voyais vraiment pas évoquer M. Azibert dans ce cadre. La preuve, c'est que le 7 mars 2014, une dépêche AFP sort, émanant des services judiciaires de la principauté, selon laquelle Gilbert Azibert n'avait fait l'objet d'aucune intervention extérieure pour obtenir un poste au Conseil d'État de Monaco. Plus loin, ils disent : M. Azibert a bien été candidat à un poste à la Cour de révision, équivalent à Monaco de la Cour de cassation. La dépêche précise qu'au terme du processus de recrutement, sa candidature n'a pas été retenue. Il est également ajouté qu'il n'y a eu aucune intervention pour le poste à la Cour de révision. Ce communiqué indique qu'il n'y a aucune intervention au bénéfice de Gilbert Azibert, pour les deux postes : Cour de révision et Conseil d'État. Je vous remets une copie de cette dépêche et je constate que vous l'annexez au présent. En résumé, voilà le raccourci qu'on peut faire de « mon affaire ». Premièrement, j'espérais une décision positive de la Cour de cassation sur mon pourvoi, je ne l'ai pas eue. M. Azibert espérait une intervention de ma part pour savoir où en était sa candidature, je ne l'ai pas faite. Enfin, M. Azibert espérait obtenir le poste, il ne l'a pas eu. Pour un présumé trafic d'influence, c'est un résultat étrange !

Visiblement, les propos de Thierry Herzog ne portent pas sur une prise d'information, mais plutôt pour un « coup de pouce ». La demande de Gilbert Azibert n'était-elle pas plus poussée que simplement savoir où en était sa candidature ?
Si j'avais eu à faire une intervention, que je n'ai pas faite, j'aurais commencé par demander où ça en était, ne serait-ce que pour savoir les chances d'une telle demande de prospérer. Donc dans mon esprit, au moment où j'ai répondu ça, il était question d'une prise d'information. Si j'avais été amené à faire une intervention de cette nature, j'aurais commencé par vérifier là où en était sa candidature, ce que je n'ai même pas fait, comme en atteste le communiqué des services officiels de Monaco.

Que signifie selon vous, qui connaissez bien Thierry Herzog, pour lui l'expression « coup de pouce » ?
Si je peux aider un candidat qui est son ami, je l'aide. Un coup de pouce est le contraire du passage en force. Un coup de pouce, c'est une aide finale sur une candidature qui est déjà très engagée. En l'occurrence, ce n'était pas le cas puisque j'ai appris par la suite que sa candidature n'était pas bien engagée.

Thierry Herzog indique dans cette conversation avoir rassuré Gilbert : « Tu rigoles, avec tout ce que tu fais. » À quoi est-il fait référence ?
À tout sauf à un pacte. Il faut demander à Thierry Herzog. Mais c'est une phrase « bateau ». Cela fait référence à tout sauf à quelque chose de précis. Ce sont des expressions qu'on emploie au téléphone, d'une banalité extrême.

Ce «coup de pouce» venait-il en rétribution de quelque chose?

Non. Je suis formel. J'ai d'ailleurs passé mon temps à expliquer le contraire. Ce coup de pouce n'a pas eu lieu. J'en ai apporté la preuve.

Nous avons intercepté des propos de Thierry Herzog dans lesquels il déclarait concernant les projets monégasques de Gilbert Azibert: «J'ai demandé ça à Sarkozy parce que Gilbert c'est un brave type, euh... voilà. Je lui ai dit puisque t'es à Monaco, regarde. Il nous a rendu des services.» Selon vous, à quels services Thierry Herzog fait-il référence?

Il faut le demander à Thierry Herzog. Je me pose la question: quels services nous a-t-il rendus?

Dans cette même conversation, Thierry Herzog précise les services que vous aurait rendus Gilbert. Il vous aurait notamment renseigné sur les «magouilles» au sein de la Cour de cassation. Le mot «magouilles» est son propre terme. La croyance en des «magouilles» au sein de la Cour de cassation vous a-t-elle incité à tenter d'influer vous aussi pour obtenir une décision qui vous soit favorable?

Mais non. Je n'emploierai par le terme de «magouilles» mais plutôt de «pressions», pour faire référence à ce que je vous ai déjà évoqué concernant les magistrats siégeant à la Cour de cassation et la Cour de justice de la République.

Nous avons également intercepté une conversation entre Gilbert Azibert et Thierry Herzog le 3 mars 2014 dans laquelle Me Herzog informe Gilbert Azibert que la démarche qu'il avait sollicitée avait bien été faite à Monaco. Comment expliquez-vous ces propos de Me Herzog?

Je me l'explique d'autant moins que j'ai souvenir d'avoir dit au téléphone à Thierry Herzog que je n'avais pas fait la démarche. Je lui avais expliqué que je ne le sentais pas. Je lui ai dit au téléphone, et je suis sûr que c'était avant le 3 mars. D'ailleurs, vous me confirmez posséder une écoute en date du 26 février attestant que j'ai bien dit à Thierry Herzog que je n'avais pas fait d'intervention pour M. Azibert.

Dans ce cas, comment expliquez-vous que votre conseil tienne de tels propos à Gilbert Azibert ?
Parce qu'il voulait être gentil avec son interlocuteur. Cela illustre parfaitement ma réponse d'il y a quelques heures : il y a un fossé qui sépare ce que disent les gens de ce qu'ils font. En tout cas, moi, je suis formel, et vous en avez la preuve, j'informe Thierry Herzog que je n'ai pas fait l'intervention.

Dans cette même conversation du 3 mars entre Thierry Herzog et Gilbert Azibert, votre conseil indique avoir appris « certaines choses » l'ayant conduit à « raconter certaines choses au téléphone ». L'explication de votre coup de téléphone à votre avocat pour indiquer que vous n'aviez pas senti de faire l'intervention souhaitée par Gilbert Azibert ne résulte pas de ces choses qu'évoque Thierry Herzog ?
Vous avez la preuve qu'il n'y a pas eu d'intervention de ma part à Monaco. Vous avez une écoute de moi disant à mon avocat que je n'ai pas fait d'intervention. Et vous avez vu que M. Azibert n'a pas eu le poste. Et vous me demandez quoi ? Si j'ai fait semblant de dire à mon avocat que je n'avais pas fait la démarche ? Il faut demander à Thierry Herzog. Je pense que j'ai eu Michel Roger le 25 février. J'ai appelé Thierry Herzog le lendemain pour lui dire que je n'avais pas fait l'intervention.

À quel moment de la journée du 25 février avez-vous eu Michel Roger au téléphone ?
Je pense que c'était en fin de matinée.

Pourquoi ne pas avoir communiqué l'information concernant Azibert à Thierry Herzog le soir, lorsque vous avez dîné avec lui ?
Mais parce que le soir on est totalement focalisés sur l'affaire Buisson. On est avec ma femme qui se moque du tiers comme du quart de l'histoire Azibert. On parle du recours qu'on va faire devant le tribunal de grande instance de Paris pour bloquer les écoutes Buisson. On ne parle pas du tout d'Azibert.

Dans la conversation n° 38, après avoir évoqué les réquisitions, vous précisez « non, et puis ce qui est important, c'est que le rapporteur soit du même avis ». Comment avez-vous eu connaissance de l'avis du rapporteur ?
Je n'ai pas connaissance de l'avis du rapporteur. Mais je ne sais pas le contexte de la conversation.

Nous vous donnons lecture de cette conversation n° 38. Vos propos signifient-ils que le rapporteur et l'avocat général sont du même avis ?
Thierry me parle des conclusions de l'avocat général. Mais ce qui est important, c'est que le rapporteur soit du même avis. C'est une évidence ce que je dis en même temps qu'une espérance. Cela ne veut pas dire que j'ai connaissance avec certitude que le rapporteur soit du même avis. Mais j'insiste quand même. Vous êtes en train de violer le secret de la défense en m'interrogeant sur des conversations avec mon conseil, qui constitue pourtant un droit fondamental de la personne.

Dans la conversation n° 15 interceptée le 28 janvier 2014 à 12h24 entre vous et Thierry Herzog, vous indiquez que vous venez d'avoir connaissance de ce que disait le rapporteur dans son mémoire. Thierry Herzog explique que ce rapport est neutre et se contente d'énumérer les moyens soulevés

dans chacun des pourvois, et qu'il faut attendre les réquisitions de l'avocat général pour en savoir un peu plus. Vous posez alors la question suivante : « Mais enfin, notre ami n'a rien dit d'autre... de contraire ? » De quel ami s'agit-il ?
Il s'agit sans doute d'Azibert. Ce sont des notes d'ambiance.

Dans la continuité de cette conversation, Thierry Herzog poursuit : « Il m'a dit... Parce que je lui ai téléphoné quand j'avais reçu ça, pour lui dire : "Tu me dis qu'on va répondre aux réquisitions", je lui ai pas dit plus parce que je suis pas censé... Bon. » Qu'est-ce que Thierry Herzog n'est pas censé faire ou savoir ?
Je n'en sais rien.

Dans la conversation n° 21 toujours entre vous et Thierry Herzog, ce dernier indique que « le rapporteur était pour l'annulation de la saisie des agendas ». Quand Thierry Herzog a-t-il pu avoir connaissance du point de vue du conseiller-rapporteur concernant la validité de la saisie des agendas présidentiels, et surtout par l'intermédiaire de qui cette information a-t-elle fuité ?
Je n'en ai aucune idée. Je veux simplement vous dire une chose, c'est que cette information (l'avis du rapporteur) est fausse puisque je me le suis fait préciser par la suite par des spécialistes. J'ai appris que dans ce dossier, le rapporteur avait préparé plusieurs projets de décision.

La conversation ne porte pas sur le rapport public ni sur le ou les projets de décision, mais sur l'avis personnel du rapporteur. Mais quoi qu'il en soit, l'avis du rapporteur de la même manière que les projets de décision sont couverts par le secret du délibéré. Comment Me Herzog pouvait-il en avoir connaissance ?

À mon avis il n'en avait pas connaissance. Ce sont des bruits de couloir qui lui ont été donnés. Et la suite a montré que cela ne correspondait à aucune réalité. Aucune.

Selon le début de la conversation, ces informations proviendraient de Gilbert Azibert. Qu'en pensez-vous ?

Je vous ai dit à de multiples reprises ce que je pensais du sérieux et de la crédibilité des informations qu'aurait rapportées M. Azibert.

Voici le début de la retranscription correspondante : Nicolas Sarkozy : « Y a rien de spécial non ? Thierry Herzog : Non, rien du tout si ce n'est que ce matin donc, j'ai rappelé Gilbert, euh… qui m'a dit "ne fais pas trop attention au rapport parce que c'est volontairement qu'il a été neutre", euh… Et il m'a confirmé les deux trucs. Un que le rapporteur était euh… pour l'annulation de la saisie des agendas ; deux, que les réquisitions seront données euh… le plus tard possible, parce qu'ils sont obligés de les communiquer, qu'elles seront numérotées, enfin, il m'a refait le truc. Je lui fais, de toute façon, t'inquiète pas, y a… Y a personne qui va le dire… Quoi que ce soit, et qui concluent à l'annulation de la saisie des agendas présidentiels. Avec les conséquences que ça aura. » Pouvez-vous préciser de quoi il s'agit lorsque Thierry Herzog parle des « deux trucs » ?

Je vous démontre que ces informations sont fausses. Parce que les réquisitions sont données le jour même. Vous me lisez une conversation indiquant que l'avis de l'avocat général serait donné le plus tard possible. Or la réalité fut tout autre puisque l'avis de l'avocat général fut posté le lendemain même. Je vous démontre que ces informations étaient totalement erronées. Elles ne pouvaient donc émaner de gens légalement informés. Une fois encore, c'étaient des bruits de couloir.

Toujours dans la même conversation, à quoi fait référence la phrase « et qui concluent à la saisie des agendas présidentiels » ?
Je n'en sais rien car c'est totalement hors sujet.

Les seuls documents pouvant contenir ce type de conclusion sont soit l'avis confidentiel du rapporteur, soit les réquisitions de l'avocat général. Peut-il s'agir d'un de ces deux documents ?
Je n'en sais rien puisque je n'ai jamais, au grand jamais, vu aucun de ces deux documents. Et je ne pense pas que Thierry Herzog les ait jamais eus entre les mains.

Dans la continuité de cette conversation, Thierry Herzog précise que Gilbert a déjeuné avec l'avocat général. De quel avocat général s'agissait-il ?
Je ne sais pas.

Thierry Herzog poursuit en indiquant au sujet de Gilbert Azibert : « Il a bien bossé !!! » En quoi Gilbert Azibert a bien bossé au point que Thierry Herzog se sente obligé de vous en référer ?
Thierry Herzog ne « m'en réfère » pas. C'est une conversation à bâtons rompus. Je me demande d'ailleurs en quoi Gilbert Azibert « a bien bossé » si j'en juge par le résultat de la Cour de cassation. Qu'est-ce que ça serait s'il avait mal bossé !

Thierry Herzog précise encore ses propos en indiquant concernant Gilbert Azibert : « Et surtout, ce qu'il a fait, c'est le truc à l'intérieur quoi... » Quel truc fait par Gilbert Azibert a-t-il suffisamment d'importance pour que Thierry Herzog vous en rende compte ?
Il ne m'en rend pas compte. C'est une conversation quotidienne, on dirait « de bistrot » si elle ne se tenait pas au

téléphone, sans élément précis, et qui est fondée sur l'optimisme impénitent de mon ami Thierry Herzog qui est enthousiaste et qui veut me faire plaisir. Mais tout ceci a été contredit à chaque étape de la procédure par les faits.

Dans la conversation n° 24 en date du 30 janvier 2014, Thierry Herzog affirme que Gilbert Azibert avait eu accès à «l'avis qui ne sera jamais publié du rapporteur, destiné à ses collègues». Comment expliquez-vous que Gilbert Azibert ait pu avoir accès à ce document couvert par le secret du délibéré, auquel même Claude Mathon n'a pas eu accès ?
Je ne me l'explique pas. Ma conviction étant que jamais Gilbert Azibert ne l'a jamais eu entre les mains. Je pense que Thierry Herzog confond le rapport du rapporteur et l'avis du rapporteur. Le rapport du rapporteur, on en a eu connaissance le 27, mais l'avis du rapporteur, jamais Thierry Herzog n'en a parlé et je pense qu'il confond le rapport et l'avis.

Voici les propos que Thierry Herzog vous adresse (com. n° 24 du 30 janvier 2014) : Thierry Herzog : «Bon, alors, j'ai eu Gilbert ce matin. Nicolas Sarkozy : Humm hummm. Thierry Herzog : Il me dit que d'après lui, oui. Parce qu'il a eu accès à l'avis qui ne sera jamais publié du rapporteur, destiné à ses collègues, euh… et que cet avis conclu que pour toi à la cassation, et à la… au retrait de toutes les mentions relatives à tes agendas. »
Ces propos ne laissent que peu de place au doute. Pourquoi Gilbert Azibert communique à Thierry Herzog l'opinion confidentielle du conseiller rapporteur ?
Posez la question à Gilbert Azibert ou à Thierry Herzog, mais moi je n'en sais rien. J'observe que ça ne correspond pas à la réalité puisqu'à ma connaissance la Cour de cassation a dit non. Et c'est rarissime quand la Cour de cassation

désavoue son rapporteur. Donc je ne crois pas que Gilbert Azibert ait eu connaissance de cet avis. Et sauf à me démontrer que cet avis positif existait, à ma connaissance la chambre criminelle a dit non, c'est donc que le rapporteur n'avait pas un avis favorable.

Toujours dans cette conversation n° 24, après que Patrice Spinosi a transmis le réquisitoire de Claude Mathon à Thierry Herzog, ce dernier l'aurait interrogé sur les chances d'aboutir du pourvoi. Thierry Herzog vous précise : « Alors je lui ai dit, sans savoir ce que je sais, je lui dis : Quand c'est comme ça, c'est qu'on a des chances sérieuses d'après toi ? » Que savait Thierry Herzog à ce moment-là et qu'il ne fallait pas confier à Patrice Spinosi, si ce n'est des informations internes à la Cour de cassation obtenues par le biais de Gilbert Azibert ?

Il n'y a aucune information qui ait été obtenue puisque toutes les informations de Thierry concluaient à une réponse favorable de la Cour de cassation. C'est le contraire qui s'est passé. Je résume. Gilbert Azibert dit à plusieurs reprises à Thierry Herzog que la Cour de cassation va statuer dans le sens du pourvoi que j'ai déposé. Or la Cour de cassation statue dans le sens inverse. Quelles conclusions faut-il en tirer si ce n'est que les informations communiquées par Gilbert Azibert n'étaient pas des informations mais des bruits de couloir, étayés sur aucun fait. Soit on communiquait à mon avocat les bonnes informations, et dans ce cas-là, j'aurai dû gagner devant la Cour de cassation. Soit les informations données à mon avocat n'étaient pas des informations fiables, donc ne provenaient pas de personnes ayant un devoir de secret, parce que au final, nous avons perdu devant la Cour de cassation. Donc tout au long de cette procédure, j'ai été alimenté par mon avocat d'informations qui se sont avérées fausses. J'en tire la conclusion qu'elles n'étaient pas des informations au sens où vous l'entendez, mais des bruits de couloir qui ne correspondaient à aucune réalité.

Dans la conversation n° 24, vous évoquez avec Thierry Herzog un ami, qui a une femme un peu compliquée, qui a eu accès aux conclusions de l'avocat général. Ces simples précisions suffisent à Thierry Herzog pour comprendre à qui vous faites référence. De qui s'agit-il ?
Je ne vois pas.

Dans la conversation n° 24, vous indiquez que cet ami vous aurait confié que pour « le conseiller-rapporteur, ça se présentait bien aussi ». Qu'est-ce que cela signifie ?
Je n'en sais rien.

Toujours concernant cet ami, Thierry Herzog indique qu'il est passé le voir à son cabinet le jeudi, probablement le jeudi 30 janvier. À l'occasion de cette visite, Thierry Herzog aurait choisi de ne pas lui parler de « l'autre correspondant ». Qui est cet autre correspondant dont Thierry Herzog voulait dissimuler le rôle ?
Je ne vois pas.

Cet ami aurait évoqué avec Thierry Herzog des bruits, évoquant du lobbying de certains… Pouvez-vous préciser ?
Il s'agit de lobbying contre moi. Il y en a plein la presse.

Dans la conversation n° 57, Thierry Herzog vous indique que Gilbert Azibert a rendez-vous avec un des conseillers « pour bien lui expliquer ce qu'il faudrait… ». Comment avez-vous compris cette formule ?
Tout ceci ne correspond à aucune réalité, comme l'a montré la suite.

Pourquoi ne pas avoir tenté, via Thierry Herzog, de dissuader Gilbert Azibert d'influencer les conseillers chargés du dossier Bettencourt ?

Je n'ai jamais pensé que Gilbert Azibert influençait qui que ce soit. J'ai toujours pensé que Thierry était bien gentil d'accorder un crédit important à ce qui lui était raconté.

Toujours dans cette conversation n° 57, vous demandez à Thierry Herzog de confirmer un point concernant la conversation qu'il vient d'avoir quelques minutes auparavant avec Gilbert Azibert : « Mais il confirme que le rapporteur est pour nous ? » Que signifient ces propos ?

Ils signifient d'abord que je n'ai aucune certitude quant à l'avis du rapporteur. Si j'avais eu cet avis, pourquoi poserais-je cette question ? Cela confirme aussi que je n'attache pas de crédit aux informations que me rapporte Thierry. J'essaye de comprendre et de connaître la réalité des pressions exercées sur la Cour à ce moment-là par ceux qui ne veulent pas que mon pourvoi prospère. Je suis informé qu'il y a des pressions. Je veux savoir quelle est l'ambiance à ce moment-là.

« Rechercher l'ambiance », cela inclut-il d'obtenir l'avis personnel du conseiller-rapporteur ?

L'avis, à l'évidence non.

Lorsque vous demandez si le rapporteur est pour vous, cela ne signifie-t-il pas que vous cherchez à connaître l'opinion de ce magistrat ?

Cela signifie surtout que je n'ai pas l'information. Donc que je n'ai pas eu accès à un avis, donc il n'y a pas eu violation du secret professionnel. Mais si je cherchais à les connaître, c'est que je ne les avais pas. Je n'ai jamais eu accès à l'avis du rapporteur. Ni avant, ni pendant, ni après. Par simple déduction, et avec un peu d'expérience, je sais que, dans toutes les cours, l'avis du rapporteur a tendance à être suivi, ce qui est normal puisque de tous les magistrats qui ont à statuer sur une affaire, le rapporteur est celui qui connaît le mieux le dossier. Thierry Herzog me passe l'information, tout au long de la procédure, que le rapporteur serait pour l'accueil de mon pourvoi. À l'arrivée, la Cour est contre. Je n'en tire pas la conclusion que l'avis du rapporteur allait dans le même sens, mais il y a quand même quelque chose qui ne va pas ? Si j'en crois ces informations qui n'en sont pas : l'avocat général est pour le pourvoi, le rapporteur serait pour le pourvoi. À l'arrivée, le pourvoi est rejeté. Il y a peut-être quelque chose qui ne va pas.

Thierry Herzog peut-il avoir pris votre demande pour une instruction l'invitant à obtenir communication de cet avis ?

Depuis trente ans que Thierry Herzog est mon avocat, jamais je ne lui ai demandé de faire quelque chose d'illégal. Ce n'est pas aujourd'hui que ça va commencer pour le seul motif d'obtenir satisfaction à un pourvoi auquel je n'attachais pas une grande importance. D'ailleurs Thierry Herzog est trop honnête pour lui-même me proposer quelque chose d'illégal.

Dans la conversation n° 38, vous informez Thierry Herzog des informations vous étant remontées selon lesquelles les magistrats enquêtant sur la Libye envisageraient une perquisition chez vous. Vous demandez alors à votre conseil de prendre contact avec « nos » amis pour qu'ils soient attentifs. Qui sont ces amis qui doivent être attentifs aux projets de perquisition que vous vous attendez à subir ?

Je ne me souviens plus de mes propos. Pouvez-vous me lire la conversation ?

Nous vous donnons lecture de la conversation n° 38 du 1ᵉʳ février 2014. Nous renouvelons la question. Qui sont ces amis ?

J'observe tout au long de la conversation que je ne crois pas du tout à la réalité de cette perquisition. Je dis « ça m'étonne », « ça me semble très bizarre ». Quand je dis « prends contact avec nos amis », c'est avec les journalistes qui suivent ça avec attention, avec lesquels Thierry Herzog est en contact et qui ont montré qu'ils étaient très informés des initiatives de certains magistrats.

Qui sont ces journalistes ?
Ça je ne peux pas le dire.

Vous précisez que pour effectuer une perquisition, « ils sont obligés de passer par lui ». Il semble qu'il ne s'agisse pas de journalistes. Cette phrase ne renvoie-t-elle pas à quelqu'un d'autre ?
À qui ?

Vous êtes avocat. Le bâtonnier doit être nécessairement informé. Vos amis peuvent-ils faire partie de l'ordre des avocats ?
Mes locaux de la rue de Miromesnil ne sont pas couverts par mon statut d'avocat. D'ailleurs si j'avais des informateurs, j'aurais été avisé de la perquisition que vous avez réalisée chez Thierry Herzog.

Dans cette conversation, pour vous rassurer, Thierry Herzog s'engage à rappeler son correspondant pour qu'il soit attentif. Ce correspondant a-t-il été contacté par Mᵉ Herzog ? Comment ?
Je n'en sais rien. Mais comme il n'y a pas eu de perquisition...

Vous semblez inquiet de la façon dont Thierry Herzog procède. Ce dernier vous rassure en indiquant « j'ai un discours avec lui qui est prêt... quand je l'appelle... il comprend tout de suite de quoi on parle ». Que cachent ces techniques de langage codé fréquemment utilisées par le grand banditisme si ce n'est une recherche d'information privilégiée dont la communication est pénalement réprimée ?

À ma connaissance, je ne suis pas dans le grand banditisme. Et je n'ai pas l'intention d'entamer une nouvelle carrière. Quant à Thierry Herzog, avec plus de trente ans d'ancienneté au Palais, il connaît beaucoup de gens avec qui il a sa propre manière de communiquer. Pour conclure, j'ai choisi de répondre à vos questions avec le plus d'honnêteté possible, le plus de précision possible pour que la vérité soit approchée le mieux possible. J'aurais pu avoir une autre attitude compte tenu des craintes que j'ai évoquées au début de mon interrogatoire sur la partialité de la justice et surtout sur la violation des droits de la défense que constitue à mes yeux la retranscription des écoutes entre mon avocat et moi. J'ai passé outre à tout cela par respect pour l'institution que vous représentez et parce que je vous demande de me croire, et je n'ai rien à cacher. Je n'ai sollicité de personne la violation du secret professionnel. Je n'ai vendu mon influence, vraie ou supposée, à personne. Je n'ai trafiqué avec personne. Je n'ai jamais trahi la confiance que les Français m'ont témoignée. Avec mon avocat, j'ai essayé de me défendre. Nous sommes seuls face à un mur médiatique et un sentiment que nous ressentons de persécution judiciaire, persécution qui ne se dément pas. Pourtant je reste confiant dans l'honnêteté de ceux qui auront à dire la vérité. Vous m'avez entendu pendant neuf heures. Je n'ai consulté aucune note, je n'ai récité aucun bréviaire. Je n'ai préparé avec personne cette audition. Je vous donne ma parole d'honneur que je me suis comporté en honnête homme. Je n'ai rien d'autre à déclarer.

ANNEXE 2
Interrogatoire de Nicolas Sarkozy
le 2 juillet 2014

Dans le cadre de l'affaire Azibert, Nicolas Sarkozy a été mis en examen par Patricia Simon et Claire Thépaut, dans la nuit du 1er au 2 juillet 2014, pour « recel de violation du secret professionnel », « corruption active » et « trafic d'influence actif ». Voici la déclaration, in extenso, de l'ex-président de la République devant ses juges.

« Je vais faire des déclarations. J'ai le plus grand respect pour l'institution judiciaire, c'est la raison pour laquelle j'ai accepté de répondre à toutes les questions qui m'ont été posées. J'ai répondu avec précision aux questions des officiers de police, je n'ai fui aucune question et j'ai apporté des éléments incontestables infirmant les accusations scandaleusement infondées que vous venez de me présenter. Le recel de violation du secret de l'instruction est grotesque puisque le téléphone utilisé pour converser avec mon avocat a fait l'objet d'une acquisition en juillet 2012. La corruption, c'est injurieux, puisque les autorités monégasques ont affirmé que je n'ai procédé à aucune intervention. Vous-mêmes possédez des interceptions téléphoniques, dans lesquelles je précise à Thierry Herzog que je n'ai pas fait d'intervention en faveur de M. Azibert. Quant au trafic d'influence, je ne sais pas en quoi il consiste puisque contrairement aux informations qui m'ont été données par mon avocat, la Cour de cassation a rendu des décisions qui m'ont été systématiquement défavorables. En résumé, M. Azibert n'a pas obtenu satisfaction à Monaco, je n'ai pas fait d'interventions pour M. Azibert et la Cour de cassation ne m'a jamais donné satisfaction. Ces faits sont avérés et je n'ai pas l'intention de m'expliquer plus avant sur le sujet. En revanche, je veux faire une déclaration qui présente un degré de gravité extrême. Je ne suis pas un justiciable au-dessus des autres, mais je ne suis pas un justiciable en dessous des autres, j'ai droit à une justice impartiale. Or, je me retrouve devant deux magistrates dont une au moins appartient à une organisation syndicale qui m'a combattu avec une violence inouïe non pas simplement lorsque j'ai été président mais également dans mes fonctions de ministre. J'ai versé au dossier une lettre que m'a adressée le Syndicat de la magistrature, qui est un tissu d'injures, où je suis pris à parti avec des propos qui sont indignes d'un magistrat. Six jours après, j'ai versé au dossier un article de Mediapart citant les propos recueillis auprès de Mme Thépaut précisant que celle-ci appartenait au Syndicat de la magistrature et déclarant qu'elle aspirait comme tous ses confrères, maintenant que M. Hollande avait été élu, à la confiance et à la sérénité, suggérant explicitement qu'avec moi il n'y avait ni confiance ni sérénité. Enfin, je vous informe que je me suis constitué partie civile dans l'affaire dite du "Mur des cons" où je suis la cible centrale compte tenu de la taille de la photo qui m'est réservée et sur l'emplacement central sur le mur dudit syndicat. L'institution judiciaire étant composée dans son immense majorité de magistrats non engagés, il s'en est trouvé certains de la mise en examen dudit syndicat. Comment voulez-vous dans ces conditions que je puisse penser une minute que mon droit formel à une justice impartiale m'est aujourd'hui garanti ? Qui peut imaginer qu'appartenant à un syndicat proférant de telles injures à mon endroit, on puisse instruire à charge certes, mais à décharge à l'endroit du justiciable que je suis ? Dans ces conditions, je ne peux pas répondre à vos questions. Je considère que mes droits sont violés, que mes droits essentiels ne sont pas garantis. Vous vous livrez à un simulacre de justice, il m'appartiendra d'en tirer les conséquences procédurales. Je vous rappelle que la jurisprudence de la Cour européenne des droits de l'homme indique, pour qu'il y ait récusation, qu'il suffit qu'une des parties au procès ait un doute sur l'impartialité de son juge. Pour moi, ce n'est hélas pas un doute, c'est une certitude. »

ANNEXE 3
Audition de Nicolas Sarkozy
le 10 octobre 2013

Nicolas Sarkozy a été entendu, le 10 octobre 2013, en qualité de partie civile, par le juge René Cros, qui instruit avec Emmanuelle Legrand sa plainte pour «faux, usage de faux et recel» contre Mediapart. Le 28 avril 2012, le site internet avait publié un document évoquant un projet de financement de la première campagne présidentielle de Sarkozy, en 2007, par la Libye de Mouammar Kadhafi. Voici l'intégralité de son audition.

LE JUGE : Confirmez-vous les termes de votre plainte ? Quelles déclarations souhaitez-vous faire ?

Je confirme les termes de ma plainte. C'est la première fois que je dépose plainte contre un organe de presse, attaché que je suis à la liberté de la presse, mais j'ai considéré que nous étions là devant une manipulation aux conséquences très graves. J'ai choisi délibérément de déposer plainte pour faux et usage de faux et recel, et non pas pour diffamation car la diffamation est un fait faux que l'on allègue, là il s'agissait d'un faux grossier que l'on a jeté en pâture à l'opinion entre les deux tours de l'élection présidentielle de 2012. Dois-je préciser que si j'avais la moindre chose à me reprocher dans mes rapports avec M. Kadhafi, je ne me serais pas constitué partie civile et n'aurais pas demandé que deux juges enquêtent sur ce document. Je veux rappeler que j'ai été l'organisateur et l'animateur de la coalition internationale lors de l'intervention militaire en Libye, il y avait au Sommet de Paris cinquante-six États mais j'ai été encore une fois l'animateur de cette coalition. Je rappellerai que l'intervention internationale en Libye, qui a démarré pour protéger Benghazi des folies de ce tyran, a duré dix mois et si M. Kadhafi, qui était toujours en place dans cette période, avait eu des documents de cette nature, s'agissant d'un virement prétendu de 52 millions et d'un document de cette nature, on ne comprend pas pourquoi il ne l'aurait pas sorti. Je veux préciser également que Mediapart a publié ce document qui est un faux grossier à deux reprises, une première fois le 28 avril 2012 entre les deux tours de l'élection présidentielle et la deuxième fois en juin 2013. Je ferai observer que la première publication du 28 avril 2012 est intervenue alors que, je tenais un meeting à Clermont-Ferrand, meeting présidé par Brice Hortefeux qui apparaît sur le document publié comme ayant participé à une réunion le 6 octobre 2006 en quelque sorte comme mon mandataire, alors que d'après ce que m'a indiqué mon conseil, l'enquête des services de police a démontré qu'à cette date il avait un certain nombre de rendez-vous et d'obligations en Auvergne, mais c'est sans doute une « coïncidence » si Mediapart a publié ce document le 28 avril 2012. Mon conseil m'a donné bien évidemment connaissance des éléments du dossier et pour moi, il est un élément qui démontre la mauvaise foi de MM. Plenel et Laske [respectivement directeur de la publication et journaliste de Mediapart]. Il apparaît en effet qu'ils ont présenté le document qu'ils s'apprêtaient à publier à un certain Mabrouk Jomode Elie Getty, que pour ma part je ne connais absolument pas et qui semble-t-il a eu la possibilité de consulter des milliers de documents de l'ancien régime libyen, or ce monsieur, qu'à l'évidence MM. Plenel et Laske considéraient comme un « expert », déclare qu'il leur a indiqué qu'il s'agissait d'un faux grossier, précisant même qui selon lui l'avait réalisé. Or, la réaction de Mediapart a été de se fâcher avec cette personne dont ils attendaient évidemment qu'il confirme l'authenticité du document et non le contraire. J'ajoute que ce témoin a déclaré avoir dit aux journalistes de Mediapart qu'ils étaient aveuglés par leur haine à mon égard. C'est pour moi un problème fondamental pour notre démocratie que de publier un faux grossier, de salir l'honneur d'une personne à huit jours du deuxième tour de la présidentielle, d'alléguer ensuite du secret des sources et de la liberté d'informer, n'est-ce pas en réalité la liberté de désinformer ? J'ajoute également que ce document qui est un faux grossier fait état d'un virement de 52 millions d'euros, comment serait-il possible que le virement d'une telle somme n'ait laissé aucune trace dans une banque, d'autant qu'il existe des systèmes de contrôle comme Tracfin, à moins que l'on prétende qu'il s'est agi de caisses de billets, aisément transportables, et je dois pour ma part subir cela depuis un an et demi et je devrais prouver que je n'ai pas de compte à l'étranger, ce qui est évidemment impossible à prouver, c'est en quelque sorte un renversement de la charge de la preuve. Le préjudice est pour moi considérable puisque l'on accole à mon nom celui de la Libye pour le financement de ma campagne, et c'est cela que l'on appellerait la liberté d'informer. J'ai décidé de me constituer partie civile pour obtenir la vérité car l'enquête préliminaire n'avançait pas, j'ai donc voulu que deux juges enquêtent pour déterminer si c'était vrai ou si c'était faux. Il va de soi que pour moi il s'agit d'un faux grossier.

TABLE

Préface	9
I. Abus de biens sociaux (L'affaire Air Cocaïne)	21
II. Trafic d'influence (L'affaire Azibert)	33
III. Faux et usage de faux (L'affaire Bygmalion)	67
IV. Abus de confiance (L'affaire des pénalités)	89
V. Escroquerie en bande organisée (L'affaire Tapie)	97
VI. Prise illégale d'intérêts (L'affaire Pérol)	115
VII. Blanchiment en bande organisée (L'affaire kazakhe)	133
VIII. Favoritisme (L'affaire des sondages de l'Élysée)	147
IX. Corruption (L'affaire libyenne)	161
X. Détournement de fonds publics (L'affaire de Karachi)	191
XI. Abus de faiblesse (L'affaire Bettencourt)	213
Épilogue	237
La Sarkozie en examen	253
Annexes	
Garde à vue de Nicolas Sarkozy le 1er juillet 2014	263
Interrogatoire de Nicolas Sarkozy le 2 juillet 2014	305
Audition de Nicolas Sarkozy le 10 octobre 2013	308

Cet ouvrage a été composé
par PCA à Rezé (Loire-Atlantique)
et achevé d'imprimer en France
par CPI Brodard et Taupin
à La Flèche (Sarthe)
pour le compte des Éditions Stock
31, rue de Fleurs, 75006 Paris
en octobre 2014

Stock s'engage pour
l'environnement en réduisant
l'empreinte carbone de ses livres.
Celle de cet exemplaire est de :
800 g éq. CO_2
PAPIER À BASE DE   Rendez-vous sur
FIBRES CERTIFIÉES www.editions-stock-durable.fr

Imprimé en France

Dépôt légal : novembre 2014
N° d'édition : 01 – N° d'impression : 3007622
16-07-5558/7